BADERNA

ESCOLAS DE LUTA

ANTONIA
M. CAMPOS

JONAS
MEDEIROS

MÁRCIO
M. RIBEIRO

veneta

REVISÃO **VICTOR DA ROSA E GUILHERME VILHENA**
PROJETO GRÁFICO E CAPA **GUSTAVO PIQUEIRA | CASA REX**
FOTO DA CAPA **SÉRGIO SILVA**
CURADORIA DE FOTOS **JARDIEL CARVALHO**

Dados Internacionais de Catalogação na Publicação – CIP

C198 Campos, Antonia J. M.; Medeiros, Jonas; Ribeiro, Marcio M.
Escolas de luta / Antonia J. M. Campos, Jonas Medeiros e Marcio M. Ribeiro.
Prefácio de Pablo Ortellado. – São Paulo: Veneta, 2016. (Coleção Baderna).
352 p.; Il.

ISBN 978-85-63137-69-2

1. Sociologia. 2. Antropologia Social. 3. História Social. 4. Movimentos Sociais. 5. Movimento dos Estudantes Secundaristas. 6. Luta Estudantil. 7. Escolas Públicas. 8. Ocupação de Escolas. 8. Protestos. 9. Política de Educação. 10. Gestão Geraldo Alckmin. 11. Projeto de Reorganização do Ensino. 12. Estado de São Paulo. I. Título. II. Série. III. A Perspectiva do poder. IV. Ascensão e auge das ocupações. V. O recuo do governador. VI. "A luta continua": algumas reflexões sobre o futuro do movimento dos estudantes. VII. Campos, Antonia J. M. VIII. Medeiros, Jonas. IX. Ribeiro, Marcio M. X. Ortellado, Pablo.

CDU 316.35   CDD 300

Catalogação elaborada por **Ruth Simão Paulino**

EDITORA VENETA
Rua Araújo, 124   1º andar   01220-020   São Paulo   SP
www.veneta.com.br | contato@veneta.com.br

COLEÇÃO
BADERNA

PROVOS
MATTEO GUARNACCIA

**A REVOADA
DOS GALINHAS
VERDES**
FÚLVIO ABRAMO

**A ARTE DE VIVER
PARA AS NOVAS
GERAÇÕES**
RAOUL VANEIGEM

ESCOLAS DE LUTA
ANTONIA J. M. CAMPOS
JONAS MEDEIROS
MARCIO M. RIBEIRO

PREFÁCIO – POR PABLO ORTELLADO 12

NOTA METODOLÓGICA 17

CAPÍTULO 1 DAS MANIFESTAÇÕES ÀS OCUPAÇÕES

1.1 O GOVERNO ANUNCIA A "REORGANIZAÇÃO ESCOLAR" 27

1.2 "NÃO PODEMOS ADMITIR TAMANHO DESCASO": A INDIGNAÇÃO DOS ESTUDANTES 31

1.3 "AQUI EU TÔ, AQUI EU VOU FICAR": OS ESTUDANTES VÃO ÀS RUAS 41

1.4 "REGISTRAR EXPERIÊNCIAS DE LUTA": O HISTÓRICO D'O MAL EDUCADO 59

1.5 "SE FECHAR, NÓIS OCUPA": AS PRIMEIRAS OCUPAÇÕES 81

CAPÍTULO 2 ASCENSÃO E AUGE DAS OCUPAÇÕES

2.1 "BATEU UMA ONDA FORTE": A RÁPIDA ASCENSÃO DAS OCUPAÇÕES 111

2.2 OCUPANDO: AS DIFICULDADES IMEDIATAS. 117

2.3 OS DESAFIOS DE UMA OCUPAÇÃO: CONVIVÊNCIA E HORIZONTALIDADE 127

2.4 DESCOBERTA DA ESCOLA, DESCOBERTA DE DIREITOS 141

2.5 "POR UMA EDUCAÇÃO QUE NOS ENSINE A PENSAR E NÃO A OBEDECER" 149

2.6 "NÃO TOMAR A FRENTE": A RELAÇÃO DAS OCUPAÇÕES COM OS "APOIADORES" 155

2.7 OS DESAFIOS DA ARTICULAÇÃO ENTRE OCUPAÇÕES 161

2.8 O BOICOTE AO SARESP 175

2.9 "NÃO TEM ARREGO": A RESISTÊNCIA FACE À REPRESSÃO DO ESTADO 185

2.10 "NÓS ESTAMOS NO MEIO DE UMA GUERRA": O GOVERNO CONTRA O MOVIMENTO 207

CAPÍTULO 3 O RECUO DO GOVERNADOR

3.1 "HOJE A AULA É NA RUA": UMA NOVA FORMA DE AÇÃO DIRETA 237

3.2 "APENAS UMA TRILHA SONORA": A LUTA GANHA O APOIO DE ARTISTAS E DA SOCIEDADE CIVIL 257

3.3 CERCO INSTITUCIONAL 271

3.4 ENFIM O GOVERNO RECUA 279

3.5 A REAÇÃO DOS ESTUDANTES E OS PROCESSOS DE DESOCUPAÇÃO 285

"A LUTA CONTINUA": ALGUMAS REFLEXÕES SOBRE O FUTURO DO MOVIMENTO DOS ESTUDANTES 303

NOVOS DESAFIOS 313

GRÁFICO: NÚMERO DE ESCOLAS OCUPADAS 333

ANEXOS 337

A. "COMO OCUPAR UM COLÉGIO?" 338

B. "BOICOTE O SARESP" 346

C. "ATENÇÃO PAIS E ALUNOS: NÃO CAIAM EM MENTIRAS 347

D. "COMO FAZER UM GRÊMIO DE LUTA" 348

E. "AGORA A AULA É NA RUA: MANUAL DE COMO TRAVAR UMA AVENIDA" 350

A TODAS E TODOS OS ESTUDANTES EM LUTA
E A TODAS AS ESCOLAS DE LUTA:
NÃO TEM ARREGO!

AGRADECIMENTOS

Agradecemos a Pablo Ortellado por ter sugerido e incentivado a escrita deste livro e a Rogério de Campos da Editora Veneta por ter acolhido nossa proposta de um livro que se baseasse sobretudo na experiência dos estudantes. Agradecemos a Adriano Januário, Antonio Malta Campos, Caio Moretto Ribeiro, José Henrique Bortoluci, Leonardo Fontes e Marina Marcondes Machado pelas leituras e auxílio na revisão do texto e a Ana Clara Vilharquide Firmino e Bianca Moretto Ribeiro pelas transcrições realizadas.

À defensora Daniela Skromov de Albuquerque e ao promotor João Paulo Faustinoni e Silva pelas entrevistas concedidas e que foram fundamentais para a compreensão do papel da Defensoria Pública e do Ministério Público do Estado de São Paulo no processo, assim como o auxílio de Bianca Tavolari, José Rodrigo Rodriguez e Samuel Barbosa.

A Ernesto Kenshi Carvalho Maeda e José Rocha pela disponibilização dos Boletins de Atualização da APEOESP, que permitiram o acompanhamento da velocidade e crescimento das ocupações e das desocupações de escolas.

Agradecemos a Aniely S., Caio, Caio Guilherme, Camila Freitas, Carol, Cida Gomes, Claudia Salinas, Denizart Fazio, Emerson, Fernanda F., Felipe R., Guilherme B., Ingrid, Ingrid Martins, Lilian Sankofa, Lilith C., Lucas Monteiro de Oliveira, Marcela J., Marise Cassia, Newton, Stephane S. e Veridiana Firmino pelas informações e relatos sobre eventos específicos, assim como pelas pontes feitas com outros informantes, entrevistados etc. A Letícia Claudino, Luca Magli, Manoela Alves, MC Foice e Martelo e Pedro Serrano pelas pequenas entrevistas concedidas pelo Facebook ou WhatsApp e à ocupação da EE Eloy Miranda Chaves e à Juliana S. pela disponibilização de alguns dos documentos reproduzidos aqui.

Agradecemos aos coletivos O Mal Educado e G.A.S. (Grupo Autônomo Secundarista) e ao Comando das Escolas Ocupadas que nos concederam entrevistas e, por fim, agradecemos aos secundaristas das ocupações EE Ana Rosa, EE Antonio Manoel Alves de Lima, EE Augusto Ribeiro de Carvalho, EE Astrogildo Arruda, EE Castro Alves, EE Coronel Antonio Paiva de Sampaio, EE Dr. Octavio Mendes (CEDOM), EE Délcio de Souza Cunha, EE Diadema, EE Fernão Dias, EE Heloísa Assumpção, EE João Kopke, EE José Lins do Rego, EE Josepha Pinto Chiavelli, EE Manuel Ciridião Buarque, EE Maria José, EE Maria Peccioli Giannasi, EE Maria Regina M. C. Guimarães, EE Marilsa Garbossa, EE Martin Egidio Damy, EE Oscavo de Paula e Silva, EE Pio Telles Peixoto, EE Raul Fonseca, EE República do Suriname, EE Saboia de Medeiros, EE Salvador Allende, EE SílvioXavier, EE Sinhá Pantoja, EE Valdomiro Silveira e EE Wilma Flor., que generosamente nos receberam e aceitaram realizar entrevistas contando sua história.

PREFÁCIO
por Pablo Ortellado

A PRIMEIRA FLOR DE JUNHO

Este livro conta a história da mobilização dos estudantes secundaristas paulistas contra o fechamento de quase cem escolas no final de 2015. Com uma riqueza de detalhes localizados na pesquisa em documentos oficiais, na internet e em entrevistas com os protagonistas, o livro narra e analisa como os estudantes paulistas reagiram à decisão arbitrária de fechar suas escolas.

O processo de mobilização começa com a expressão da indignação no Facebook, nos grupos de Whatsapp e no cotidiano da escola. Ao perceberem que a indignação era compartilhada, nasce o movimento. Ele começa como conflito local, com protestos contra as diretorias. Logo, vira passeatas nos bairros, depois protestos em regiões centrais, reunindo várias escolas e, finalmente, ocupações. Das ocupações, o movimento ainda se metamorfoseia em trancamentos de avenidas, antes de conseguir a renúncia do secretário de educação, o cancelamento do fechamento das escolas e a derrubada da popularidade do governador. A vitória dos secundaristas foi simplesmente a mais importante derrota política da carreira de Geraldo Alckmin como governador. O movimento é extraordinário numa série de sentidos.

O processo de organização de protestos, mas sobretudo as ocupações, geraram uma dinâmica de organização coletiva que forjou novas relações sociais, tanto entre os estudantes, como entre eles e os professores e as direções das escolas. Os secundaristas romperam o isolamento individualista do cotidiano escolar e criaram uma nova sociabilidade no processo de luta: uma sociabilidade baseada na corresponsabilidade, na horizontalidade dos processos decisórios e no cuidado com o patrimônio público. Essas novas relações são o que uma tradição autonomista chama de política pré-figurativa, a capacidade de forjar, no próprio processo de luta, as formas sociais a que se aspira, fazendo convergir meios e fins. A sociabilidade horizontal, corresponsável e baseada na proteção do patrimônio público é, ao mesmo tempo, objetivo da luta e criação imediata, uma espécie de antecipação performativa daquilo que se busca.

Essas novas relações já estão dando frutos após a vitória do movimento: grêmios horizontais e desvinculados de partidos e das instituições burocráticas estão sendo fundados em dezenas de escolas; a dinâmica em sala de aula tem sido alterada, com maior participação dos estudantes; e pais e estudantes sentem-se agora empoderados para cobrar e controlar a atuação das direções das escolas. Além de tudo isso, milhares de estudantes-ativistas forjados nas ocupações e protestos já carregam sua experiência de ação autônoma e horizontal para as universidades e para os locais de trabalho. Muitos frutos tardios ainda estão por vir.

Do ponto de vista estratégico, o movimento também inovou. Em primeiro lugar, fez uso de um amplo espectro de táticas, sabendo empregá-las experimentalmente e descartá-las tão logo deixavam de funcionar. Os estudantes fizeram abaixo-assinados, protestos na escola, protestos nos bairros, passeatas no centro da cidade, ocupações de escolas, realização de aulas públicas, promoveram shows de solidariedade e bloqueio de ruas. Poucas vezes na história social recente um movimento soube utilizar um espectro tão amplo de táticas e se metamorfosear em tão curto espaço de tempo.

O movimento dos estudantes soube também explorar a grande simpatia que despertou na população.

Quando os vizinhos perceberam que os estudantes lutavam pelo patrimônio público no bairro, não apenas impedindo o fechamento das escolas, mas também zelando e cuidando delas, eles se aproximaram do movimento e passaram a colaborar doando alimentos para as ocupações, oferecendo oficinas e aulas voluntárias e ajudando os estudantes em consertos nos prédios. Essa solidariedade ajudou a proteger as ocupações dos abusos sistemáticos da força policial e de grupos políticos aparentemente estimulados pelo governo estadual.

Intelectuais e artistas também manifestaram seu apoio ao processo de ocupações de escolas realizando aulas e shows que despertaram a atenção do público. Eles foram fundamentais para romper a abordagem dos grandes meios de comunicação que trataram o processo como um fenômeno de menor relevância, por descaso ou por viés político.

É preciso mesmo explicar como se deu a vitória do movimento a despeito da pouca atenção inicial da imprensa. Aparentemente, a capilaridade do sistema de ensino que atravessa todo o território do estado serviu como correia de difusão das notícias tanto sobre o fechamento das escolas, como do processo de luta dos estudantes. Afinal, toda casa tem um filho ou um vizinho que estuda e que deve ter trazido a questão para as conversas da família ou com as pessoas do bairro. Provavelmente, foi mais por esse meio informal do que pelos meios de comunicação que a população aprendeu sobre a luta dos estudantes – pelo menos até o momento em que o movimento era forte demais para ser desprezado.

Aprendendo a usar táticas diversas e se metamorfosear de acordo com as circunstâncias, forjando relações sociais horizontais, desprezando a mediação dos partidos políticos e despertando a solidariedade de vizinhos, personalidades e do público em geral, o movimento dos estudantes secundaristas pode ser visto como a primeira flor de junho, o primeiro desdobramento pleno dos protestos de junho de 2013. Como os autores do livro demonstraram em outra oportunidade[1], não se trata de um impalpável "espírito de junho", mas da vivência prática das manifestações que muitos deles tiveram, além da continuidade da cultura organizativa que liga o Movimento Passe Livre (MPL) ao coletivo O Mal Educado e este aos estudantes.

A luta dos secundaristas é herdeira de junho num outro sentido. As manifestações de 2013 tiveram basicamente dois tipos de reivindicações: uma crítica da representação, decorrente da crise de legitimidade do sistema político e a defesa dos direitos sociais, principalmente educação, saúde e transporte. Esse duplo legado foi dividido entre os campos políticos: de um lado, o próprio MPL, o movimento contra a Copa do Mundo de 2014, o Movimento dos Trabalhadores Sem Teto e outras iniciativas semelhantes levaram adiante o legado social; de outro, as manifestações convocadas por grupos de direita como Vem Pra Rua e Movimento Brasil Livre levaram adiante o legado "antipolítico" de junho, explorado exclusivamente na chave de combate à corrupção.

Os secundaristas conseguiram, pelo caráter social da sua reivindicação e pelo caráter radicalmente democrático da sua organização, reunir as duas metades de junho. O MPL não tinha conseguido fazer isso, porque seus procedimentos fortemente democráticos permaneceram internos ao grupo de ativistas que organizava os protestos; o movimento Não vai ter Copa!, por sua

---

1   JANUÁRIO, Adriano; CAMPOS, Antonia Malta; MEDEIROS, Jonas; RIBEIRO, Márcio Moretto. "As ocupações de escolas em São Paulo (2015): autoritarismo burocrático, participação democrática e novas formas d eluta social". Revista Fevereiro, n. 9. abr. 2016.

vez, não conseguiu incorporar um número grande de apoiadores por uma série de dificuldades políticas e organizativas.

Os secundaristas, no entanto, não apenas conseguiram mobilizar milhares de estudantes em processos democráticos reais, como conseguiram atrair o apoio de setores que eram simpáticos ao movimento e empregar toda essa força democrática viva na conquista de uma vitória de grande monta: reverter o fechamento de escolas, substituir o secretário de educação e derrubar a popularidade do governador. Não foi um feito qualquer.

São Paulo, junho de 2016.

NOTA METODOLÓGICA

Tanto quanto fomos capazes, optamos por reconstruir a luta contra a "reorganização" escolar da *perspectiva dos estudantes*. Com este recorte, acabamos por não privilegiar outros caminhos que também seriam válidos, mas provavelmente menos ricos, como o acompanhamento exaustivo da grande imprensa, uma análise profunda da política pública da "reorganização" ou a reconstrução da atuação dos grupos políticos apoiadores – no último caso, tentamos apenas iluminar o lugar destes do ponto de vista dos estudantes.

Os protagonistas desta história são estudantes do Ensino Médio e do Fundamental II, a maior parcela constituída por menores de idade, em fase de formação, de modo que nos pareceu importante preservar suas identidades omitindo seus nomes. Decidimos seguir essa mesma diretriz em relação aos poucos atores maiores de idade que aparecem nos relatos, com exceção das pessoas públicas. Outra decisão consciente que nos norteou foi a opção pela versão dos fatos conforme apresentada pelos estudantes, que, em alguns casos, fazem duras acusações às autoridades, e por isso também optamos por não identificar nominalmente as escolas nestes casos.

Procuramos escrever o livro para um público amplo, que esteja interessado em acompanhar e compreender a luta dos estudantes. Porém, buscamos fundamentar nossa narrativa empiricamente, por meio de determinados procedimentos e fontes que possam servir de evidências para nossas afirmações. Realizamos 30 entrevistas em ocupações em todas as regiões da capital e em algumas cidades da região metropolitana, além de grupos como O Mal Educado, G.A.S., Comando das Escolas e instituições como o Ministério Público e a Defensoria Pública. Esse material não foi escrutinado, mas serviu de base para o trabalho. Durante a coleta das entrevistas, visitamos dezenas de escolas fazendo observações que nos ajudaram na compreensão do fenômeno. Além disso, nos baseamos em diversos documentos que incluem parte do que a mídia produziu sobre o tema; os manuais que se encontram em anexo; uma coleção de boletins gentilmente cedidos pela Apeoesp com a enumeração das ocupações dia a dia; documentos jurídicos, cuja análise foi limitada pelo fato de nenhum dos autores ter formação na área; e, principalmente, textos produzidos no Facebook pelas ocupações e pelos grupos ligados à luta. Quanto a essa rede social, nossa abordagem não foi a de um leitor casual, mas sistemática, cobrindo todas as publicações das centenas de páginas das ocupações e de alguns grupos apoiadores, por meio da criação de um banco de dados.

CRÉDITOS FOTOS

Páginas 20 e 21 E.E. Fernão Dias Paes | *Rodrigo Zaim*

Página 22 e 23 Ocupação Cefam E.E. Diadema | *Felipe Larozza*

Páginas 104 a 107 Aula pública sobre intervenção urbana e performance, concedida pelo artista e professor Marcos Bulhões | *Sergio Silva*

Página 114 e 115 Comissões - E.E. Castro Alves - Zona Norte | *Renata Armelin*

Página 182 e 183 Centro Paula Souza | *André Lucas Almeida*

Páginas 230 e 231 Protesto na Marginal Pinheiros embaixo da Ponte do Piqueri | *O Olhar*

Página 232 e 233 E.E. Fernão Dias Paes | *Douglas Pingituro - C.H.O.C Documental*

Página 268 e 269 E.E. Di Cavalcanti | *Mel Coelho - MAMANA Foto Coletivo*

Páginas 298 e 299 Centro Paula Souza | *Rogério Padula*

Página 300 e 301 Primeiro dia de ocupação da escola Fernão Dias Paes | *Jardiel Carvalho - R.U.A Foto Coletivo*

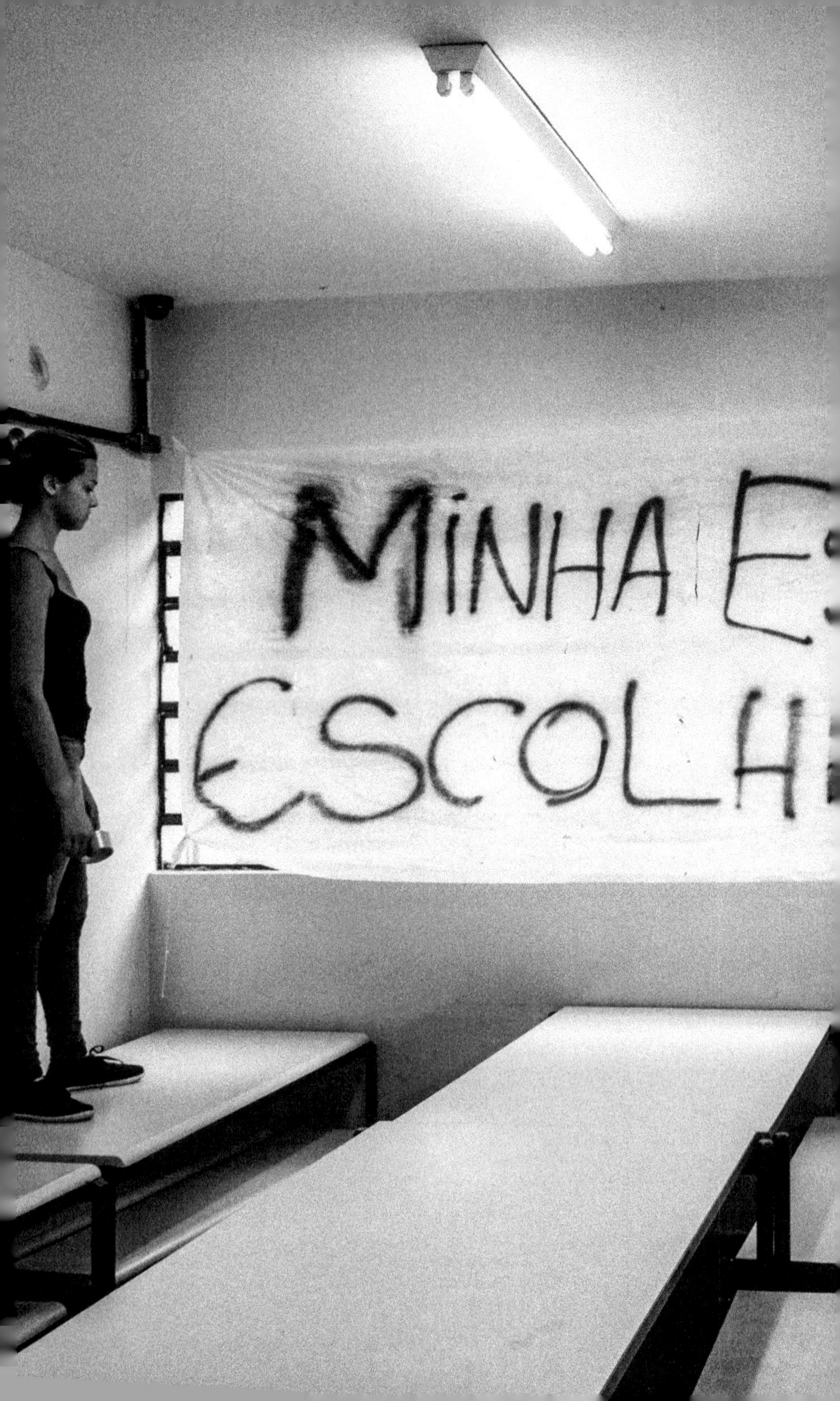
MINHA ES
ESCOLA

OLA, MINHA
FiCA CEFAM

CAPÍTULO 1
DAS MANIFESTAÇÕES ÀS OCUPAÇÕES

1.1

O GOVERNO ANUNCIA A "REORGANIZAÇÃO ESCOLAR"

No dia 23 de setembro de 2015, a capa do caderno Cotidiano da *Folha de S. Paulo* anunciava a transferência de nada menos do que um milhão de alunos da rede pública estadual paulista para que escolas fossem dividas por ciclos. Neste mesmo dia, o secretário da Educação, Herman Voorwald, concedeu uma entrevista para o jornal matinal da Rede Globo, "Bom Dia São Paulo", sobre a recém-anunciada "reorganização" da rede de ensino. O apresentador abriu o programa explicando a medida e com um tom de incredulidade quanto ao enorme número de afetados por ela:

[BOM DIA SÃO PAULO (GLOBO) – TELEVISÃO – 23/09/15]
"O tema é educação! O governo do estado decidiu mudar a distribuição de alunos nas escolas. Isso já a partir do ano que vem. Eu confesso que eu tô impressionado com esse negócio, que é muita gente. Quero ver se isso vai dar certo. A ideia é dividir os colégios por séries né? Fazer uma divisão ali. Isso pra evitar que alunos mais novos fiquem com alunos mais velhos. Essa é uma das ideias, mas na verdade é pra otimizar basicamente o espaço, né secretário?"

O secretário esclareceu que a intenção era dividir as escolas por ciclos: apenas Ensino Fundamental I ou Fundamental II ou Médio. Das mais de 5.000 escolas estaduais de São Paulo, pouco mais de 3.000 atendem a dois ciclos e quase 500 atendem aos três. Segundo o secretário, o "movimento" era para que cada escola se voltasse para um único ciclo e, assim, o estado pudesse focar no Ensino Médio, que é de sua responsabilidade exclusiva.

Os argumentos apresentados para a mudança, além da simplificação da gestão, eram essencialmente dois. O primeiro se baseava em dados coletados pela Fundação Seade (Sistema Estadual de Análise de Dados), que indicariam que a rede estadual de ensino perdeu cerca de dois milhões de alunos nos últimos dezessete anos e, portanto, segundo a Secretaria, haveria salas ociosas nas escolas. O segundo se fundamentava em um estudo conduzido pela Cima (Coordenadoria de Informação, Monitoramento e Avaliação Educacional), um órgão da Secretaria da Educação do Estado de São Paulo (SEE-SP), que sugeria que o desempenho dos alunos nas escolas de ciclo único seria superior (supostamente 10% acima da média). Segundo o secretário: "Os dados [da Secretaria] mostram que a separação por ciclos, sob a ótica da aprendizagem, é o ideal". Quase dois meses depois, quando o único estudo da Secretaria é tornado público (apenas após o jornal *O Estado de S. Paulo* ter entrado com pedido baseado na Lei de Acesso à Informação), especialistas em educação e em estatística questionariam o rigor e a seriedade do documento, que era baseado em uma análise univariada (uma única variável foi considerada – o número de ciclos – ignorando todos os outros fatores que poderiam explicar o maior ou menor rendimento de cada escola, tais como o número de alunos por sala, o índice socioeconômico, a equipe de professores etc.).

Segundo o secretário, as Diretorias de Ensino estavam sendo consultadas para acertar os detalhes do processo chamado de "reorganização do ensino", e a comunidade afetada teria a oportunidade de tirar as suas dúvidas no dia 14/11, batizado de "Dia E" ("E" de Educação). A reportagem do telejornal enfatizou que as transferências seriam entre escolas dentro de um raio de 1,5 km. A entrevista foi encerrada com Herman pedindo a confiança de pais, mães e professores na ação da SEE.

No dia seguinte, a Secretaria anunciava o Dia E:

[SECRETARIA DA EDUCAÇÃO – SITE – 24/09/15]

"Para construir um novo modelo escolar e reorganizar as escolas é imprescindível a participação de pais e responsáveis. A Educação enxerga que este objetivo só será concretizado se todos atuarem juntos. É por isso que no dia 14 de novembro ocorrerá um megaencontro entre escolas e pais.

No dia 'E', todos os participantes terão a oportunidade de entender o novo processo de reorganização, que prevê a ampliação do número de unidades de ciclo único em São Paulo, e como serão feitas as transferências de alunos e quais escolas receberão cada um.

A ação acontecerá de forma simultânea em todo Estado."

Apesar de insistir na "**imprescindível**" participação de pais e responsáveis, estava claro que o papel deles se restringia a compreender e aceitar a ação da Secretaria. Não haveria debates, fóruns ou consultas aos pais e responsáveis. Como explicitara na entrevista à Globo, apenas as Diretorias de Ensino seriam consultadas; demais atores seriam meramente informados. A notícia não foi bem recebida. No dia seguinte, a presidente da Apeoesp (o Sindicato dos Professores do Ensino Oficial do Estado de São Paulo) declarou que a "reorganização" seria "**um descontentamento geral** não só dos professores, mas dos pais e dos alunos, porque vai ser uma bagunça para realocar todo mundo".

Em um evento na Secretaria de Educação, a ex-secretária Rose Neubauer, que passaria a ser a principal referência acadêmica do governo sobre o assunto, defendeu a medida: "**A reorganização das escolas é um ponto fundamental para melhoria da qualidade de ensino**". Além dela, a pasta também apelou para a opinião do diretor de uma escola particular, o Colégio Bandeirantes; Mauro Aguiar declarou ao site da Secretaria que seria "**uma reforma que já prevalece em todos os países conhecidos pela boa educação**".

Outra iniciativa foi uma videoconferência com o secretário transmitida às Diretorias de Ensino. A apresentadora qualificou a "reorganização" como uma medida audaciosa e corajosa; em seguida, Herman insistiu nos mesmos pontos amplamente divulgados na mídia: a diminuição da demanda e o foco no Ensino Médio. Disse que a "reorganização" estaria "**sendo trabalhada há meses na Secretaria da Educação**" e que quando apresentou o projeto ao governador Geraldo Alckmin (PSDB) ele teria pedido "**que imediatamente implantasse a reorganização**". Para o secretário, seria uma questão que ultrapassaria "**a questão do governo**" e iria "**num âmbito de Estado**"; seria também uma "**obrigação da administração viabilizar uma condição melhor**" e avançar com esta proposta, sem "**medo de ações corporativas**", numa crítica velada à declaração feita pela presidente da Apeoesp. Também disse ter "**certeza**" que mães de alunos do Ensino Fundamental I (1º a 5º ano) "**querem**" escolas de ciclo único, assim como jovens do Ensino Médio também "**querem**" o mesmo. O secretário enfim orientou os dirigentes a divulgarem a importância da atualização dos cadastros dos alunos que seriam usados para definir o novo destino de cada um. No Dia E, os pais seriam informados sobre as mudanças e poderiam tirar dúvidas e eventualmente pedir uma transferência em casos excepcionais.

1.2

"NÃO PODEMOS ADMITIR TAMANHO DESCASO": A INDIGNAÇÃO DOS ESTUDANTES

"Faz alguma coisa boa, tão achando que São Paulo é uma cidadezinha Lego pra ficar mexendo num monte de coisa [...]?"
(aluno da EE Carlos Gomes, capital)

"Como o governador quer uma reorganização, sendo que nem o que há está organizado?"
(manifesto dos ocupantes da EE Clotilde Peluso)

Muitos estudantes descobriram que haveria uma "reorganização" pela televisão ou por boatos, o que demonstra o fracasso da Secretaria de Educação não apenas em incluir a comunidade no processo, mas inclusive em informá-la. Ou seja, não se tratou apenas de uma imposição, mas de algo feito de surpresa, sem consideração pelos afetados. Dentre os estudantes entrevistados pelos autores, houve inclusive quem contasse que ficou sabendo que sua escola seria "reorganizada" por conta das próprias ocupações.

Outros ficaram sabendo apenas na hora de realizar a rematrícula para o ano de 2016, ao não ver seu nome em uma lista. Para piorar a situação, na medida em que foram anunciadas as mudanças em cada unidade, houve casos de alunos que seriam transferidos mas que não foram comunicados para qual escola iriam, revelando falta de planejamento. As pessoas se viram sem ter para onde recorrer, pois, apesar de se tratar de uma política pública, o processo se desenrolou com extrema informalidade e falta de transparência, o que causou, além do choque, uma sensação estressante de instabilidade nos estudantes:

[JORNALISTAS LIVRES – VÍDEO – 14/11/15]
"Estou chocada, velho, meu nome não está aqui, sem maldade, nem o meu nem [das minha amigas], a gente vai ter que ir pra outra escola, não sei que escola eu vou, o que eu faço? Nossa, que revolta, velho. Aí você vai perguntar e falam que é uma lista mentirosa, tudo bem, eu não sei, aí você fica meio indeciso do que você vai fazer, pra onde você vai ano que vem, eu não quero mudar de escola".

Depois, a aluna imagina se será transferida para uma escola mais perto da casa dela, mas a proximidade não é o único fator que faz com que um aluno escolha onde quer estudar:

"Mas, velho, se eu vim pra cá é porque tipo eu acho que é uma escola de boa qualidade, não que lá seja de má qualidade mas lá o período é noturno e eu não posso estudar à noite, questão de meus pais não gostarem, entendeu? Aquela insegurança e tudo mais, eu sou de menor, tenho 16 anos e aqui dá pra mim vir de boa, chegar aqui, estudar e ir embora sem nenhuma preocupação, tá de dia ainda... e se eu mudar para longe eu não vou conseguir me adaptar a outra escola de novo, é difícil. Vou ser encaminhada pra lá, ou para qualquer outra escola, que eu não faço a mínima ideia qual seja."

Para entender a recepção imediata da proposta do governo, é muito esclarecedor acompanhar os debates realizados na internet por alunos da EE Carlos Gomes, localizada em São Miguel

(Zona Leste de São Paulo). Em uma das primeiras iniciativas de que se tem registros, cinco deles criaram um evento no Facebook (chamado "Luta pela Educação") e vários alunos passaram a usar a página para discutir o assunto e decidir quais seriam as providências a serem tomadas. É interessante acompanhar, a partir deste caso, a evolução da indignação dos alunos, do choque com a notícia à mobilização.

Já no dia seguinte ao anúncio do secretário (24/09), uma das alunas abre a discussão lançando várias hashtags: #NossoCarlão, #AEscolaÉNossa, #ÉNóisQueManda, #CarlãoNãoMude e #LutarPeloNossoDireito. Outro aluno propõe realizar um protesto ou uma manifestação, enquanto uma das criadoras do evento no Facebook confirma que esta é a pretensão, mas que era preciso esperar a assembleia do dia seguinte para, quem sabe, já fazer um protesto na segunda-feira (28/09). As hashtags lançadas inicialmente são repetidas e compartilhadas por várias pessoas.

Dentre os posts dos alunos, a maior revolta parece vir da conexão afetiva com a escola, subitamente ameaçada pela "reorganização":

[EE CARLOS GOMES – FACEBOOK – 25/09/15]
"Mano, lá é nossa casa... nosso lar... e eu sei que de lá sairão biólogos... médicos... até advogados e mais... eu amo até as tias da cantina... e tipo não dá pra sair assim do nada sem mais nem menos... não dá pra esquecer sua casa... seu lar e toda aquela família... não são de sangue e sim de coração... lá não somos amigos... somos uma família e sei que se todos agirmos juntos... não vão nos tirar de lá... não podem fazer isso, é nosso futuro que está em jogo e acho que falo por todos quando digo que não vamos deixar nossa casa nem nossa família para trás...... #forca_carlao"

Estas imagens, que igualam a escola e a casa, o grupo de alunos e uma família, serão recorrentes tanto nas manifestações de rua quanto, depois, nas ocupações. Para os estudantes, a escola é muito mais do que apenas um prédio e vagas em uma sala de aula, como expressam duas alunas de uma escola em Jandira, na Grande São Paulo:

[EE JOSEPHA PINTO CHIAVELLI – FACEBOOK (VÍDEO) – 17/11/15]
ALUNA 1: "Por que a gente quer tanto o Josepha? Primeiro vamos começar pelo amor que a gente tem pela nossa escola."
ALUNA 2: "É, já tem um vínculo criado ali com todos os alunos, com os funcionários da escola, os professores [...] que a gente criou essa convivência desde o Ensino Fundamental e não é uma coisa que você vai... não vai ser assim, ninguém chega na casa de uma pessoa e fala 'Não, não é mais aqui que você fica, você vai ser mandado pro quinto dos infernos'."

É comum a suposição de que a condição precária da educação pública venha acompanhada de um desprezo dos próprios alunos pela escola e pelos professores. Ao longo do processo de mobilização foi verificado o contrário: que, *apesar* da condição precária das escolas, os alunos têm uma relação positiva com a escola pública (ou o desejo de uma relação positiva projetado no pouco que se tem). Mesmo quando a relação com a escola não é positiva como nos casos acima, os alunos se mobilizam para salvá-la, como mostra esta aluna cuja escola se localiza na Região Central da capital:

[EE MARIA JOSÉ – YOUTUBE (CANAL NOVA ESCOLA) – 10/12/15]
"Eu particularmente detestava a escola, desculpa a sinceridade, mas eu detestava a escola por ela ser um ambiente muito opressor [...], só que eu detesto a escola mas eu acho que quem faz a escola somos nós [...], porém, tipo eu falo que eu não gosto assim só que é a minha escola, sabe, tipo eu quero estar aqui, eu quero mudar esse costume chato dos professores entrarem aqui e jogarem qualquer coisa na lousa, porque a escola pode ser do jeito que for mas é um ambiente nosso que a gente tem que lutar por ele [...]"

Além disso, a promessa de que os estudantes seriam transferidos para escolas no raio máximo de 1,5km não tem impacto algum na hora de convencê-los de que a ida para outra escola não seria um problema, pois o transporte, na prática, não implica somente distância. Fatores como a disponibilidade dos pais para acompanhar filhos menores à sua nova escola (agora separada da escola do irmão maior), a natureza do trajeto a ser realizado (especialmente no caso das meninas), e o custo e mesmo a necessidade de pessoas com deficiência física parecem ter sido completamente ignorados pela Secretaria em seu planejamento. Ao que aparenta, nenhum fator que não estivesse expresso em planilha contribuiu para a concepção da "reorganização", revelando uma visão tecnicista do governo sobre a educação, que contrasta fortemente com a experiência dos alunos com as suas escolas, plena de conteúdo emocional. Nas entrevistas realizadas pelos autores, os estudantes expressaram seu descontentamento com o fato de que a Secretaria os tratava como "números".

Voltando ao caso da EE Carlos Gomes, na sexta-feira dia 25/09 não há aula na escola. Fotos com mais de uma centena de alunos são compartilhadas com a seguinte legenda: "**Carlos Gomes Parou!!!! Unidos somos invencíveis!**". Novo apelo: haverá uma reunião na Diretoria Regional de Ensino pela manhã (não ficando claro, contudo, do que se trata esta reunião e nem de quem participará dela) e às 9h30 todo mundo deve ligar, mandar e-mail, comentar na linha do tempo da página de Facebook da Diretoria: "**Vamos batalhar**". Outra ideia recorrente, principalmente durante as ocupações em novembro e dezembro, já aparece aqui por meio de uma imagem que diz: "**O povo não deve temer os seus governantes. Os governantes devem temer o povo**". Os alunos passam então a compartilhar os resultados de suas tentativas de entrar em contato com a Diretoria de Ensino e pressioná-la para conseguir respostas: ou a ligação não completa, ou surge um e-mail genérico de resposta pedindo para que o contato seja feito por telefone. "**Vamos que vamos**" e "**Vamos continuar, eles estão vendo tudo!**", dizem os alunos. Surgem também novas hashtags: #CarlãoéNosso, #SomosTodosCarlão e #VidaLokaÉQuemEstuda. Em menos de dois dias, já são mais de 100 publicações.

A página de Facebook da Secretaria da Educação finalmente responde a um dos alunos, tentando argumentar que o objetivo da "reorganização" é uma educação com maior qualidade e que a Secretaria não pretendia encerrar ou alterar projetos já realizados nas escolas. A resposta institucional ainda tenta convencer os alunos a esperar tranquila e passivamente pelo Dia E, o que não adianta; nos comentários, o estudante que recebeu a mensagem escreve: "**eles estão impondo algo que não podemos resolver nada, mas com nossa força e União vamos derrubar essa ignorância**".

Entre postagens que atualizam as respostas da Diretoria de Ensino (ou sua ausência), uma estudante cita a frase de outra aluna, dita não se sabe onde: "**Houve muitas situações onde os de cima impuseram ordens e o povo se manifestou e essas ordens mudaram, se o povo não tivesse lutado ainda existiria escravidão, 20 centavos, ditadura**". A síntese da aluna é interessante porque iguala a luta contra a "reorganização escolar" com lutas por direitos na sociedade brasileira em tempos históricos diversos e conecta 2015 com Junho de 2013, mostrando que, desde o início, a luta já era concebida como muito mais do que apenas um apelo para que não se mexesse em uma escola específica – há uma noção clara da educação pública enquanto direito e do direito enquanto conquista que orientou a maneira como a "reorganização" foi interpretada pelos alunos.

Outra estudante se anima com a adesão de mais de 500 pessoas à página do evento e especula se já não daria para realizar uma manifestação na segunda-feira (dia 28/09) pela manhã; em seguida, pondera se não seria melhor "**guardar esta carta na manga**" como "**uma estratégia mais dura pra quando a luta está quase perdida**".

Uma das organizadoras então propõe que não seja realizada a manifestação para reunir na segunda-feira os três períodos (manhã, tarde e noite), ouvir a opinião de todos e decidir conjuntamente o que fazer. No sábado dia 26/09 esta mesma estudante sugere "**fazer barulho direto na Secretaria da Educação**", pois "**O barulho na Leste 2 foi grande e deu resultado**". Sua recomendação é exaltar os projetos da escola, sua história e tradição, "**sempre de forma educada e respeitosa**", ao mesmo tempo que ela conclui: "**VAMOS ATORMENTAR o Alckmin, o Hermann e a [dirigente de ensino]**". Surge também um abaixo-assinado endereçado à Diretoria de Ensino Leste 2.

Enquanto isso, o Twitter oficial do governo de São Paulo responde a outra aluna que protestava na rede com o mesmo discurso de antes, alegando que "o processo está sendo avaliado", que "os professores e a comunidade estão sendo chamados para um encontro no dia 14 de novembro, quando poderão tirar dúvidas e entender melhor as mudanças" e que "não são todas as unidades" que irão passar pela "reorganização".

O sentimento de desconsideração por parte do governo e a revolta de ter algo com grande significado (a escola) tirado de si foram fatores importantes para o movimento, mas está enganado quem acredita que o problema se resumiu a uma "falha de comunicação" ou a um "sentimentalismo" por parte dos estudantes. O próprio governador parece acreditar que o problema foi apenas o clima de pânico e mal-entendido causado por uma falha momentânea, e que a população concordaria com a medida assim que a compreendesse corretamente. Porém, ficou muito claro que a medida da "reorganização", enquanto política pública, foi rejeitada pela maioria. E que a incrível disposição para luta foi alimentada não apenas pelo choque e pela revolta, com forte conteúdo emocional, como também pelo raciocínio lógico, que leva à conclusão de que não se trataria de uma medida positiva para a qualidade da educação pública.

Um dos principais motivos de oposição à "reorganização" é a consequente superlotação das salas de aula:

[EE NEYDE APPARECIDA SOLLITTO – JORNALISTAS LIVRES (VÍDEO) – 16/11/15]
"...porque eles que vão escolher a escola que a gente vai estudar, entendeu? Onde tiver vaga [...] e as escolas pra onde eles vão mandar a gente vai ser praticamente uns sessenta a setenta alunos dentro de uma sala... que nem, disseram que se a gente saísse daqui tem uma proposta de a gente estudar [na EE Miguel] Maluhy, o Maluhy é muito menor do que aqui, imagine o tanto de aluno que tem aqui junto com o que tem lá, não vai ter estrutura, o ensino vai ser péssimo, vai ser confusão, muitos alunos por isso vão parar de estudar [...]"

A "falta de demanda" alegada pela Secretaria de Educação é desmentida pela realidade vivida cotidianamente, que aponta o oposto:

[EE EMILIANO DI CAVALCANTI - YOUTUBE (WTV BRASIL) - 20/11/15]
"[...] eles avisaram na sexta, mas desde o ano passado eles tão querendo isso, eles estão falando que não tem vagas. Tem morador aqui do BNH, que é o condomínio que tem aqui em volta, querendo entrar na escola e não pode porque não tem vaga e depois eles vem falar que não tem alunos.... Tem várias procuras aqui, pessoal liga direto e falam que não tem vaga.... então a gente fica chateado, a gente não sabe nem o que faz [...]. Pessoal não quer ouvir a gente. A gente tenta fazer uma manifestação e o pessoal não quer ouvir a gente."

Diante da superlotação das salas e falta de infraestrutura nas escolas, a "reorganização" simplesmente não faz sentido algum para os estudantes enquanto política pública com fins de melhora da qualidade da educação:

[EE CLOTILDE PELUSO – FACEBOOK – 27/11/15]
"Estudamos em situação precária, no jeito que podemos, em situação que coloca em risco nossa saúde. Tirando o direito do ser humano. [...] Nas fotos vemos a quadra e o espaço ao seu redor com gramas e moitas com um grande volume (o que pode trazer pragas urbanas, trazendo doenças ou até podendo ferir algum aluno ou funcionário). Infiltrações por toda a escola. Água sai pela fiação das lâmpadas das salas de aulas. Buracos nas paredes com 'remendos', mas sem uma manutenção devida. Banheiros com portas quebradas e sem alguns azulejos nas paredes (o que pode trazer doenças por acumular bactérias). Uma palavra para definir isso: IRRESPONSABILIDADE! Como o governador quer uma reorganização, sendo que nem o que há está organizado? Reflitam sobre isso."

Assim, qualquer discurso que defendesse a medida com "bases pedagógicas", quando confrontado com a experiência concreta dos estudantes, se revela nada mais do que uma "desculpa" para o corte de gastos e para o fato de que a educação não é vista como prioridade:

[EE Mello Cotrim – Facebook – 20-21/11/15]

"Se as escolas possuem 'espaço sobrando', como sugere nosso secretário, por que então o governo não aproveita e diminui o número de estudantes por sala de aula? Essa sim seria uma medida de melhora na qualidade do ensino. Além do fechamento de escolas, a tal "reorganização" prevê também o fim do oferecimento de ciclos em muitas escolas, o que também é bastante perverso, pois as escolas terão que abrir mão de salas de vídeo, bibliotecas e laboratórios para aglutinarem mais estudantes em sala de aula, ou seja, perderemos estruturas de ensino-aprendizagem, deixando as escolas com menos instrumentos pedagógicos ainda! Essa reorganização não passa de um ataque perverso à educação pública do estado, não podemos admitir tamanho descaso, educação não é gasto, É INVESTIMENTO!"

O planejamento alegado pela Secretaria, tendo em vista uma melhoria na qualidade do ensino, não convenceu os estudantes em nenhum nível, inclusive porque, mesmo quando não se questionava a veracidade da "intenção pedagógica" do projeto, ele simplesmente não fazia sentido. Um aluno da EE Carlos Gomes, por exemplo, compartilhou na página do evento criado pelos colegas a informação passada por um professor de que o período noturno seria extinto; ele pergunta se a informação é verdadeira: "isso é verdade? Porque se for, isso vai atrapalhar muitos alunos q trabalham no período matutino e só tem o período noturno para estudar", ao que uma das alunas que criou o evento confirma que a "reorganização" prevê a remoção do período noturno caso a escola fique apenas com o Ensino Fundamental, para a indignação do primeiro estudante: "E os alunos que trabalham?", e depois: "Nossa, velho, q planejamento fizeram para tomar uma atitude dessa, mas mesmo assim obrigado pela resposta". Este diálogo mostra como o papel do Estado – e o planejamento de suas políticas – é concebido pelos estudantes, devendo atender às suas necessidades, independentemente do que qualquer "estudo técnico" aponte a respeito do tema.

1.3

"AQUI EU TÔ, AQUI EU VOU FICAR": OS ESTUDANTES VÃO ÀS RUAS

"Porque antes da ocupação a gente já tinha feito muita coisa, não sei se vocês ficaram sabendo [...]."
(aluna da EE Diadema)

Durante seis semanas, entre o fim de setembro e o início de novembro, estudantes foram às ruas em quase duas centenas de ocasiões para protestar contra a "reorganização", eventualmente com a participação de pais e/ou professores. Mais precisamente foram identificados 163 protestos, mas a quantidade total de atos certamente é maior, já que não foi possível realizar um levantamento exaustivo.

Ocorreram manifestações de rua em pelo menos 60 cidades diferentes, tanto na Região Metropolitana de São Paulo (Barueri, Carapicuíba, Cotia, Diadema, Embu das Artes, Guarulhos, Itapecerica da Serra, Itaquaquecetuba, Mauá, Mogi das Cruzes, Osasco,

Poá, Ribeirão Pires, Santo André, São Bernardo, São Paulo, Suzano, Taboão da Serra) quanto no interior (Agudos, Andradina, Araçatuba, Araras, Assis, Bastos, Bauru, Campinas, Campo Limpo Paulista, Catanduva, Cosmópolis, Dracena, Euclides da Cunha Paulista, Guaratinguetá, Hortolândia, Ibitinga, Indaiatuba, Iracemápolis, Jaú, Jundiaí, Leme, Lençóis Paulista, Limeira, Lins, Marília, Paraguaçu Paulista, Penápolis, Piracicaba, Presidente Prudente, Promissão, Rancharia, Ribeirão Preto, Salto de Pirapora, São José da Bela Vista, São José dos Campos, São Pedro, Tupã, Valinhos, Votuporanga) e no litoral (Santos) do estado de São Paulo.

Já se formos considerar as regiões da capital, também é possível identificar manifestações em todas elas: no Centro (salvo engano sempre em direção à Secretaria Estadual de Educação, localizada na Praça da República), Zona Sul (Água Funda, Brooklin, Campo Limpo, Grajaú, Jabaquara, M'Boi Mirim, Saúde, Santo Amaro), Zona Oeste (Lapa, Pinheiros, Vila Sônia), Zona Norte (Brasilândia, Casa Verde, Piqueri, Pirituba, Tucuruvi, Vila Medeiros) e Zona Leste (Itaquera, Mooca, Penha, São Miguel, Vila Formosa, Vila Prudente).

A mobilização envolveu diferentes modalidades de protestos de rua: atos em frente às unidades escolares, desde protestos que simplesmente paralisavam as aulas ou até mesmo um ato fúnebre no Dia de Finados para velar a escola que seria fechada; passeatas, às vezes percorrendo vários quilômetros; trancamentos de ruas, avenidas e até de rodovias; e atos-debate. Havia, em geral, cartazes, faixas, panfletos e, eventualmente, bexigas, rostos pintados, narizes de palhaço, apitos, barricadas, carros de som e abaixo-assinados.

Os destinos das passeatas foram igualmente diversos: Diretorias de Ensino; a Secretaria Estadual de Educação; os poderes públicos municipais (como Prefeituras, Subprefeituras, Câmaras de Vereadores e até Secretarias Municipais de Educação); praças ou terminais de transporte público; a Assembleia Legislativa; o Palácio dos Bandeirantes, sede do governo estadual; e, por fim, aparições públicas do governador Geraldo Alckmin.

Foi um verdadeiro levante. Nesta explosão de indignação, verificamos cerca de 40 atos na primeira semana de mobilização (de 28/09 a 04/10) e quase o dobro na segunda semana (de 05/10 a 11/10). Estas duas primeiras semanas concentraram a enorme maioria das manifestações de rua com relação a todo o período anterior à primeira escola ocupada (o que ocorre somente em novembro): cerca de 2/3 dos protestos ocorreram até o dia 10 de outubro.

Houve um protagonismo intenso no interior do estado neste período, principalmente na primeira semana (quase 80% das manifestações de rua foram, neste início, em cidades interioranas). Parte deste protagonismo geográfico se explica por uma agitação realizada pelas subsedes da Apeoesp – agitação que vai, contudo, perdendo força ao longo do tempo e sendo suplantada pela organização autônoma dos estudantes.

A primeira manifestação de rua contra a "reorganização" de que se tem registro foi em Rancharia (região de Presidente Prudente), no dia 28/09, a primeira segunda-feira depois de anunciada a "reorganização":

[SPTV (TV FRONTEIRA) – TELEVISÃO – 28/09/15]
APRESENTADOR: "Um grupo de alunos, acompanhados dos pais, fez uma passeata em Rancharia, hoje de manhã. O pessoal tá preocupado com o possível fechamento de uma das escolas do município."
REPÓRTER: "A concentração foi em frente à Escola Estadual Dom Antônio José dos Santos. Com cartazes [alguns cartazes diziam: "Giorgi não pode parar", "Por conta do aumento do número de alunos...", "Juntos somos mais fortes!!!" e "Unidos temos força"] e apitos eles se manifestavam contra o fechamento de uma outra escola estadual da cidade, previsto para o ano que vem, a José Giorgi. Eles temem que isso provoque a superlotação nas classes."
ALUNO: "Não tem como você ir todo dia pra escola, justamente o pessoal que mora no final da cidade, vir para cá de a pé, todo dia da semana, não tem como! E ainda chegar aqui e passar calor, porque nenhuma escola tem ar condicionado, isso é um risco de saúde não só pros alunos como também pros professores."
REPÓRTER: "O movimento começou por volta das 7 horas da manhã, momento em que os alunos deveriam entrar na sala de aula.

Mas por causa do manifesto, hoje eles nem entraram na escola e a rua dela, olha só, chegou a ter o trânsito interditado. A rua Dona Rosa Miguel ficou assim enquanto acontecia o manifesto. Foi tudo pacífico. E a Polícia Militar calcula que cerca de 60 alunos participaram da ação."

ALUNA: "A gente vai fazer reivindicação pra ela ver que a gente não quer que feche nossa escola, porque nosso bairro também não tem condição de vir aqui e também não tem escola lá perto, por isso que a gente tá fazendo essa reivindicação."

O SPTV fez um papel de "ouvir o outro lado" e deu voz ao governo estadual: a reportagem procurou a Diretoria Regional de Ensino de Tupã que, em nota, afirmou que nem todas as escolas seriam reorganizadas e que um estudo estaria em andamento, por isso não seria possível saber quais seriam atingidas e quais não seriam. Após a leitura da nota, ainda foi entrevistada a dirigente de ensino de Presidente Prudente, que argumenta que os resultados do Saresp (Sistema de Avaliação de Rendimento Escolar do Estado de São Paulo) teriam demonstrado que as escolas de segmento único apresentam um desempenho melhor, e conversas serão feitas com as poucas escolas a serem "reorganizadas"; tudo isso seria depois submetido "a São Paulo" para só iniciar em 2016. A apresentadora do SPTV regional encerra a reportagem com o seguinte comentário:

> "Tá aí o recado então pros pais, pros estudantes e até lá, quando essa mudança for feita, nesse período todo, pra quem tiver dúvida, procure a diretoria de ensino da sua cidade, pra não ficar com dúvida e não ter confusão, né Murilo?"

A "confusão", contudo, veio para ficar. E os alunos procuraram insistentemente suas Diretorias Regionais de Ensino nos dias e semanas seguintes. Entre os dias 28 e 29 de setembro, um vídeo registra uma interação emblemática entre estudantes e sua dirigente de ensino em uma escola em Guarulhos. O vídeo começa com um aluno, no fundo de uma sala lotada, discursando contra a "reorganização" e sendo seguidamente interrompido por aplausos de seus colegas, enquanto a dirigente anda de um lado para o outro, bastante inquieta:

[EE PROF. JOÃO CAVALHEIRO SALEM – FACEBOOK (VÍDEO) – 29/09/15]

"... isso não convence a gente [uma aluna grita: 'Não mesmo!']. Não estamos aqui só pelo Salem ou só por alguma escola de Guarulhos e sim por todas! [aplausos, 'Isso mesmo!'] ... o que é necessário na educação é investimento! Que seja organizado de forma adequada, não essa reorganização que está acontecendo, como já aconteceu! Não estamos aqui lutando por uma escola só, e sim por todas as escolas da região. Porque nós não somos burros, nós sabemos qual a real intenção do governo, o que ele quer com essa separação... ele quer demitir professores e ele quer colocar funcionários na rua e quer fechar escolas, porque é isso que vai acontecer! [aluna: 'Sem falar na superlotação das salas'] ... a superlotação das salas! Porque é isso que vai acontecer, não adianta dizer que não, mas a gente sabe qual é a real intenção, a gente não é burro. Por mais que o governo tente fazer a gente ficar burro, nem todos vão ficar assim, muitos procuram se informar... [aplausos, 'Uhu!']"

A dirigente de ensino começa então a tentar responder ao aluno, sob gritos dos outros estudantes de "**Silêncio!**", para que ela seja ouvida por todos:

"[...] esse é um debate, eu, eu não consigo ficar discutindo com você e demonstrar... você pode fazer essa, essa [palavra inaudível] que você fez, não vou retribuir da mesma forma, a questão é uma discussão muito mais profunda, eu não posso receber uma coisa que passaram aqui, sem estar tendo um estudo conduzido. Então cabe a todos, é... Tem coisas que são inverdades, mas eu não vou ficar discutindo esse tema porque vocês já receberam esse tema. Vocês vieram pra isso e vão receber um abaixo-assinado. E, como eu havia falado pra vocês, vim atendê-los, estou com um grupo lá trabalhando e... Bom retorno pra vocês."

Subitamente, a dirigente se vira e sai andando em direção à porta da sala; de imediato, uma aluna na frente exclama "hãm?!", incrédula com a resposta incompreensível e a desfaçatez da dirigente. O vídeo se encerra com uma salva de vaias de todos os alunos enquanto a dirigente se retira...

É de Guarulhos também a primeira intervenção artística na luta contra a "reorganização". No final desta mesma semana, começa a circular na internet – rapidamente viralizando nas redes sociais – uma versão, feita por alunos da EE Antonio Viana de Souza, da música "Cálice" (de Chico Buarque e Gilberto Gil). Enquanto um grupo de percussão permanece no fundo da sala, de costas para a câmera e olhando para a parede, os estudantes (mais de 40), todos sentados nas carteiras e vendados com um pano preto, começam a cantar. Enquanto os alunos repetem o refrão, uma aluna começa a retirar a venda e se levanta, muito lentamente, para declamar:

> "Agora, vivemos em um mundo de alienação, onde o Brasil perde em educação. Não, não à reorganização! Nosso governo, ele finge que não vê. Nosso futuro não está seguro. Mas nós vamos, nós... vamos... sobreviver!"

A mesma aluna chama todos os outros a também retirar suas próprias vendas, declamando uma outra música de protesto clássica contra a ditadura militar: "Vem, vem, vamos embora, que esperar não é saber. Quem sabe faz a hora, não espera acontecer".

Depois de repetir o refrão da versão de "Cálice" com os punhos cerrados e para cima – em luta – os estudantes terminam com um grito, em clima de festa e num ritmo de funk:

> "Aqui eu tô
> Aqui eu vou ficar
> Da minha escola
> Ninguém vai me tirar"

Uma das primeiras hashtags utilizadas na luta foi justamente #aquieutoaquieuvouficar (outra que intitulava o vídeo em sua primeira versão era #EuEscolhoMeuFuturo, similar a uma que já havia aparecido na mobilização da EE Carlos Gomes: #AEscolhaÉNossa). Rapidamente ganha proeminência uma terceira hashtag: #NaoFecheMinhaEscola, muito também pela atuação da página de Facebook "Não Fechem Minha Escola", criada bem no início do mês de outubro pela Rede Emancipa de Cursinhos Populares e administrada por ela e pelo movimento Juntos! (juventude de uma das correntes do PSOL que conta com secundaristas entre seus membros). Por meio desta página, bem como d'O Mal Educado e dos Jornalistas Livres, foi possível acompanhar o caráter intenso, descentralizado e crescentemente espontâneo das manifestações de rua que explodiram na primeira metade de outubro.

No dia 30/09, em Bauru, cerca de 100 pessoas (estudantes, professores e pais) se reuniram contra o possível fechamento da EE Ayrton Busch. Uma aluna com quem entramos em contato esclareceu o que se passou: a notícia da "reorganização" foi recebida pelos alunos com "grande desespero" e eles decidiram "fazer algo, pra chamar atenção e mostrar que nós não estávamos contentes com aquilo e queríamos ser ouvidos". Conforme as pessoas do bairro "não estavam dando importância para o que estava acontecendo", os estudantes resolveram colocar fogo em madeira e papelão para chamar atenção, estratégia que foi bem sucedida, visto que, além de várias pessoas terem se dirigido à escola para descobrir o que estava se passando, o caso repercutiu no site G1. Por acaso, a supervisora de ensino estava na unidade e foi pedido que ela recebesse uma comissão de estudantes, mas ela se recusou. Mesmo assim, alguns alunos, já com o protesto se dispersando, decidiram entrar na sala para fazer perguntas. Os esclarecimentos não foram realizados, ela apenas "rodeava e não respondia", justificando a "reorganização" dizendo que era uma injustiça que alunos mais velhos arrancassem da parede os desenhos de crianças mais novas.

Esta onda de manifestações rendeu também outros momentos marcantes. Na cidade de Ibitinga, por exemplo, cerca de 300 alunos deram um grande abraço coletivo em todo o quarteirão da EE Iracema de Oliveira Carlos durante cerca de uma hora. O ato do "abraçasso" – forte no seu simbolismo afetivo em relação às escolas ameaçadas de serem fechadas – seria repetido posteriormente em ao menos três ocasiões: na EE Américo Brasiliense em Santo André, cidade da Grande São Paulo (dia 06/10); na EE Geraldo Correia de Carvalho em Ribeirão Preto (07/10); e na EE Julieta Guedes de Mendonça em Dracena (mesmo dia) – sendo as últimas cidades do interior.

Já na segunda semana de protestos, o protagonismo do interior foi equiparado pelo da Grande São Paulo. Estudantes de Diadema – principalmente da EE Diadema, mas também de outras escolas – realizaram quatro ações somente nesta semana: na terça-feira dia, 6/10, os alunos fizeram uma primeira manifestação na frente do Cefam; na quinta-feira, 8/10, eles foram até a Câmara Municipal pedir o apoio de vereadores contra a reestruturação da rede de ensino; neste mesmo dia à noite, novo protesto foi organizado em frente a outra escola (EE Adonias Filho); e, por fim, na sexta, dia 9/10, "cerca de 300 pessoas caminharam do Centro da cidade até o terminal de Trólebus" [ABCD Maior – site – 09/10/15].

Em Osasco, também ocorreram manifestações: um protesto no dia 5/10 em frente à Diretoria de Ensino e uma ação de panfletagem contra a "reorganização" no final da semana:

[EE HELOÍSA ASSUMPÇÃO – ENTREVISTA – 29/11/15]
"[...] a gente fez uns panfletos [...] falando a respeito da reorganização, a gente panfletava aqui pelo bairro, Osasco inteiro e conversava com todo mundo. [...] eu chegava e entregava, algumas pessoas perguntavam, tinha gente que não fazia nem ideia e a gente conversava, tinha gente que eu ficava tipo uns 20 minutos, parada, na rua conversando [...]"

Uma novidade da primeira para a segunda semana de mobilização foi a realização de dois atos centralizados na capital. O primeiro se deu no dia 6/10:

[EE FERNÃO DIAS – ENTREVISTA – 18/12/15]

"Bom, então, antes na real do dia 6/10, no dia 29/9 a Escola Estadual Padre Saboia soube que iria ser fechada, foi passada na escola a informação que a escola seria fechada. Então eles fizeram uma manifestação, esse foi o primeiro passo. Aí o segundo passo foi a manifestação de 6/10, que foi a primeira manifestação que uniu várias escolas, foi uma manifestação puxada por pessoas na internet, então, e aí... não coletivos, assim, pessoas... alunos... que fizeram e entraram na internet, foi um ato bem divulgado e nesse ato tiveram diversas escolas que estavam lá presentes..."

Neste dia, o secretário recebeu uma comissão de estudantes, mas a avaliação desta reunião foi negativa pois os alunos não sentiram que o compromisso assumido acerca da necessidade de eles serem consultados no processo era sólido.

Entre o 1º e o 2º ato centralizado, a Apeoesp solta em 08/10 uma lista com 155 escolas estaduais que seriam fechadas, segundo apuração realizada por suas subsedes junto a professores, escolas, supervisores e diretorias de ensino. Esta iniciativa foi importante para dar uma primeira noção mais concreta de qual era o tamanho da "reorganização" – uma vez que o governo estadual não agia com transparência (circulavam especulações de que cerca de mil escolas poderiam ser atingidas) –, além de identificar nominalmente quais escolas estavam sendo consideradas no projeto de reestruturação da rede.

Na segunda manifestação centralizada (09/10), um número muito maior de estudantes compareceu: enquanto o primeiro ato contou com cerca de 500 estudantes, no segundo a participação foi de 1.200 (estimativa da União Municipal dos Estudantes Secundaristas de São Paulo – Umes-SP – divulgada pelo site G1) a 5 mil alunos (estimativa "**segundo a organização**", divulgada na Carta Capital).

Dois episódios marcaram este novo ato. Em primeiro lugar, a presença de uma entidade representativa (Umes-SP), o que acabou causando um conflito com o Grupo Autônomo Secundarista (G.A.S.) e outros estudantes secundaristas independentes:

[G.A.S. – FACEBOOK – 09/10/15]

"ESTUDANTES PELOS ESTUDANTES!

Estudantes fizeram mais um ato grande e autônomo, mostrando que a cidade vai parar se o governador não revogar. No começo a Umes chegou com carro de som tentando liderar a manifestação e decidir eles mesmos o trajeto, porém perderam a legitimidade quando foi feita uma assembleia autônoma e horizontal mostrando que a luta é dos estudantes pelos estudantes!

Sem carro de som e sem bandeiras da Umes, Une ou Ubes, mais de mil estudantes marcharam na Paulista sentido Brigadeiro. No meio do caminho a polícia arrastou alguns manifestantes e revistaram de forma bruta, fazendo com que a manifestação liderada pela Umes que seguia a nossa recuasse e nos deixasse para a repressão. Porém, mesmo com a repressão e sob gritos de 'nenhum pra trás!', nós, estudantes, ficamos pressionando a polícia com gritos para liberarem os nossos iguais. A resposta? Várias pauladas de cassetes, tentando reprimir a manifestação, mas não conseguiram.

Seguimos pela 9 de julho até a Praça Roosevelt e terminamos o ato com mais uma assembleia autônoma e horizontal, onde decidimos somar no ato dos professores na quinta-feira (15) no Palácio dos Bandeirantes às 10h da manhã. A LUTA CONTINUA!

#naofecheminhaescola #sefecharvamosocupar"

O conflito entre entidades representativas (em especial a Umes-SP e, mais tarde, a União Paulista dos Estudantes Secundaristas-Upes e a União Brasileira dos Estudantes Secundaristas-Ubes) e estudantes autônomos (organizados em coletivos ou não) será uma constante no desenvolvimento do movimento dos secundaristas a partir de agora. Este pequeno episódio, relatado do ponto de vista do G.A.S. – um coletivo autonomista que atuou por menos de um ano, composto por estudantes de escolas técnicas e colégios particulares, e próximo ao coletivo O Mal Educado –, apenas prefigura e prenuncia discordâncias que vão se repetir daqui para frente.

O segundo episódio que marcou este segundo ato centralizado foi a repressão policial. Além do uso desproporcional de cassetetes e spray de pimenta, a Polícia Militar deteve o jornalista e fotógrafo independente Caio Castor e Luis Carlos de Melo, professor de sociologia da EE Raul Fonseca (na Saúde, Zona Sul de São Paulo).

A terceira semana de mobilização (12/10 a 18/10) começa com uma quantidade bem menor de atos, passeatas e protestos: as manifestações de rua registradas caem para 1/4 do número que havia sido detectado na semana anterior. O terceiro ato centralizado (15/10) também se encontra esvaziado, em comparação com o crescimento notável do primeiro para o segundo. O esvaziamento teria sido drástico:

[TERRITÓRIO LIVRE – SITE – 05/01/16]
"Foi como se de repente, com uma diferença de seis dias, milhares de secundaristas desaparecessem das ruas. Apenas poucas dezenas compareceram. O ato virou uma corriqueira passeata do Movimento Estudantil da USP [...]."

Vídeos gravados de cima da manifestação evidenciam que havia menos de mil pessoas na passeata (dos quais não se pode dizer quem era secundarista e quem era estudante universitário). No fim da manifestação, depois que ela já havia chegado na sede do governo estadual e muitos já tinham ido embora, um grupo de pessoas mascaradas começou a chutar o portão do Palácio, jogaram pedras, arrancaram luminárias e lançaram fogos de artifício, e o ato acabou definitivamente quando a PM agiu jogando bombas de gás lacrimogêneo, dispersando quem ainda estava no local.

Dois outros atos centralizados na cidade de São Paulo ainda ocorreram. O 4º ato foi realizado em 20/10, chamado pela internet por grupos da oposição de esquerda ao governo do PT. Contudo, comparecem poucas pessoas às 13h na Praça Roosevelt (1.200 pessoas, segundo o coletivo Jornalistas Livres) e este ato acaba se juntando a outro, convocado pela Apeoesp, com concentração às 15h na Praça da República. Com relação aos coletivos que chamaram originalmente o ato, eles acabam perdendo centralidade, e as entidades representativas acabam ganhando protagonismo: Umes-SP, Upes e Ubes junto com a Apeoesp.

O 5º ato, realizado em 23/11, repete um pouco esta dinâmica política, mas em menor escala: quem convocou o evento na internet foi a página Não Fechem Minha Escola, mas na "hora H" quem ganhou protagonismo, com suas bandeiras e cartazes, foi a Umes-SP. O ato foi menor ainda do que a concentração da Praça Roosevelt: a estimativa dos organizadores (que, do ponto de vista da mídia, era a Umes-SP) era de 700 a 800 manifestantes, enquanto a PM jogou o número para baixo: seriam apenas 100 pessoas na passeata que saiu do Masp em direção à Secretaria Estadual de Educação, na Praça da República. Chegando lá, o presidente da Umes exigiu no microfone que o secretário saísse do prédio para conversar mas, ao contrário do 1º ato no início do mês, não ocorreu nenhuma reunião.

A frustração com a intransigência do governo e a falta de atenção da mídia aos protestos desgasta os estudantes, e as manifestações centralizadas são reduzidas cada vez mais a entidades e grupos políticos (partidários ou estudantis) já consolidados do campo de esquerda (governistas ou não). Porém, não foram apenas os atos centralizados na capital paulistana que foram diminuindo de tamanho; o desgaste também atingiu as manifestações no interior, no litoral e na Grande São Paulo, que caíram abruptamente conforme o mês de outubro chegava ao fim, havendo ainda alguns protestos em diferentes regiões da capital. Estes protestos localizados também se depararam com um governo sem disposição para um verdadeiro diálogo. Estudantes da EE Salvador Allende, por exemplo, localizada na Zona Leste de São Paulo, realizaram um ato de rua em direção à sua Diretoria de Ensino. A supervisora **"se negou por quase duas horas a descer da sua sala para conversar com os estudantes"**. Funcionários ainda tentaram argumentar que a "reorganização" geraria **"muitas melhorias"** e que o Allende não fecharia e sim seria **"disponibilizado"** [Baobá – Facebook – 29/10/15].

Já no início de novembro (5/11), alunos de diferentes escolas estaduais realizaram um Ato Regional da Zona Oeste: havia estudantes das Escolas Estaduais Fernão Dias, Ana Rosa, Andronico de Mello e Godofredo Furtado. A manifestação foi uma caminhada que partiu do Largo da Batata até a Diretoria Regional de Ensino Centro-Oeste e, de forma similar ao que havia acontecido com seus colegas da Zona Leste, o governo se mostrou irredutível:

[EE FERNÃO DIAS – ENTREVISTA – 18/12/15]
"Foram lá, conversaram com dois supervisores de ensino e mais uma vez a gente chegou cobrando poder de decisão, cobrando que a gente pudesse falar e pudesse decidir se a nossa escola iria ou não ser afetada por esse projeto e mais uma vez o que eles fizeram? Explicaram pra gente. E é uma coisa que a gente já tava cansado, a gente não queria ouvir, a gente já tinha entendido o projeto, se a gente tava na rua era porque a gente era contra esse projeto! Bom, e aí essa manifestação é como uma última aqui da região né?"

Se de um lado as manifestações de rua evidenciam, acima de qualquer suspeita, que a mobilização dos estudantes contra a "reorganização" não começou na primeira ocupação, por outro lado mostra a ineficácia da tática adotada, no sentido de que o governo estadual não moveu um milímetro sequer na sua intenção de reestruturar a rede estadual de ensino. Apesar da sua intensidade, comprovada no decorrer desta seção, as manifestações de rua não renderam frutos: as Diretorias de Ensino, a Secretaria Estadual de Educação e o governo Alckmin não sinalizaram em momento algum qualquer disposição de diálogo ou abertura para rever seu plano ou ao menos incluir os alunos em um processo de consulta – a "reorganização" era apresentada como irreversível.

Porém, a disposição de luta dos estudantes já se desdobrava, desde o início, em um repertório variado de formas de protesto, desde uma demonstração como um abraço coletivo até táticas mais radicais, como o ato de colocar fogo em entulho e bloquear a rua. Enquanto a ineficácia destas táticas ficava cada vez mais evidente, a ocupação das escolas já estava espreitando a mente dos estudantes... No começo, parecia uma "loucura", mas enquanto medida de último recurso era uma ideia que fazia sentido, como conta uma das impulsionadoras da primeira ocupação de todo o estado:

[EE DIADEMA – ENTREVISTA – 26/11/15]
"Porque antes da ocupação a gente já tinha feito muita coisa, não sei se vocês ficaram sabendo, mas a gente já tinha feito abaixo -assinado, mais de 10 mil assinaturas contra a reorganização, a gente já tinha ido algumas vezes na Câmara dos Vereadores. O Cefam que tinha organizado, mas a gente espalhou pra muitas outras escolas que tavam ajudando a gente também. A gente foi na Câmara Municipal, várias escolas foram lá, a gente conseguiu apoio de todos vereadores, então assim, nós fizemos muitas coisas antes da ocupação, só que não houve retorno e aí que surgiu a ideia da ocupação... Aí eu falei: 'Pai, a gente já fez tudo isso, a gente fez o abaixo-assinado e não deu certo, a gente já foi na Câmara Municipal, na Alesp, a gente já falou com o Herman' – o Herman assinou o nosso abaixo-assinado, ele recebeu, uma das alunas foi lá, no dia da última plenária, ela foi lá, falou com ele, ele assinou e a gente tem isso, ou seja, nada disso deu resultado. Eu falei: 'Pai, tô jogando tudo aqui [na ocupação] e eu queria saber o que você acha'. Ele primeiro falou assim: 'Isso é loucura'. Aí eu falei: 'Loucura é, mas infelizmente não tem outra forma de chamar atenção, a gente, tipo, é a última carta na manga que a gente tem de tentar chamar atenção de alguma forma do governo' [...]."

Como então surgiu a ideia de ocupação? Nas palavras desta mesma estudante, seu primeiro contato com a ideia foi em um grupo de WhatsApp:

[EE DIADEMA – ENTREVISTA – 26/11/15]
"Só que aí, nesses milhões de grupos que surgiram no WhatsApp de reorganização eu vi uma cartilha dO Mal Educado... que, isso, nossa, foi o ápice do negócio... Eu primeiro já vi: 'Como ocupar

um colégio?'. Aí eu li aquilo ali e aí: 'Opa! Como assim?! Oi?' Aí eu comecei a ler e vi: é uma galera do Chile que tinha feito isso em 2006... 2006 ou 2011... foram 2 vezes. Teve na Argentina também. Aí eu tava lendo e eu: 'Caraca! É loucura... Mas talvez dê certo!'"

O manual "Como ocupar um colégio?" foi traduzido e adaptado pelo coletivo O Mal Educado a partir de documento elaborado pela seção argentina da "Frente de Estudiantes Libertarios", sobre sua experiência de luta, inspirada, por sua vez, na luta dos secundaristas chilenos. A pequena cartilha, composta por oito páginas no formato de um A4 dobrado ao meio, começa da seguinte maneira:

[O MAL EDUCADO – MANUAL – 10/2015]
"A luta dos estudantes não começou agora, e está longe de terminar. Em 2006 e 2011, o Chile viveu a 'Revolta dos Pinguins', um movimento imenso de estudantes secundaristas que exigia uma educação pública gratuita e de qualidade. Durante meses, as escolas do país inteiro foram ocupadas pelos alunos – que entravam, tomavam o prédio, montavam acampamentos, e ali ficavam dia e noite como forma de protesto, até as reivindicações serem atendidas.

As ocupações começaram nas escolas onde as turmas estavam mais engajadas na luta, mas o exemplo serviu de inspiração para estudantes de mais lugares, e rapidamente quase todos os colégios do Chile foram tomadas pelos alunos.

Essas ocupações serviam para pôr medo no governo e chamar atenção da mídia, mas também para aumentar a força e a organização do movimento secundarista. Nos pátios, os alunos faziam assembleias regulares para discutir os rumos da luta. Essas assembleias eram coordenadas em toda cidade, permitindo que fossem feitas manifestações simultâneas e também grandes atos unificados.

Já pensou se fizéssemos igual em São Paulo? Para aprendermos com nossos companheiros de outros países, traduzimos alguns trechos do manual sobre 'Como ocupar um colégio?', escrito por estudantes da Argentina durante seu movimento."

A primeira página da cartilha termina divulgando o site do coletivo O Mal Educado e sua página no Facebook. Em seguida, o manual passa a apresentar um "**Plano de ação**" para os estudantes secundaristas de São Paulo; é preciso que a estratégia permita a eles "**vencer a luta por educação pública, gratuita e de qualidade**". E as ocupações de escolas são uma tática, ou seja, "**uma das ferramentas dentro desta estratégia**". A cartilha já avisa todos os estudantes que a estiverem lendo que não será fácil: "**Não é nenhuma festa ter que dormir todos os dias no colégio, suportando as mentiras do governo e dos meios de comunicação que nos apresentam como vagabundos que não querem estudar.**" Por isso o manual também deixa claro que: "**Uma ocupação é sempre o último recurso, depois que todos os canais de diálogo e as outras formas de luta tiverem se esgotado.**"

Em seguida, o texto explicita alguns princípios básicos a serem seguidos para a "**Organização da ocupação**"; não se trata de uma fórmula secreta ou perfeita, mas apenas que a sua organização garanta que as tarefas sejam cumpridas e que a democracia direta seja respeitada:

[O MAL EDUCADO – MANUAL – 10/2015]

"O mais prático e recomendável é que a assembleia geral nomeie comissões para cada tema específico, que fiquem responsáveis de supervisionar e cumprir as tarefas designadas para elas.

As seguintes comissões são básicas e não devem faltar em nenhum processo de ocupação:

COMIDA [...]

SEGURANÇA [...]

IMPRENSA [...]

INFORMAÇÃO [...]

LIMPEZA [...]

RELAÇÕES EXTERNAS [...]."

O leitor encontrará as recomendações da cartilha para cada uma das comissões na reprodução do manual ao final do livro, na forma de um Anexo contendo vários documentos históricos.

O manual "Como ocupar um colégio?" ainda traz sugestões de como organizar assembleias e a recomendação de que sejam realizadas atividades (recreativas ou formativas) durante o dia com a participação de alunos, professores, pais e todos que apoiem a ocupação.

Por fim, a cartilha se encerra com um exemplo brasileiro de luta: em 2012, estudantes da Escola Estadual Prof. Luiz Carlos Sampaio, em Nova Andradina, no estado do Mato Grosso do Sul, ocuparam seu colégio como forma de protesto. Seu objetivo era impedir que sua escola fosse municipalizada. Conforme o movimento foi bem-sucedido em barrar a proposta do governo estadual de lá, o manual toma o episódio como emblemático, tal qual a luta dos estudantes chilenos e argentinos: "**Se eles fizeram lá, podemos fazer também aqui**".

A preocupação do coletivo era demonstrar historicamente que a ocupação de escolas não era uma ideia abstrata ou absurda; foi uma ferramenta de luta bem-sucedida em tais e tais contextos. Na última página do manual era lançada a palavra de ordem: "**Se fechar, vamos ocupar!**". Deste modo, passava-se de uma hashtag negativa – #NaoFecheMinhaEscola – para outra, agora positiva: #SeFecharVamosOcupar (as duas hashtags sempre andavam juntas na página de Facebook do coletivo). Para além do anúncio de que a proposta do governo estadual era inaceitável para os alunos, O Mal Educado apresentou uma tática que contribuiu decisivamente para o sucesso em barrar o plano da "reorganização escolar".

A versão impressa da cartilha passou a ser distribuída pelo coletivo a partir do 4º ato centralizado, do dia 20/10. Mas antes disso, a página já estava veiculando pela internet tanto uma versão online do manual, como também, desde o início do mês, um programa com quatro pontos:

"**1. Coordenar as ações dos estudantes**": reuniões regionais, manifestações unificadas ou várias num mesmo dia, um mesmo abaixo-assinado, evitando a dispersão da luta.

"**2. Não confiar nas entidades estudantis**": para o coletivo, entidades como Umes, Upes, Ubes e Une estariam aparelhadas por partidos governistas e se preocupariam mais em ganhar dinheiro com as carteirinhas estudantis do que em defender os estudantes, por isso propunha organizar o movimento com independência e escolher seus próprios representantes, sem permitir que as entidades os representassem (esta pode ser considerada uma semente para a posterior criação do Comando das Escolas Ocupadas).

"**3. Ocupar as escolas**": que os estudantes se organizassem para impedir o fechamento de escolas acampando nas escolas dia e noite, a tática de luta usada no Chile, na Argentina e até no Brasil, uma única vez.

"**4. Só os estudantes podem derrotar o governo**": embora o apoio de pais, professores, funcionários e todos os trabalhadores fosse importante, os estudantes seriam a força decisiva nesta luta.

Este plano apresentado pelo coletivo aos estudantes em luta viabilizava não só uma unidade das mobilizações então isoladas – em seus bairros, regiões ou cidades – como também propunha uma virada tática que salvaria o movimento do declínio que estava anunciado na segunda metade do mês de outubro. A tática da ocupação de escolas, embora tivesse sido utilizada no Mato Grosso do Sul três anos atrás, não era conhecida pelos alunos paulistas, daí a importância de divulgação da proposta via cartilha.

Surpreendentemente, a tradução original do manual "Como ocupar um colégio?" não é, contudo, de outubro de 2015 e sim de novembro de 2013. Para entender melhor o contexto a partir do qual surge esta proposta tática, é preciso compreender o que é o coletivo O Mal Educado. E para isto, é preciso voltar alguns anos na história...

1.4

"REGISTRAR EXPERIÊNCIAS DE LUTA": O HISTÓRICO D'O MAL EDUCADO

"... um dia vai acontecer ocupação de escolas no Brasil [...]
se a gente traduzir isso [o manual] vai ajudar bastante gente."
(militante d'O Mal Educado)

"Na verdade, O Mal Educado é um encontro de duas experiências", como um integrante que participa do coletivo desde sua fundação explicou aos autores.

A primeira destas experiências data de 2009, quando estudantes da EE José Vieira de Moraes, localizada no bairro Rio Bonito, distrito da Cidade Dutra, extremo sul de São Paulo, se mobilizaram contra a diretoria. Na matéria de capa da 1ª edição do jornal *O Mal Educado: luta e organização nas escolas*, é possível conhecer a experiência do Vieira:

"Na verdade, O Mal Educado é um encontro de duas experiências", como um integrante que participa do coletivo desde sua fundação explicou aos autores.

A primeira destas experiências data de 2009, quando estudantes da EE José Vieira de Moraes, localizada no bairro Rio Bonito, distrito da Cidade Dutra, extremo sul de São Paulo, se mobilizaram contra a diretoria. Na matéria de capa da 1ª edição do jornal *O Mal Educado: luta e organização nas escolas*, é possível conhecer a experiência do Vieira:

[O MAL EDUCADO – JORNAL – 09/2012]

"A E.E. José Vieira de Moraes [...] é considerada uma das melhores escolas da região, atraindo alunos que viajam mais de 10 km para lá. Mas, o que podia parecer um sonho se tornou um pesadelo quando, em 2009, uma nova diretora assumiu o comando. Ela se propunha a implantar uma rigidez sem limites na escola: queria que alunos e professores se tornassem marionetes. Não tardou muito, porém, para que se instalasse um clima de revolta generalizada.

Mal completava um mês de aula e, no dia 10 de março, logo pela manhã, os alunos trancam os portões do pátio e realizam um protesto contra a direção da escola. A polícia é chamada para conter a revolta e, mesmo assim, ela segue por todo o dia, continuada pelas turmas da tarde e da noite. Durante toda a semana, são feitas manifestações relâmpago – a qualquer momento os alunos descem para o pátio e protestam. A diretora se reúne com alguns representantes dos estudantes e se compromete a cumprir uma série de reivindicações feitas por eles. Passados dois meses sem que nada fosse cumprido, ocorre uma manifestação, e a diretora ameaça cinco alunos de expulsão.

Depois disso, o movimento entra em refluxo e praticamente desaparece. [...]

No segundo semestre uma aliança firmada entre os alunos, funcionários, professores e o sindicato dos professores se compromete a retomar a mobilização. Em meados de novembro, todos paralisam os trabalhos e convocam a comunidade e os pais a protestarem em frente à escola. No mesmo mês, os alunos boicotam o SARESP e participam de um ato junto a outros colégios contra a prova. Em dezembro, conseguem uma reunião com o Secretário da Educação, Paulo Renato, e exigem a saída da diretora. Mas o ano acaba sem nenhuma resposta. No entanto, logo no início de 2010, o governo do Estado anuncia a remoção da diretora e a nomeação de uma nova gestão. Os alunos comemoram a vitória com um gosto amargo na boca: embora a derrubada da direção expressasse a força que os estudantes haviam conquistado, a nova administração não seria escolhida pela comunidade escolar, como eles queriam, mas pelo governo.

Após a conquista, o movimento se desmantelou. Grande parte dos estudantes envolvidos na luta concluiu o Ensino Médio e deixou a escola. Os poucos que restaram, estavam dispersos. Embora tivessem o projeto de construir um grêmio que fosse capaz de dar continuidade a essa batalha e manter os alunos organizados, não conseguiram fazer nada nesse sentido. Tudo voltara a ser como antes, e a nova diretoria logo se mostrou tão autoritária quanto a anterior. Os estudantes não tinham mais força para se levantar contra ela e foram se conformando. Mas, no fundo, muitos continuam revoltados com a escola e guardam a mesma raiva que os alunos tinham em 2009. E enquanto for assim, eles tem tudo para se organizar de novo."

A segunda experiência da qual O Mal Educado é fruto é a Poligremia, articulação entre grêmios que durou de 2010 a 2011. No seu primeiro ano de existência, participavam grêmios de cinco colégios particulares da capital (Escola da Vila, Santa Cruz, Equipe, Vera Cruz e Santa Clara) e de uma Escola Técnica Estadual (ETEC Basilides de Godoy); no decorrer de 2011, passa a incluir grêmios de quatro outras ETECs (Guaracy Silveira, Etesp, Albert Einstein, Takashi Morita), de dois outros colégios particulares (Oswald de Andrade e Ítaca), de uma escola da rede do SESI (Vila Leopoldina) e, por fim, o grupo pró-grêmio de uma escola pública estadual (justamente o Vieira). Outros grêmios chegaram a participar, porém de forma mais distante.

Quatro estudantes que participaram da Poligremia escrevem, no mesmo ano de fundação do coletivo O Mal Educado, um artigo, publicado no site Passa Palavra, com o título "A experiência da Poligremia – autocrítica em busca de um sentido histórico no movimento secundarista". O artigo é precioso tanto por buscar resgatar e registrar a história desta iniciativa a partir da experiência pessoal dos autores, como também por explorar características estruturais do movimento estudantil secundarista que são atuais para se pensar a luta contra a "reorganização" e seus desdobramentos posteriores.

Os quatro autores abrem o artigo ressaltando como o "**ritmo imposto pelo ciclo de três anos do colegial é hostil à formação de organizações estudantis duradouras**". Desse modo, parece que o movimento secundarista está sempre (re)começando, já que é difícil para os mais velhos transmitirem suas experiências aos mais novos. Há uma "**perda sistemática das experiências e discussões passadas**", o que facilita a imposição de obstáculos "**para uma diretoria escolar contrária à organização dos estudantes**". Sem o conhecimento do que já foi feito em seu colégio ou em outros, nem de seus direitos, os estudantes "**continuam cometendo os mesmo erros das gerações anteriores**".

A Poligremia se mobilizou inicialmente em torno da organização de um "**festival de curtas-metragens**" produzidos pelos próprios alunos. E o seu funcionamento se consolidou como "**horizontal**" (decisões tomadas por meio de consenso coletivo) e "**participativo**" (abertura para todos os estudantes, independente da posição de seu grêmio), mas com o fim do festival ocorreu um vazio em termos de objetivos práticos e concretos.

No começo de 2011, este vazio de identidade foi temporariamente preenchido pela luta contra o aumento da tarifa de ônibus, lançada pelo Movimento Passe Livre de São Paulo (MPL-SP). Com a volta às aulas, é decidida a realização de manifestações descentralizadas nos bairros de suas escolas. O envolvimento nesta luta potencializou a Poligremia, que atingiu seu auge em termos de grêmios envolvidos: dez escolas, metade de colégios particulares, metade de ETECs. Suas formas de ação coletiva durante a luta contra a tarifa remetem ao movimento dos estudantes em 2015, como o uso do jogral (que também faz parte do repertório do MPL) e os trancamentos de ruas e avenidas (seu primeiro ato descentralizado foi "**no cruzamento entre a Faria Lima e a Rebouças**"). Também eram realizadas exibições de um documentário sobre o movimento no Chile (*A rebelião pinguina*) como forma de evocar "**experiências práticas [...] numa tentativa de provocar mobilização**", ação que retornou em 2015 quando este filme foi divulgado na fase das manifestações de rua da luta contra a "reorganização", a fim de demonstrar para os estudantes a eficácia histórica da tática de ocupação.

Uma das tarefas que a Poligremia tinha se proposto desde o início era auxiliar na criação de grêmios, e a assessoria mais significativa foi junto a um grupo pró-grêmio formado por alunas do Vieira. Como a mobilização de 2009 que derrubou a diretora não conseguiu formar um grêmio, esta experiência foi se perdendo nos dois anos seguintes. Um professor de sociologia que apoiava a criação do grêmio tinha proximidade com o MPL-SP e fez a ponte com integrantes da Poligremia. Assim, foi possível também as alunas de 2011 conhecerem um ex-aluno da turma de 2009, que compartilhou com a nova geração a experiência da luta anterior. Foi a rede de contatos e a sociabilidade em torno do MPL-SP que permitiu o encontro das duas experiências que resultaram na fundação do coletivo O Mal Educado. A participação na mobilização pró-grêmio em 2011 no Vieira levou os ex-membros da Poligremia a uma reflexão crucial sobre os obstáculos à organização estudantil nas escolas do estado, reconhecendo táticas comuns de desmobilização dos alunos, como a "**burocratização da relação entre o grêmio e a escola, personalização e perseguição individual**". Mais do que uma "**cartilha pré-fabricada com um passo-a-passo abstrato**", seria necessária "**a conexão com outras experiências de mesmo sentido, do presente e do passado**".

[PASSA PALAVRA – SITE – 21/06/12]

"Romper o ciclo de eterno (re)começo característico das lutas e organizações secundaristas, tanto dentro quanto fora das escolas, exige manter vivas suas experiências anteriores e contemporâneas, relacionar passado, presente e futuro do movimento. Isto é, enxergá-las como parte de uma mesma história, traçando seu sentido histórico. Sem continuidade formulada, as ações ficam sem sentido e é quase impossível construir uma identidade coletiva."

Os jovens relacionam este imbricamento de experiências, sentido histórico e identidade coletiva no movimento secundarista à teorização do filósofo greco-francês Cornelius Castoriadis acerca do movimento operário: "formular explicitamente, em cada oportunidade, o sentido do empreendimento revolucionário e da luta dos operários; [...] manter viva a relação entre o passado e o futuro do movimento".

A Poligremia deveria ter procurado "o ponto de convergência, o sentido comum entre as experiências destas organizações" – ou seja, os grêmios – mas a avaliação de seus participantes é que ela acabou pecando por "buscar fora da experiência dos grêmios um sentido para sua unidade", uma vez que o "vácuo de identidade" foi em parte preenchido pela luta contra o aumento da tarifa.

Em 2011, os autores desse texto e outros integrantes da Poligremia saem de suas escolas e se defrontam com a angústia de que sua experiência não se perdesse, sob o desafio de dar continuidade às suas práticas. No primeiro semestre de 2012, aquele ex-aluno do Vieira é chamado para se juntar a remanescentes da Poligremia e outros jovens que haviam participado de uma experiência autogestionária do grêmio da ETESP. Este foi o início do coletivo O Mal Educado, cuja primeira ação foi a criação de um jornal homônimo. A proposta do jornal é claramente fruto do diagnóstico traçado no artigo sobre "A experiência da Poligremia...": como impedir que o ciclo do Ensino Médio, estruturalmente restritivo para a luta dos estudantes, apague sua história, suas experiências e vivências. Registrar a memória das lutas passadas possibilitaria uma troca de experiências tendo em vista o fortalecimento do movimento no presente e no futuro.

A primeira edição do jornal reuniu algumas experiências de luta: a derrubada da diretora no Vieira (2009); o envolvimento da Poligremia com atos contra o aumento da tarifa (2011); um grupo de estudos feministas em uma escola municipal (2011); a experiência de autogestão no grêmio da Etesp (2010); e o boicote ao Saresp (organizado anualmente desde 2009) – sendo que esta última ação se repetiria em 2015, agora inserida no contexto da luta contra a "reorganização".

Até o final do ano, nem todos os seus participantes permanecem. Em 2013, há outra saída de pessoas, que passaram a se dedicar mais à preparação dos atos contra o novo aumento da tarifa. Deste modo, o ano de 2013 d'O Mal Educado foi, em grande medida, dedicado justamente à pauta do transporte público: durante as manifestações do MPL-SP, o coletivo organiza um ato descentralizado no Grajaú com a participação de alunos de escolas públicas com os quais tinha contato, e depois incentivando-os a participar dos atos no Centro da cidade de São Paulo. Após a revogação dos vinte centavos e o refluxo dos protestos, O Mal Educado participa da criação do movimento Luta do Transporte no Extremo Sul.

A volta à pauta da educação se dá somente no final de 2013, com três iniciativas: a tradução do manual "Como ocupar um colégio?"; a atuação junto à EE Antonio Manoel Alves de Lima (Jardim São Luís, Zona Sul de São Paulo); e a organização de um encontro de grêmios autônomos da Zona Sul.

A tradução da cartilha data de novembro de 2013, quando é disponibilizada no blog d'O Mal Educado. A ideia veio do fato de que um dos integrantes do coletivo tinha ido ao Chile em 2011 acompanhar o movimento dos estudantes secundaristas para conhecê-lo de perto, como explica outro integrante do coletivo:

[O MAL EDUCADO – ENTREVISTA – 23/01/16]
"Foi um negócio, assim, fortuito. Meio que... um dia vai acontecer ocupação de escolas no Brasil e a gente precisa... se a gente traduzir

isso vai ajudar bastante gente. [...] Era uma ideia assim: 'Vamo deixar no gatilho...' Um dia os estudantes vão usar isso daí. [...] Foi um negócio despretensioso: traduzimos, deixamos lá, quando a gente viu que dava pra usar..."

Em outras ocasiões, anteriores ao movimento contra a "reorganização", o coletivo tentou apresentar a cartilha para outros alunos: logo que traduziram, mostraram para alunos da EE Levi Carneiro, no Grajaú, onde eles estavam assessorando a criação do grêmio estudantil; depois, no 1º semestre de 2015, durante a greve dos professores, também buscaram divulgar a cartilha. Porém, em nenhum dos dois momentos históricos a tática da ocupação fez sentido imediato para os estudantes, como faria no mês de novembro de 2015.

Também no final do ano de 2013, alunos da EE Antonio Manoel entram em contato com O Mal Educado por meio de um professor. Dois estudantes entrevistados contam o seguinte episódio (que ficou conhecido na escola e na internet como "o Muro da Vergonha"):

[EE ANTONIO MANOEL – ENTREVISTA – 30/11/15]
ALUNO 1: "A gente já conhecia O Mal Educado faz um tempo já, mano, assim, ó, antigamente a gente já tava pensando em fazer um grêmio aqui na escola, na época desse muro aqui ó, não sei se você ficou sabendo, assim... A gente fez a maior revolução da porra aqui, tá ligado, pra derrubar esse muro e a gente não conseguiu, tá ligado? [...] Tipo assim, a direção faz o [...] Conselho de Escola, tá ligado? Aí nesse Conselho de Escola é meio só as pessoas tipo 'selecionada', entre aspas, tá ligado..."
ALUNO 2: "Entre aspas, não!"
ALUNO 1: "... aí, mano, os aluno não têm voz, tá ligado, na escola, mano. Aí eles vieram, fizeram essa porra dessa reunião aí, mano, e fizeram esse muro aí, mano, sem consultar os alunos... Isso nas férias, tá ligado, a gente chegou o bagulho tava aí, mano, e a gente ficou putão, mano! Putão. Porque, mano, o bagulho era aberto dessa escola, imagina assim essas parede aí, ó, que tá grafitado

assim, tá ligado, não tinha essas parede antigamente. Aí, mano, os cara colocou esses muro aí e a gente ficou bravo demais..."

[...]

ALUNO 2: "... foi 2013... foi bem na época da revolta lá dos 3,20, o bagulho foi descontrole, assim ó. Porque eles subiram o muro alegando que... Porque tem a ONG colada assim de muro, do mesmo muro da ONG é o muro da escola no fundo, assim, e aí a direção alegava que entrava droga na escola por ali, tá ligado? Só que, mano, as droga que entra na escola entra pelo portão da frente! E aí eles foram e subiram esse muro, sem consultar ninguém, a mesma fita da reorganização! Implantaram o bagulho sem consultar ninguém...! [...] e aí a galera se rebelou, mano, falou 'Não, a gente não quer esse muro' e aí, mano, os caras subiam uma fileira de bloco, os moleque ia e dava umas voadora e derrubava... Os cara subia, os moleque derrubava, era bagaceira, assim, ó. Nóis até apanhou dos polícia aqui dentro, mano, foi foda assim, eles chamaram polícia pra nóis, de mão armada, dentro da escola, agrediu aluno... Foi mó guerrilha, assim, e a gente perdeu a causa do muro pelo Conselho, porque votou no Conselho e subiu o muro e no Conselho é, tipo, os alunos que votam no Conselho são alunos do Fund 2 e a gente não tem conhecimento de quando, no começo do ano – que é quando você se elege, na verdade você quer fazer parte do Conselho, dos representantes – a gente nunca sabe quando abre esse espaço assim pra gente ser representante no Conselho. [...]"

Além de não ter voz no Conselho de Escola, os alunos sequer tinham grêmio. O último havia sido em 2006 e toda vez que os estudantes tentavam levantar um novo grêmio, a direção barrava, marcando, por exemplo, um campeonato para o dia em que estava marcada a eleição. Foram três anos tentando, de 2013 a 2015. Na sua avaliação, eles apenas conseguiram o grêmio porque houve pressão da lei e do estado para que as escolas tivessem grêmios.

A atuação d'O Mal Educado na EE Antonio Manoel não foi organizativa (como havia sido, por exemplo, na montagem do grêmio da EE Levi Carneiro, no Grajaú); quando eles entraram em contato com os estudantes, a mobilização contra o muro já havia acontecido. Como em outras ocasiões, a contribuição foi muito mais no sentido de registrar e sistematizar a história de luta, para que a sua memória não se perdesse e para que ela fosse compartilhada com gerações futuras e também com outras escolas que pudessem tomá-la como referência; o "Muro da Vergonha" foi um dos assuntos da 2ª edição do jornal d'O Mal Educado.

No final de novembro de 2015, quando foi realizada a entrevista com os alunos da Antonio Manoel, os muros lá estavam e tinham sido ressignificados e reapropriados pelos alunos (logicamente dentro dos limites possíveis, pois a batalha foi, efetivamente, perdida): por iniciativa do grêmio, foi organizado um dia de grafitagem e o Muro da Vergonha passou a ser mais colorido, cortando a monotonia do azul que domina o restante da escola e ganhando intervenções artísticas das crianças e dos jovens no melhor estilo da cultura hip hop.

Ainda em 2013 foi realizado o "primeiro encontro de grêmios autônomos da Zona Sul". A intenção era trocar experiências sobre como cada escola tinha constituído seu grêmio, mas a avaliação do coletivo foi negativa porque a expectativa de seus integrantes era que, por meio desta troca, se partisse para lutas práticas que pudessem unificar os grêmios das diferentes escolas; contudo, entre os alunos, "não tinha clima para isso". A partir desta experiência, estas reuniões serão repensadas em 2014 como "Encontros de Estudantes". O Mal Educado havia surgido com o intuito de promover grêmios livres, mas aos poucos acontece uma mudança no seu diagnóstico com relação às potencialidades da forma de se fazer política via grêmios estudantis. A ideia de organizar Encontros de Estudantes partia deste novo diagnóstico, que não apostava mais tanto no espaço do grêmio:

[O MAL EDUCADO – ENTREVISTA – 23/01/16]
"É quase como eu querer fundar uma associação de moradores num bairro que eu não moro. É muito difícil...! Se tiver uma associação de moradores lá, faz sentido você dar um apoio. Você chegar pra fundar

uma associação de moradores, é muito difícil! [...] Então a gente passou a conceber um pouco mais o nosso papel e a nossa atuação nesse sentido: que a gente viu, meu, a gente não pode entrar na escola pra acompanhar o processo e os alunos são perseguidos, ficam completamente desmoralizados, então não faz sentido a gente ficar tentando focar dentro da escola. É muito melhor a gente pegar essa pessoa de dentro da escola e trazer ela pra militar fora, seja colando em outras escolas, seja fazendo outras coisas. Então o Encontro de Estudantes era um pouco isso: era um espaço fora da escola, a gente tava tentando fugir da restrição da escola. [...] no início, a gente tinha muito essa questão: era um coletivo pró-grêmio, pra organizar grêmio. Depois a gente abandonou essa ideia porque as diversas experiências mostravam que a gente fundava um grêmio, dava 6 meses, ele acabava e tinha que fundar outro de novo?! Aí a gente largou mão. Mas também a outra alternativa, que era essa de tentar criar, de tentar trazer eles pra um espaço externo, também não vingou. Até porque só tinha três pessoas militando no coletivo, não tinha condição."

Em 2014, são realizados seis Encontros de Estudantes. A pauta central do coletivo volta a ser a educação pública – alguns dos temas destes encontros foram "educação popular" e "educação libertária e anticapitalista" –, muito embora em duas oportunidades a temática do transporte público tenha voltado à cena, com a projeção do documentário *Primeiras chamas: atos regionais das jornadas de junho* e uma atividade com o Luta do Transporte no Extremo Sul.

Já em 2015, o coletivo começa o ano com mais um esvaziamento, atuando com menos de cinco integrantes. Por outro lado, são os próprios estudantes das escolas públicas que demonstram espontaneamente vitalidade, autonomia e disposição para lutar, ao organizar por conta própria atos em apoio à greve dos professores da rede estadual – a mais longa da história da categoria, tendo durado 92 dias sem êxito. O trabalho do coletivo neste período foi comparecer nestes atos, pegar contatos e registrar as manifestações e os trancamentos de rua realizados pelos alunos em sua página de Facebook e na 3ª edição de seu jornal: "Da M'Boi Mirim à Itaquera, da Lapa ao Grajaú, assim como no interior". Uma militante do coletivo, estudante secundarista, explora como foram estas manifestações de alunos:

[O MAL EDUCADO – ENTREVISTA – 28/12/15]
"O processo da greve foi muito louco. De repente a greve tava começando e tal, e aí nisso vários relatos de vários atos regionais de estudantes, vários... Tem até uma foto que foi icônica pra mim. Os estudantes estavam na sala de aula e viraram as costas pro professor substituto que furou a greve. [...] e eles assim: 'Não, a gente não vai ter aula'. [...] [Tudo] puxado pelos próprios estudantes. Então foi um momento em que, o que a gente tinha, essa nossa ideia de atuação pra aquele momento, não era explodir uma revolta. A gente queria conseguir os contatos, fazer formação política pra essas pessoas, mas aí acabou que O Mal Educado ficou um pouco sem perna por causa desse processo. [...] A ideia da greve era de repente fazer funcionar processos futuros que pudessem fazer com que os estudantes participassem das mobilizações. A gente nem fazia ideia de que ia acontecer reorganização até então. Então foi um momento em que a gente conseguiu muitos contatos, e esses contatos foram super úteis depois [...] e tals, tinha grupos de estudantes no WhatsApp e etc. [...] Então acho que a greve, assim, foi fundamental, se não tivesse acontecido antes, se antes os estudantes não tivessem... não se a greve não tivesse acontecido, mas se os estudantes não tivessem essa postura diante da greve, assim, de mobilização e etc. E no fim das contas foram os mesmos estudantes, né, que participaram desses processos, lá na [E.E.] São Paulo, enfim, e em outras escolas."

Para ela, esta "postura diferente" seria consequência do impacto de Junho de 2013:

"Então, é uma análise minha, eu acho que depois de 2013, essas coisas ficam muito mais fortes [...] As pessoas se apropriaram de como fazer um ato, do porquê de fazer um ato, da facilidade de fazer um ato, travar uma rua... não é difícil. As pessoas veem o ato o tempo inteiro e isso fica no imaginário né? Isso se trabalha enquanto uma tática, às vezes ela é aprimorada, às vezes ela funciona, às vezes não. É uma questão de uma tática que se aprimorou e ficou aí como ferramenta pra ser utilizada pelas pessoas. Que as pessoas aprenderam, como usar um martelo, então vamos usar! Martelo de fazer ato. [...]"

Um artigo assinado pelo site Passa Palavra – "Escolas em luta em São Paulo: pode a greve escapar do roteiro?" – também procura explicar "essa efervescência estudantil". Além de "uma maior disposição de luta após junho de 2013", haveria um fator objetivo: a "revolta estudantil" apareceria "de forma quase espontânea" em resposta ao impacto do corte de verbas no cotidiano escolar: "fechamento de turmas e períodos letivos, a superlotação de classes, a falta de recursos básicos como papel higiênico e água".

Os relatos sobre a disposição de luta que os estudantes apresentaram já no primeiro semestre de 2015 evidencia de outra forma o que já foi comentado: a mobilização política dos alunos não começou com a primeira ocupação, ela data já da última semana de setembro e primeira de outubro e, ainda mais, data desta nova postura adotada durante a greve, afinal de contas são os mesmos alunos, no mesmo ano letivo. O artigo do Passa Palavra também aponta para a criatividade (que ressurgirá no 2º semestre de 2015) dos estudantes: "As táticas variam: assembleias nos pátios, marchas de rua, piquetes nos portões, boicotes em sala de aula, paralisações letivas".

Após o fim dos atos de estudantes e da greve dos professores, O Mal Educado fica, como disse a integrante, "sem pernas". Um outro militante explica o que se passou:

[O MAL EDUCADO – ENTREVISTA – 23/01/16]
"[...] aí a gente acompanha mais ou menos esse levante aí da greve. Aí acho que... depois da greve, depois a gente também para de fazer

qualquer coisa, a gente praticamente decreta o fim [do coletivo] [...] não tem mais condição de tocar, vamo largar mesmo. Mas a gente sempre adiava o fim. Não, vamo acabar logo, mas vamo pensar o que a gente vai fazer depois, né? Também não vamo encerrar sem ter ideia do que fazer com isso daqui. E aí nessa de ir estendendo, a gente tem o racha da galera do MPL. De certa maneira uma galera que agora tá com as mãos livres né? Mas não tava querendo voltar pro Mal Educado: 'Ah, vou dar um tempo, vou olhar outras coisas e tal'. Até que acontece o ato de Presidente Prudente..."

O ato ao qual ele se refere é a primeira manifestação de rua contra a "reorganização": a já mencionada passeata de estudantes e pais em Rancharia, região de Presidente Prudente, na manhã de 28 de setembro. De forma premonitória, este mesmo militante d'O Mal Educado (o único a permanecer no coletivo do começo até este momento) compartilha, já no dia seguinte, a notícia do site G1 em seu Facebook com a seguinte legenda: **"Começa a revolta contra os fechamentos de turmas previstos para o ano que vem!"**. Ele explica qual foi a primeira atitude tomado pelo coletivo, agora ressurgido das cinzas:

"Quando acontece o ato de Presidente Prudente, aí eu mando e-mail pra galera e falo: 'Gente, precisamo se reunir que tá... vai ter outro levante, tipo, teve na greve, vai ter outro agora'. E aí a gente reúne [o pessoal] ali [...]. E aí... primeiro momento foi a gente divulgar o que tava acontecendo, tentar potencializar o alcance desses atos isolados que tavam acontecendo ainda. E aí de início a gente tem... pensa: 'Ah, como a gente vai fazer [para] tentar minimamente unificar esse negócio'."

Desde o primeiro ato centralizado na capital, em 06/10, os integrantes d'O Mal Educado estão presentes, com seus panfletos, trocando ideia com alunos de diferentes escolas e pegando seus contatos. Além disso, eles buscam compartilhar na sua página de Facebook notícias, relatos e fotos de protestos por todo o estado.

Contudo, no dia 09/10 – o mesmo do 2º ato centralizado –, o Facebook e o blog do coletivo sofrem um ataque cibernético. A página chega a perguntar: **"será esse ataque uma tentativa de forças repressivas do Estado tentarem amedrontar o movimento?"**. O fato é que todas as postagens no Facebook desde abril até o começo de outubro – principalmente sobre as primeiras manifestações de rua contra a "reorganização" – foram deletadas, inclusive o manual "Como ocupar um colégio?". Somente graças à versão cache do Google e um e-mail recuperado, os integrantes do coletivo salvaram a cartilha para poder disponibilizá-la para a nova luta dos estudantes. Já o rico material de memória e registro histórico das experiências de luta nas escolas, guardado no site do coletivo, foi tristemente apagado.

Depois do ocorrido, apenas no ato centralizado do dia 20/10 eles passam a distribuir uma versão impressa da cartilha. E, aos poucos, o coletivo, de quase extinto, passa a ganhar proeminência na luta dos secundaristas:

[O MAL EDUCADO – ENTREVISTA – 23/01/16]
"Aí nesse período... do começo da luta até a primeira ocupação, O Mal Educado dá uma inchada, né? Porque... era eu e a R., praticamente não existia, a gente tava querendo acabar logo... Tava querendo acabar... Aí depois era eu, a R., o A., algumas pessoas que se aproximaram pra dar uma força... e aí depois tem um alargamento quando, de alguma forma, as pessoas começam a acompanhar a nossa página [no Facebook], ver que a gente tava defendendo sistematicamente a ocupação. E a gente conhece uma pá de gente nos atos e aí a gente começa a fazer reuniões com uma galera convidada. Então sei lá, de 2 pessoas ele passa pra umas 20-30, antes das ocupações..."

O nome "O Mal Educado" acaba ficando com uma fronteira fluida entre o núcleo mais duro de integrantes e ex-integrantes históricos do coletivo e novas pessoas, provenientes de outros coletivos e movimentos com uma cultura política similar. É o que vários dos militantes passaram a chamar de uma "Frente". Os grupos que participaram no decorrer de outubro desta Frente d'O Mal Educado foram (em ordem alfabética): Comitê de Luta Direta Contra a Opressão Política e Social; Grupo Autônomo Secundarista (G.A.S.); Intersindical (Instrumento de Luta e Organização da Classe Trabalhadora); Luta do Transporte no Extremo Sul; Movimento Passe Livre; Passa Palavra; Rede 51; São Miguel em Luta; estudantes secundaristas e militantes não organizados em nenhum coletivo.

Já no final de outubro, enquanto esta Frente se formava, a conjuntura também se alterava. Os atos centralizados estavam declinantes assim como outros protestos pela capital, mas principalmente fora dela (Grande São Paulo, interior e litoral). De outro lado, o governo avançava na "reorganização": em 28/10 finalmente é liberada uma lista com o nome das escolas estaduais que seriam fechadas – seriam 94, um número menor do que o apurado pela Apeoesp no começo do mês. O número de alunos atingidos também é reduzido: no anúncio do plano a expectativa era que mais de um milhão de estudantes seriam obrigados a mudar de escola; o número oficial agora passa a ser pouco mais de 300 mil. Porém, independentemente desta decisão por diminuir o impacto da reestruturação, o governo segue intransigente, com a estratégia de apresentar a "reorganização" como irreversível e vender o fechamento de escolas como sua "disponibilização" para outros fins (como creches, ETECs e a "criação" de 754 escolas de ciclo único) – quando na realidade seria o exato contrário, com o fechamento de unidades e a diminuição do número total de escolas. Semanas depois, uma reportagem do UOL revelou que o governo Alckmin planejava gastar 9 milhões de reais em publicidade sobre a "reorganização", a fim de insistir neste discurso. Alguns órgãos de imprensa colaboraram com o governo, utilizando aspas para se referir ao fechamento de escolas, enquanto quase nenhum citou a previsível superlotação das salas, o ataque ao ensino noturno (voltado aos secundaristas trabalhadores) e à EJA (a Educação de Jovens e Adultos, o antigo supletivo).

Em meio ao declínio dos atos autônomos dos estudantes, no dia 29/10 ocorreu uma grande manifestação puxada pela Apeoesp: o "Grito pela Educação Pública de Qualidade no Estado de São Paulo" que havia sido marcado já em setembro e também foi composto por outros grupos sindicais, movimentos sociais populares e outras entidades estudantis. Segundo a Apeoesp, 50 mil pessoas (entre professores, trabalhadores, pais e estudantes) participaram do ato, que saiu do MASP e foi até a Praça da República. Neste dia, antes da manifestação sair, os professores realizaram uma assembleia na qual a presidente do sindicato teria defendido (e os professores teriam decidido) ocupar Diretorias Regionais de Ensino no dia 5/11.

Logo antes do Grito pela Educação, os professores realizaram uma assembleia para tirar um calendário de mobilizações contra o projeto do governo estadual. A presidente do sindicato teria defendido e os professores teriam decidido ocupar Diretorias de Ensino no dia 05/11. Embora a resolução não tenha sido concretizada, estas supostas afirmações da Apeoesp tiveram consequências políticas e judiciais, como será visto ao final do capítulo.

Ao mesmo tempo, os movimentos populares também entraram de maneira mais assertiva no debate sobre o fechamento das escolas. A Central de Movimentos Populares (CMP) já havia soltado uma nota na qual orientava suas entidades a discutirem "a conveniência" de ocupar as unidades que seriam fechadas e "transformá-las em áreas de lazer, esporte, cultura ou até mesmo em moradia popular". Já Guilherme Boulos, um dos principais dirigentes do MTST (e da recém-lançada Frente Povo Sem Medo), declarou aos Jornalistas Livres que "as escolas que fecharem perto das nossas ocupações, onde tão os trabalhadores sem-teto, nós vamos ocupar e vamos reabrir", e denunciou a "reorganização" como "um ajuste fiscal que corta direitos".

Mesmo com estes outros atores políticos aparecendo com a palavra de ordem genérica de ocupação, perante a perda de fôlego dos protestos e a intransigência do governo, quem realmente contribuirá para a virada tática será a Frente acima citada, puxada pelo coletivo O Mal Educado. Parcela significativa da estratégia por eles pensada foi organizar encontros regionais para fortalecer a luta nos bairros, articular escolas mobilizadas em uma mesma zona da cidade de São Paulo (mesmo porque os atos centralizados já não estavam mais cumprindo este papel de conectar as escolas) e divulgar a tática da ocupação, por meio da cartilha e da exibição do documentário *A rebelião dos pinguins*, sobre a luta dos secundaristas chilenos. Em 27/10 ocorre a primeira assembleia regional organizada pela Frente, na Zona Leste da cidade de São Paulo. Já em 30/10 ocorrem paralelamente duas assembleias regionais: uma na Zona Sul (base da maior parte da atuação d'O Mal Educado, principalmente no Grajaú) e outra na Zona Oeste e Centro (cujo evento no Facebook foi organizado pelo G.A.S.). E em 07/11 (o sábado logo antes da primeira ocupação, em Diadema), ocorre a última assembleia regional, desta vez na Zona Norte.

Os resultados de cada uma dessas assembleias foram díspares: a da Zona Oeste foi muito bem-sucedida, tendo como produto a organização preparatória de duas ocupações (das escolas Fernão Dias e Ana Rosa); a da Zona Leste canalizou os esforços da Frente para a EE Salvador Allende; a da Zona Sul não rendeu os frutos esperados, pois a região do Grajaú (onde a assembleia foi feita) não apresentou tanta ressonância à proposta (inclusive porque uma das escolas que mais estava mobilizada durante outubro depois não constava na lista de escolas a serem "reorganizadas") enquanto que, nos dias seguintes, os distritos periféricos da Zona Sul que ganharam proeminência foram o Jardim São Luís e, mais ainda, o Jardim Ângela; por fim, na Zona Norte, o comparecimento de alunos acabou sendo baixo e os professores foram a maioria dos participantes da reunião.

Além das assembleias regionais, a estratégia contou com o lançamento de um hit instantâneo, a música "Escola de Luta", composta pelo "MC Foice e Martelo da Z/S" [Zona Sul], uma versão politizada do funk "Baile de Favela", de MC João. Um clip passou a ser cada vez mais compartilhado nas redes sociais; o vídeo começa com um diálogo entre "o Foice" e "o Martelo", para depois entrar na música (mesclam-se imagens de atos de rua – centralizados ou não –, da versão de "Cálice" feita por alunos de Guarulhos e, ao final, cenas originalmente pertencentes ao clip de "Baile de Favela"):

[MC FOICE E MARTELO – YOUTUBE – 27/10/15]
FOICE: "Salve, salve Martelo!"
MARTELO: "E aí, Foice, firme mano?"
FOICE: "Firme, não né, tio! Cê é loko, o Alckmin aí fudendo com os estudantes, mano!"
MARTELO: "Cê é loko, eu ouvi dizer, né mano, vai fechar uma pá de escola. O cara fecha escola e abre cela, não tô nem entendendo, tio! Mas é isso, eu ouvi dizer que os estudante tá tudo organizado, né não?"
"O Estado veio quente
Nóis já tá fervendo (x2)

Quer desafiar
Não tô entendendo
Mexeu com estudante
Vocês vão sair perdendo

(por quê?)
O Fernão é Escola de Luta
Andronico é Escola de Luta
Ana Rosa é Escola de Luta
Fica preparado
Que se fecha
Nóis ocupa

(vai, vai)
Antonio Viana é Escola de Luta
Salim Maluf é Escola de Luta
EE Julieta é Escola de Luta
Fica preparado
Que se fecha
Nóis ocupa

[...]"

FOICE: "Estudante tudo zica, mano, só na luta autônoma organizada, nóis têm que incentivar essa porra, tio."
Martelo: "É isso, tio, é nóis por nóis, né mano? Porque tá fudendo pro nosso lado, se nóis não se organizar, mano, cê é loko, tio. Mas é isso, o recado é esse né não? Pra cada escola que ele fechar nóis vai ocupar é duas, tio."
FOICE: "Cê é loko, não podemos deixar os companheiros pra trás não, mano. Cê é loko, nenhuma escola a menos."
MARTELO: "É isso, tio, nenhuma escola a menos, carrralho!"

A genialidade da letra da música é o seu caráter aberto: em cada local em que ela foi cantada (de forma incessante nas semanas seguintes, diga-se de passagem), os estudantes substituíam as escolas estaduais citadas pelos MC's pela sua própria; criava-se assim um sentimento de pertença e de autovalorização enquanto "Escola de Luta". Os MC's escolheram cuidadosamente para citar nomes de escolas que estavam realizando manifestações de rua durante todo o mês de outubro, representando diferentes cidades do estado de São Paulo e regiões da capital. Eles próprios, na descrição do vídeo no Youtube, pedem uma espécie de desculpa pelo que poderia ser considerado omissão de outras: "**Muitas escolas se mobilizando contra o fechamento de escolas e cortes na educação, citamos só algumas, mas tamo ligado que tem mais um monte na luta**".

A música foi feita como peça de agitação e propaganda d'O Mal Educado (uma inspiração de caráter mais autonomista pode ser vista no diálogo entre Foice e Martelo, quando falam em "**luta autônoma organizada**" e "**nóis por nóis**") e, de forma sintomática, insere o Vieira como uma das "escolas de luta": embora não haja registro de mobilização de seus alunos contra a "reorganização" em setembro ou outubro de 2015, trata-se de uma homenagem à sua luta de 2009. Além de inteligente, a letra é premonitória: "**Pra cada escola que ele fechar nóis vai ocupar é duas**" (seriam 94 escolas estaduais fechadas e mais de 200 foram ocupadas) e "**Mexeu com estudante / Vocês vão sair perdendo**"...

Em breve depoimento, MC Foice e Martelo deram alguns detalhes sobre as ideias por trás da composição:

[MC FOICE E MARTELO – DEPOIMENTO – 28/01/16]

"Somos da Zona Sul de São Paulo, participamos das ocupações, colamos em várias, apesar da galera muitas vezes nem saber que éramos nós que estávamos lá. A ideia da musica foi pegar um funk hit do momento e transformar numa música de luta pras ocupações. A primeira música que fizemos foi para a luta contra o aumento [da tarifa] de 2015 ('Faixa de Frente'), depois fizemos outras duas ('Tapa no Patrão' e 'Greve dos Professores'), sempre com a ideia de usar o funk e colocar letras de luta, ao invés de letras de funk putaria ou ostentação. Mas a primeira que bombou mesmo foi a música 'Escola de Luta'. O nome MC Foice e Martelo é referência a foice e martelo do comunismo, que a gente acredita que precisa reivindicar aí durante as músicas e as lutas. A ideia é através do funk levar um conteúdo que muitas vezes a quebrada não tem nem acesso e pá. Outra coisa é que entendemos que os estudantes são trabalhadores, ou porque já trampam ou porque vão trampar, então nas nossas músicas a gente tenta fazer esse diálogo aí com o resto dos trabalhadores. E por isso que a nossa luta vai pra além de simplesmente ocupar escola, ou barrar o aumento, a luta tem que ser pra construir uma nova sociedade, que não tenha exploração e pá. E é isso, a ideia é atingir o máximo de pessoas através do funk, porque nóis tá ligado que é uma forma que muitas pessoas começam a tomar contato com essas coisas de luta."

Todo este panorama da estratégia adotada pela Frente ilustra que O Mal Educado não atuou como dirigente do processo político, mas meramente como um catalisador que detonou uma virada tática – das manifestações de rua às ocupações –, apresentando uma nova forma de ação coletiva, desconhecida ou impensável para os alunos. A letra do funk também é genial neste sentido: reconhece que as "Escolas de Luta" preexistem às ocupações (Martelo inclusive fala na abertura do vídeo: "**eu ouvi dizer que os estudante tá tudo organizado, né não?**"). Além disso, como diagnosticou com precisão uma secundarista militante do G.A.S. em entrevista, foram os próprios alunos que *experienciaram* o limite da tática de "ir às ruas". E era preciso que a nova tática fizesse sentido para eles, senão as ocupações não teriam se alastrado, como de fato ocorreu. Por isso, inclusive, os encontros regionais tiveram um sucesso parcial e desigual. Curiosamente, como veremos, a EE Diadema ocupou antes da EE Fernão Dias, escola na qual a presença da Frente d'O Mal Educado (principalmente com o coletivo G.A.S.) era muito mais orgânica do que no antigo Cefam, o que uma vez mais revela a iniciativa autônoma dos estudantes em luta.

1.5

"SE FECHAR, NÓIS OCUPA": AS PRIMEIRAS OCUPAÇÕES

"Hoje vocês não entram, chegaram atrasados. O sinal já bateu!"
(estudantes da EE Heloísa Assumpção para diretora)

A EE Diadema – antigo Cefam (Centro Específico de Formação e Aperfeiçoamento do Magistério) – foi a primeira escola a ser ocupada; alguns de seus estudantes trocaram contatos com integrantes d'O Mal Educado no 3º ato centralizado, no Dia do Professor (15/10), em direção ao Palácio dos Bandeirantes. Segundo uma estudante:

> **[EE DIADEMA – ENTREVISTA – 26/11/15]**
> "Eu não conhecia [o coletivo O Mal Educado]. Um tempinho antes, por conta da cartilha, tive uma reunião com esse pessoal. A gente se conheceu lá, eles contaram o que era esse coletivo, na verdade

começou com um jornal de uma escola, tipo de um grêmio e deu muito certo, eles ganharam muita força por conta da reorganização e aí eu conheci eles e falei 'Gente! A gente tá com essa ideia aí', eles falaram 'Meu, total apoio'. E aí já deram uma cartilha, eu comecei a ler, comecei a grifar as coisas importantes, até estudando durante umas aulas aqui, lendo 'Meu Deus do céu, que loucura isso!' e eu fiquei lendo 'Caraca, é boa, é boa ideia, é loucura, mas vamo, vamo tentar'. Foi assim que a gente conheceu O Mal Educado."

Em seguida, o grupo que já estava mais mobilizado, desde o início de outubro, começou a sondar quais estudantes estariam dispostos a participar de algo mais ousado. Segue uma história preciosa que leva o leitor para dentro dos dias anteriores à ocupação e nos revela qual foi o critério de seleção destes estudantes:

[EE DIADEMA – ENTREVISTA – 26/11/15]
ALUNA: "Foi eu e mais umas três alunas, que a gente já tava mais nessa questão – a gente que organizou a manifestação que teve aqui em Diadema. E aí, eu já cheguei, já conhecia ele [aluno, também entrevistado, ao seu lado], a gente já se falava, só que eu não tinha muito contato, mas eu olhava ele assim: 'Meu... Cara de doidinho! Ele tem muito cara de doidinho, tem cara de que é a vida loka, né? Ah, vou lá falar com ele'. [...] Eu cheguei pra ele no corredor e falei assim: 'Ô, F., você dormiria na escola?'. Cheguei assim, com essa pergunta, porque eu não queria jogar, porque eu não conhecia ele, eu não sabia, eu não falei porque mas ele falou 'Sim...', aí eu 'Tá bom, ótimo, obrigada' e anotei o nome dele."
ALUNO: "Anotou o meu nome, sabe? E eu fiquei indignado, sabe? 'Dormir na escola?!' Aí depois que eu vi que era pra lutar pela educação. Poxa, eu não posso voltar agora, eu tenho que fazer uma coisa que eu tinha que ter feito há muito tempo, sabe, [...] que é lutar por uma educação, que é lutar pelo meu estado, pelo meu país. Não lutar no sentido de a favor [d]ele, mas contra ele, o que é errado lutar contra o Estado, o Estado devia servir a gente, sabe? Lutar contra o Estado, pra mim foi um choque, foi aquele soco:

cara, agora você é contra o Estado, o Estado não está te fazendo bem, então agora você é contra ele. [...]"

Outras pessoas foram sendo indicadas e os estudantes marcaram uma reunião **"no sigilo"**, pois a estratégia era surpreender a direção, que poderia impedir a ocupação. Todos os participantes (**"uns 20 alunos"**) gostaram da ideia e já passaram a criar as comissões, adaptando o manual **"porque lá não tem tudo e aí a gente colocou: 'Olha, a gente tem uma necessidade maior, então vamo adaptar pra nossa escola'"**. Os estudantes, todos alunos do noturno, também pensaram que se ocupassem a escola fora do seu horário de aula **"podem alegar que foi invasão"**. Por isso decidiram entrar na escola no dia 09/11, às 19h, e dali não saíram mais. Pediram para que os professores ficassem embaixo, fecharam a escada para que ninguém subisse e chamaram uma assembleia:

> "'Galera, a ideia é essa, nós queremos ocupar e a gente queria que vocês dessem esse apoio pra gente. Vamo lá? Não vamos perder o Ensino Médio no Cefam e não vamos deixar que a reorganização aconteça, que vocês já sabem que a reorganização não vai reorganizar nada'. Isso é tão maçante, tudo mundo fala: 'Reorganização não, desorganização!'. Aí na hora teve um retorno muito bom."

Poderia parecer que, pelas duas primeiras ocupações terem acontecido uma em seguida da outra (segunda-feira dia 9/11 e terça dia 10), tudo havia sido meticulosamente combinado. Porém foi algo muito mais contingente, como explicam ocupantes das duas escolas:

[EE DIADEMA – ENTREVISTA – 26/11/15]
"Nós fomos a primeira escola a ocupar e foi uma ideia, assim, que a gente não sabia que outras escolas estavam tendo. Eu não sabia. O pessoal do Fernão até falou que eles tinham uma relação, mas deve ter sido com outro aluno porque eu mesma não tinha. E quando

falei assim: 'Caraca! A gente vai ficar sozinho nessa. É uma cartada bem arriscada essa, mas vamos lá!' No dia seguinte, cinco horas da manhã o Fernão ocupou. E até parece que foi meio premeditado, mas não foi, foi algo que ganhou força... Eles falaram que eles já tavam organizando isso lá. Que ótimo! Porque até acho que foi por causa da cartilha, a ideia também veio da cartilha, a ideia deles."

[EE FERNÃO DIAS – ENTREVISTA – 18/12/15]
"E aí no dia 10/11 a gente ocupa aqui a escola. A gente tinha o contato, um pouco distante, pela internet, com a Escola Estadual Diadema, que foi ocupada na segunda à noite, a gente ocupou na terça de manhã. [...] Não, não foi [combinado], foi meio espontâneo assim. É tipo mano, tamo próximo de ocupar, vamo ver aí quem vai ocupar primeiro. Porque a gente tava segunda à noite ajeitando, sei lá, fazendo reunião pra ajeitar umas coisas pré-ocupação, aí a gente recebe a informação 'Ó! Primeira escola ocupada em São Paulo: Escola Estadual Diadema acabou de entrar e já não vai mais sair da escola'."

A EE Fernão Dias era uma escola que estava muito mobilizada durante todo o mês de outubro, assim como a EE Diadema. Cerca de 150 alunos do Fernão chegavam a participar de atos centralizados, o que chamou muito a atenção d'O Mal Educado e do G.A.S. Por conta de um dos alunos do Fernão já ter participado do MPL-SP, inclusive como seu porta-voz durante os protestos contra o aumento da tarifa no início de 2015, isto facilitou o contato entre os coletivos autonomistas e a escola de Pinheiros. Mesmo com toda disposição de luta dos alunos do Fernão, até a sua mobilização já não era mais a mesma no final de outubro, atingidos pelo cansaço com relação à falta de resultados das manifestações. Com a constituição da Frente d'O Mal Educado, o Fernão vira uma escola central na agitação para a virada tática em direção às ocupações:

[EE FERNÃO DIAS – ENTREVISTA – 18/12/15]
"A gente teve contato com esse manual [d'O Mal Educado], começamos a ter um interesse, né, em ocupar a escola e tal, mas a

princípio era isso, a gente só tinha o material, o texto, e aí a gente começou a entregar essa cartilha pra gente trocar a ideia e tal" [entrevistadora pergunta como eles conheceram o manual] "Ah, através desse coletivo, O Mal Educado, né? Eles tavam fazendo panfletagem nos atos [...] aí a gente começa a falar 'É uma ideia interessante, vamo começar a se organizar pra fazer isso acontecer', então a gente foi atrás de material, então, por exemplo, um documentário chamado *Revolução pinguina*, a revolução dos pinguins, que é os estudantes no Chile que ocuparam as escolas contra a privatização do ensino, enfim, por uma pauta específica deles, mas que ocuparam as escolas. Então a gente começou a ir atrás pra ver como que seria a entrada na escola, como seria a entrada pra ocupar, como seria a organicidade, como seriam feitas as assembleias. Então a gente começou a ir atrás de material pra fazer essa luta. 'Vamo ocupar a escola? Vamo! Como?' É botando cadeado no portão? É vendo a hora que a gente vai entrar, é agilizando colchonete, é preparando assembleia pra fazer comida, pra fazer segurança, pra ter porta-voz pra falar com a mídia e aí no espaço também onde todos possam decidir, então vendo a importância também da gente se organizar os estudantes pelos estudantes, sem movimento, sem partido, a gente vendo essa necessidade também da luta da gente não ter uma pessoa que falava 'Ó, isso que vocês vão fazer', pelo contrário: todo mundo decidindo o que a gente iria fazer."

Para saber como foi o primeiro dia da ocupação do Fernão, é possível ler na edição nº 4 do jornal d'O Mal Educado uma descrição:

[O MAL EDUCADO – JORNAL – 11/2015]
"Na manhã de terça-feira (10/11), um grupo de estudantes chegou mais cedo na E.E. Fernão Dias Paes, onde o governo estadual promete fechar o Ensino Fundamental com sua 'reorganização'. Sabendo da ocupação que tinha ocorrido na E.E. Diadema na noite anterior, eles tomaram o prédio da escola por volta das 6h e trancaram todas as entradas. Não foi fácil conversar com os poucos

funcionários que já estavam lá dentro, mas os alunos estavam decididos: naquela manhã, só entrariam estudantes no colégio.

Enquanto a diretora gritava com alunos e apoiadores na frente da escola, eles conseguiram abrir um portão na parte de trás, e chamaram os estudantes que chegavam para uma assembleia no pátio. Pouco depois a assembleia aprovou a ocupação do colégio e, imediatamente, várias comissões foram formadas. Os grupos responsáveis pela comida, pela limpeza e pela segurança deram duro o dia inteiro e mostraram que os alunos podem organizar uma escola muito melhor do que qualquer diretoria!

Enquanto isso, do lado de fora, começavam a aparecer apoiadores e viaturas da PM. Aos poucos, a polícia montou um verdadeiro cerco e ficou difícil de entregar qualquer coisa para os estudantes lá dentro. Até colchões e cobertores a PM barrou. Os estudantes estão dormindo no chão.

Com o passar do tempo, alguns alunos precisaram sair do prédio, mas quando os policiais baixavam a guarda, vários outros conseguiram entrar pulando as grades do pátio.

De noite, vários apoiadores acamparam na frente do colégio, e estão dormindo na rua, sem sair de perto dos estudantes. Lá dentro, os alunos não se deixam vencer pela pressão psicológica da polícia e fazem assembleias, jogam bola, e – quem diria – levam água e comida para quem está no apoio do lado de fora! Na noite de quarta-feira, os estudantes fizeram um pronunciamento público [...]. O recado é claro: o Estado veio quente, mas os estudantes já estão fervendo!"

Diadema e Fernão Dias se mantém as únicas escolas ocupadas durante os dias 10 e 11 de novembro. Até que:

[O MAL EDUCADO – JORNAL – 11/2015]
"Na madrugada de quinta-feira (12/11), a terceira escola do Estado foi ocupada. Os estudantes da EE Salvador Allende fecharam os portões para impedir o acesso da direção e coordenação enquanto tentavam resistir até o horário da entrada da manhã,

quando mais alunos chegariam para participar da ocupação. Nesse meio tempo, a polícia foi chamada, mas o apoio de pessoas que estavam do lado de fora da escola garantiu que a ocupação se mantivesse por tempo suficiente para se firmar. Para combater a repressão, também foram fundamentais a barricada montada do lado de dentro e a própria arquitetura prisional da escola pública, cheia de muros, grades e portões, facilitando o controle da entrada e saída de pessoas.

A organização foi aumentando durante o dia com a formação de comissões e a realização de oficinas, além da preparação de um panfleto para ser distribuído de casa em casa nos arredores da escola, com o objetivo [de] trazer os moradores do bairro e os familiares dos alunos para essa luta.

À noite, estudantes de uma escola vizinha, a EE Salim Farah Maluf, organizaram um ato com dezenas de pessoas que terminou em frente ao Allende, como forma de demonstrar apoio e apresentar a ocupação para esses outros alunos, que participaram ativamente de atos contra [a] reorganização nas últimas semanas.

A noite seguiu com um samba na entrada da escola para celebrar esse dia de luta!"

A EE Salvador Allende já vinha se mobilizando com uma ida até sua Diretoria de Ensino, sem resultados, como visto anteriormente. O cursinho popular Baobá e o movimento São Miguel em Luta organizaram, antes mesmo da primeira ocupação em Diadema, um "Encontro em defesa das escolas da ZL", que foi realizado na manhã de 03/11 no Allende. A proposta era projetar o documentário *A rebelião dos pinguins* e depois fazer uma reunião com estudantes de diferentes escolas da Diretoria de Ensino Leste 3. Contudo, houve muita confusão:

[O MAL EDUCADO – FACEBOOK – 03/11/15]
"REPRESSÃO NA ESCOLA SALVADOR ALLENDE – ITAQUERA
Estudantes da E.E. Salvador Allende foram impedidos pela diretoria quando tentavam realizar, dentro da escola, a exibição

de um filme seguido de assembleia. A vice-diretora [...] tomou o projetor dos estudantes, ameaçou com suspensões e tentou atrair alguns alunos para sua sala. Os estudantes fizeram uma assembleia-relâmpago e, respondendo à repressão da diretoria, aprovaram na hora a proposta de ocupação! Quando dirigiam-se à Secretaria, para bloquear a entrada da escola, foram informados de que o diretor havia autorizado o filme. A notícia gerou confusão, os portões foram abertos, e os estudantes saíram da escola e realizaram uma nova assembleia na quadra, organizando as próximas ações. A proposta aprovada foi: continuar a luta, com a realização de um festival contra o fechamento da escola. A luta no Salvador Allende hoje demonstrou que a paciência dos estudantes está acabando!

CHEGA DE ENROLAÇÃO!

SE A ESCOLA VAI FECHAR, VAMOS OCUPAR!"

A página d'O Mal Educado atua tanto como registro da memória de uma experiência de luta – que, do contrário, não estaria acessível publicamente –, como também atua divulgando insistentemente a ideia das ocupações como nova tática a ser adotada pelos alunos. Já a página do G.A.S. compartilhou esta mesma postagem, mas acrescentando um comentário inicial: "**Essa foi quase! OCUPAÇÃO APROVADA E REPRIMIDA PELA DIRETORIA**". Por pouco que o movimento massivo de ocupação de escolas começou ali; uma semana depois, começaria por Diadema e chegaria definitivamente na Cohab José Bonifácio, onde fica o Allende, tendo antes ocorrido um festival contra o fechamento na escola no sábado, 07/11, finalmente com a livre exibição do filme sobre a luta dos estudantes no Chile (simbolicamente exibido na escola nomeada em homenagem ao ex-presidente chileno, socialista e deposto por golpe militar).

No mesmo dia da ocupação da EE Salvador Allende, duas outras escolas foram ocupadas, apenas algumas horas depois. Uma delas foi a EE Heloísa Assumpção (em Osasco). Segundo uma estudante que estava na luta contra a "reorganização" desde o início, depois de panfletagens e manifestações, "a gente tava bem querendo dar uma chegada no governo", e quando viram Diadema e Fernão ocupados, eles pensaram: "Pô, a gente tem que fazer isso também". Já no Jornal d'O Mal Educado, lê-se que:

[O MAL EDUCADO – JORNAL – 11/2015]
"Na quinta-feira (12/11), foi a vez da EE Heloísa Assumpção, em Osasco. Lá, a direção da escola já sabia da ocupação que estava por vir e parecia estar se preparando para isso.

Sem fazer muito segredo, na praça diante da escola um grupo de estudantes – praticamente todos do Ensino Fundamental II – se prepara para a luta. Os portões são abertos para a entrada do turno da tarde. Os alunos põem o seu plano em ação enquanto os funcionários assistem a tudo sem muita surpresa. Garotos sobem nas grades para esticar faixas de protesto e ninguém os censura. Muitos pais sentem-se confiantes em deixar que seus filhos entrem na escola, não há atitude alarmista por parte dos inspetores. Os portões se fecham. A direção não aciona a polícia. Um grupo de apoiadores permanece na rua com a intenção de divulgar a causa e proteger a ocupação.

A partir da assembleia realizada na quadra as coisas começam a ficar mais claras. A polícia é acionada e uma policial consegue entrar na escola em plena assembleia, dizendo ter sido chamada pela diretora. Com muita resistência, os alunos conseguem negociar a saída da policial e apoiadores se posicionam no portão para impedir uma nova entrada.

Do lado de dentro, a direção tenta reprimir os estudantes. Alguns professores apoiam os alunos. Nas horas seguintes, os estudantes lutam para ampliar o seu grau de organização. Tentam dividir as tarefas em grupos, organizam falas ao longo de toda a tarde, escrevem novos cartazes, fazem jogos, tentam disputar o controle de alguns portões com os funcionários, produzem e publicam na internet registros da ocupação.

No final da tarde, quando os pais chegam para buscar os filhos, os alunos falam publicamente na porta da escola. Um grupo de teatro faz uma apresentação, pais trazem cobertores, apoiadores fornecem alimentos e permanecem do lado de fora em vigília. A direção da escola encerrou o expediente sem dar um comunicado oficial. Todos os funcionários se retiraram. No momento em que escrevemos este texto, a escola está sob comando dos estudantes! E eles estão cheios de disposição!"

Um professor da rede estadual de Osasco que milita no OCA (Osasco Contra o Aumento – movimento que luta pela Tarifa Zero) fez a conexão entre O Mal Educado e os estudantes que estavam se mobilizando na cidade contra a "reorganização". Com a troca de contatos, uma integrante d'O Mal Educado, secundarista, pôde auxiliar os alunos do "**Fund II**" na ocupação do Heloísa, dando suporte, ajudando a fazer um jogral, tentando chamar apoio para trazer comida e tirando fotos:

[O MAL EDUCADO – ENTREVISTA – 28/12/15]
"Inclusive [tem uma] foto em que acho que a diretora de ensino chegou lá, puxou a faixa que tava 'Heloísa Assumpção ocupado', 'A escola é nossa', alguma coisa assim. Puxou a faixa, derrubou a faixa. Os alunos ficaram putos. Foram pra lá, tipo pra cima. Pegaram a faixa e subiram no portão e começaram a pendurar de novo. E vaiaram, super vaiaram a diretora de ensino. [...] aí a diretora fez a besteira de resolver 'Ah, não. Tudo bem, eu vou embora e vocês ficam aí' e foi embora. Foi embora, todos os professores foram embora pra casa. Os alunos não tavam com o controle total sobre a escola, tinham alguns cadeados que a direção ainda tava controlando. Aí nisso, meu, a direção vazou e no meio da noite eles trocaram o resto dos cadeados. E aí no dia seguinte a diretora, assim, tentando entrar e eles falavam: 'Hoje vocês não entram, chegaram atrasados. O sinal já bateu!'."

Enquanto isso, ocorre a primeira ocupação da Zona Norte da cidade de São Paulo. Uma estudante da EE Castro Alves, que já participava das manifestações de rua contra a "reorganização" com diferentes escolas da região, dá mais detalhes de como foi o primeiro dia da ocupação:

[EE CASTRO ALVES – ENTREVISTA – 02/12/15]
"Então, no dia em que nós íamos ocupar, tínhamos em mente só um ato, nós tínhamos organizado só um ato, a gente falou 'Vamos encontrar o pessoal d[a escola] Leme [do Prado] e vamos fazer um ato'. E aí a gente recebeu a notícia que o Allende tinha ocupado. Eles ocuparam às 10h da manhã, se não me engano, e era meio-dia. Então na hora a gente falou assim: 'Vamos ocupar? Vamos, mas vamos decidir isso antes'. Então como a gente tava na porta da escola foi só uma questão de entrar, claro que houve uma resistência, não queriam abrir o portão pra gente entrar de novo e a gente teve que, né, usar a maloqueira [risos] pra conseguir entrar na escola de novo. E nisso que a gente entrou nós fizemos uma assembleia, explicamos todo o processo: 'Vocês querem ocupar a escola? Queremos!'"

Uma outra aluna comenta que apenas duas pessoas preferiam continuar com o plano inicial de fazer mais uma manifestação de rua, em vez de ocupar a escola, o que, por sua vez, levou a uma tentativa de repressão da diretoria:

[EE CASTRO ALVES – ENTREVISTA – 02/12/15]
"Todo mundo decidiu por ocupar, foram duas pessoas que foram contra e aí o que aconteceu? Entramos, fizemos uma assembleia com esse pessoal [...]. Então houve todo um processo de conseguir pegar as chaves, a pressão que houve, mesmo um diretor que me jogou na sala... Ele me coagiu, me colocou numa sala com dirigente, com o pessoal da diretoria de ensino: 'Você não pode tá aqui, você é de menor, vou ligar pro seu pai, o conselho tutelar vai pedir sua guarda'. Começou a falar um monte de merda pra mim..."

Também na Zona Norte, já pela noite da sexta-feira, 13/11, ocorre a ocupação da EE Sílvio Xavier, no Piqueri. O estranhamento inicial da ideia de ocupar a própria escola é relatado por uma estudante:

[EE SÍLVIO XAVIER – ENTREVISTA – 18/11/15]

"A gente nunca pensou em ter que ocupar a nossa escola, que a gente estuda desde pequenos – ou que nós entramos depois – pra manter ela aberta, meio que não faz sentido isso, entende? Porque até o meio do ano tava todo mundo assim de boa, tanto que a gente tava organizando a nossa formatura porque é o último ano da escola, só que quando descobrimos que ela ia fechar, todo mundo ficou assim: 'Não faz sentido... comemorar algo que vai acabar...'."

Como em outros casos, este aspecto antes inconcebível de ocupar a própria escola foi superado pela divulgação da tática de ocupação pelo O Mal Educado:

[EE SÍLVIO XAVIER – ENTREVISTA – 18/11/15]

"Porque foi assim uma Frente – que eu não vou citar o nome – traduziu o manual de ocupação da Revolta dos Pinguins, que era os estudantes do Chile. E aí a gente fez um ato aqui no dia 2 [de novembro – Dia de Finados: um ato fúnebre que velou a escola, que seria fechada] e eu já conhecia uma galera na militância... Aí essa galera veio aqui e a gente já tinha a ideia de fazer um acampamento aqui dentro da escola como forma de protesto. Aí o pessoal veio aqui: 'Você já ouviu falar da ocupação dos pinguins e tal?'. Aí eu falei assim: 'Não, já ouvi falar, mas nunca tinha passado pela minha cabeça ocupar a minha escola...'. Aí nisso a gente fez uma reunião, porque essa ia ser a primeira escola a ser ocupada, mas aí nisso o pessoal – o mesmo pessoal que veio dar essa ideia pra mim – foi dar em outras escolas, então elas acabaram se tornando a primeira. Aí na ocupação do Fernão eu fiquei sabendo, fui chamada pra participar, até fui lá e tal, ocupamos e tal."

Aqui fica evidente a contingência na ordem em que as escolas foram ocupadas: em vez de Diadema, a primeira poderia ter sido o Fernão, assim como poderia ter sido o Salvador Allende ou a Sílvio Xavier. Assim como a aluna de Diadema primeiro achava a ocupação uma **"loucura"**, mas que poderia **"dar certo"**, a estudante do Sílvio Xavier explica que: "**quando a galera d'O Mal Educado deu a ideia, eles soltaram uma essência e eu respirei e... não saiu mais de mim, pra ideia de ocupação**". A ocupação se desenvolve a partir da noite da sexta-feira até chegar no sábado, 14/11, com os primeiros ocupantes divulgando a notícia para os outros alunos, que "**abraçaram a causa**" e "**aí o movimento se tornou democrático, todo mundo organiza tudo, todo mundo apoia tudo**".

Saindo da Zona Norte e indo para a Zona Sul da cidade de São Paulo, a ocupação da EE Antonio Manoel (a mesma escola do "Muro da Vergonha") estava sendo gestada desde meados da semana:

[EE ANTONIO MANOEL – ENTREVISTA – 30/11/15]
ALUNO 1: "Não é, sei lá, se crescer ou alguma coisa do tipo mas foi eu e uma parceira minha, que a gente tava brincando no intervalo, assim, tipo, 'Vamo ocupar a escola! A gente fica no muro com os estilingue pra derrubar os polícia' e não sei o que, zoando assim ó. E a gente pegou, isso era uma quarta-feira, mano. Aí a gente pegou, começou a trocar ideia indo embora da escola, pelo caminho, e aí quando foi quinta-feira a gente chamou uma reunião, assim, ó, pra galera que a gente conhecia, que a gente conhece, organizou tudo e na sexta-feira nóis já caiu pra dentro assim. Então foi tipo... rápido... que a gente viu a necessidade. Porque o sábado dia 14 era o Dia E, que os pais iam assinar a rematrícula dos filhos e pá – 'rematrícula' entre aspas – que a gente viu que não dava pra adiar mais do que esta sexta 13. Aí, mano, foi, sei lá, acho que a galera que tá aqui dentro, por já ter esse rolê de militância, já ter esta mente política formada, foi mais fácil assim, de, tipo, foi pouco tempo de organização e a gente tá aqui até hoje, firme. E a gente foi a primeira escola da Sul 2...".

"**Rolê de militância**" refere-se aqui a movimentos sociais e culturais dos quais estes alunos participavam; por conta dessa atuação, a Frente d'O Mal Educado não precisou acompanhar ou assessorar muito de perto o Antonio Manoel. Outro aluno explica como foi o processo da ocupação propriamente dito e a aceitação da ideia pelos outros alunos:

ALUNO 2: "A gente fez uma assembleia, tá ligado, pra decidir se a gente ocupava a escola ou não. Aí na hora que a gente já tava fazendo a assembleia, a gente já tava fazendo os corres, de pegar os cadeado, de tudo assim, de pegar corrente, fazer as barricada lá embaixo. Nessas horas assim, ó, ixi, aí já começou o fluxo... E o pessoal logo lá, só aqui na [diretora], manipulando ela, lá embaixo..."

O estudante encerra o relato destas primeiras horas de ocupação inserindo um novo ator, que acompanhará a partir de agora as escolas ocupadas: "Aí já chegou uma pá de polícia...". Na EE Diadema, já havia acontecido uma primeira invasão policial na ocupação dos alunos. Depois de a diretora ter aparecido com uma "tesoura gigante" para cortar faixas que os alunos tinham colocado e querer desmontar barracas, ela própria chamou a polícia (o 1º D.P. de Diadema é do lado da escola):

[EE DIADEMA – ENTREVISTA – 26/11/15]
"[...] aí eles entraram com a viatura aqui, a gente tentou conversar, foi muito tenso. O primeiro dia a gente até ficou abalado, falamo 'Ah, meu Deus, a gente não vai conseguir!', começou a chorar mas aí deu certo! A gente falou 'Olha, policial', a gente sabe que eles não podem tirar a gente daqui sem mandado, não é assim e eles entraram com metralhadora, meu! Desnecessário isso..."

A atuação da PM que teve maior visibilidade nesta primeira semana de ocupações foi o cerco policial à EE Fernão Dias. Já no dia 10, a Polícia Militar foi enviada para a escola. Com o passar do tempo, o cerco chegou a contar com uma centena de policiais, sem contar as viaturas e camburões. Segundo reportagem do G1, a Secretaria Estadual de Educação "registrou boletim de ocorrência por depredação ao patrimônio público". Em resposta à presença dos camburões, os alunos cantavam:

"Sou estudante

Não sou ladrão

Não vim pra escola

Pra voltar de camburão"

Como explica um estudante:

[EE FERNÃO DIAS – ENTREVISTA – 18/12/15]
"E aí a gente passa um período aqui na ocupação de quatro dias cercado por policial. Que a nossa ideia qual era? De uma ocupação dar voz pros estudantes, então: fazer assembleia, fazer debates e a gente se vê sitiado pela polícia. [...] A gente não esperava que a polícia cercasse a gente né? A gente esperava um pequeno debate com a direção da escola mas não que a polícia cercasse a gente. Então a gente teve a dificuldade de trazer pessoas logo no começo. Bom, nos primeiros quatro dias a gente conseguia entrar com as pessoas correndo e pulando as grades fugindo da polícia e tal."

Os policiais impediam que quem havia saído voltasse à escola ou então que novos alunos pudessem entrar na ocupação. Por algum tempo, até mesmo a doação de comida e água foi proibida de passar pelo cerco policial. O governo entrou com um pedido de reintegração de posse, que rapidamente incluiu também a EE Salvador Allende. Tratava-se, na realidade, de um pedido de extensão feito pela Procuradoria Geral do Estado (PGE) – que representa o governo estadual – de um outro processo, no qual o réu era a Apeoesp. Para entender isto é preciso voltar um pouco no tempo.

Como foi dito, a Apeoesp havia organizado uma assembleia de professores logo antes da manifestação do Grito pela Educação, em 29/10. Supostamente, a presidenta do sindicato se referiu em discurso à iniciativa de ocupar, como forma de protesto, sedes das Diretorias de Ensino no dia 05/11. O governo estadual entrou então preventivamente na Justiça para impedir esta suposta "invasão". Em vez do instrumento da reintegração de posse, trata-se de um outro, chamado "interdito proibitório" (art. 932 do Processo do Código Civil). O juiz Luis Felipe Ferrari Bedendi, da 5ª Vara de Fazenda Pública, decidiu antecipadamente multar a Apeoesp em 100 mil reais para cada prédio público que fosse "**invadido**". Quando o Fernão Dias foi ocupado, a estratégia do governo estadual foi defender a ideia de que a ocupação da escola pelos alunos era a mesma coisa do que a suposta "invasão" das diretorias de ensino pelo sindicato dos professores, que sequer havia ocorrido.

O leitor já sabe, contudo, que a Apeoesp nada tinha a ver com a iniciativa de ocupar o Fernão Dias: esta decisão foi tomada em assembleia na manhã do dia 10, com centenas de estudantes da escola. Com o passar das horas, tanto em razão de alguns alunos terem que trabalhar, quanto pelo início do cerco policial ou por pedidos dos pais, vão ficando cada vez menos alunos, até sobrarem cerca de 20 bravos alunos. Havia estudantes de outras escolas, mas eram minoritários e, de qualquer forma, secundaristas. Não havia qualquer presença de "sindicalistas", como alegava equivocadamente o governo, cego em sua bipolaridade política antipetista.

Inicialmente, o juiz determina na noite da quinta-feira, dia 12, a reintegração de posse, dando um prazo de 24 horas "**para que as pessoas que ali se encontram desocupem o prédio espontaneamente, a partir do que serão coercitivamente retiradas**". No seu despacho, o juiz determina "**para acompanhamento das diligências [...] a participação de representantes da Secretaria Estadual de Educação e da Procuradoria Geral do Estado**", e também o acompanhamento "**por representante do Conselho Tutelar, já que [é] possível a participação de crianças e/ou adolescentes no movimento**". A menção a uma "**possível participação de crianças e adolescentes no movimento**" indica que esta decisão inicial do juiz reproduziu o entendimento da PGE de que os estudantes não eram protagonistas do protesto, mas supostos coadjuvantes de ação política do sindicato dos professores.

Duas iniciativas simultâneas começam a mudar o jogo. O Ministério Público, na figura do promotor de Justiça João Paulo Faustinoni e Silva – do Geduc (Grupo de Atuação Especial em

Educação) –, entra com um pedido de reconsideração da reintegração de posse. Enquanto isso, o juiz corregedor da Central de Mandados Alberto Alonso Muñoz, antes de expedir o mandado de reintegração de posse, decide por iniciativa própria chamar uma audiência de conciliação, que ocorre na tarde da sexta-feira 13. Dela participam: os dois juízes; três estudantes e seus advogados; representantes da Apeoesp; três procuradores do estado de São Paulo; dois conselheiros tutelares de Pinheiros; um promotor de Justiça; três defensoras públicas; uma representante da Secretaria de Educação; a diretora da EE Fernão Dias; um representante do Conselho Estadual de Defesa dos Direitos da Pessoa Humana; e uma oficial de Justiça.

A tentativa de conciliação fracassa, porque duas reivindicações dos alunos não foram aceitas: "**Que a entrada e saída da escola fosse decidida pelos estudantes ali presentes**" e "**Reunião com o secretário de Estado da Educação na própria escola para início de negociações**". Esta segunda demanda só é compreensível ao se recordar que estudantes do Fernão já haviam sido recebidos na sede da Secretaria (na Praça da República) no 1º ato centralizado, em 06/10, sem que a comissão de alunos tivesse alcançado junto ao secretário qualquer resultado em termos de participação democrática; por isso a proposta de inversão, de que o secretário fosse até eles e não o contrário. O juiz corregedor deliberou: intimando os estudantes de que o prazo máximo para a desocupação da escola deveria ser às 17h18 do sábado, dia 14; garantindo que eles poderiam voltar à escola sem qualquer obstáculo e a segurança de que todos os estudantes ocupantes não seriam apreendidos ou presos desde que saíssem voluntariamente da escola até o prazo concedido; e recomendando que a PM não se valesse de

[**ATA DA AUDIÊNCIA DE CONCILIAÇÃO – 13/11/15**]
"meios excessivos, devendo evitar o emprego da Tropa de Choque, escolhendo o corpo policial que estiver melhor treinado para assegurar os direitos previstos tanto na Constituição quanto no

Estatuto da Criança e do Adolescente, devendo utilizar-se de negociador, conforme os princípios da Gestão Negociada."

A perspectiva ainda era tensa e preocupante. Alguns falavam do risco de um "novo Pinheirinho", referindo-se à violenta reintegração de posse de uma ocupação em São José dos Campos em 2012. Surpreendentemente, na noite desta mesma sexta-feira 13, o juiz Luis Felipe Ferrari Bedendi altera sua compreensão do caso e suspende a reintegração de posse das escolas ocupadas. Foram basicamente três argumentos apresentados por ele em sua decisão para a suspensão. Em primeiro lugar, o juiz reconheceu que as ocupações não tinham intenção de tomar a posse da escola e sim tinham "caráter eminentemente protestante". Deste modo, fica provisoriamente legitimada no Poder Judiciário a ocupação de escolas enquanto forma de manifestação: não se trata de questão de posse e sim de política (e de política pública). Em segundo lugar, caso se mantivesse a ordem de reintegração de posse, nada impediria a expansão das ocupações de escolas – no começo da noite já eram pelo menos 9: Diadema, Fernão, Allende, Heloísa, Castro Alves, Antonio Manoel, Ana Rosa, Valdomiro Silveira e Oscavo de Paula (estas duas em Santo André, ocupações assessoradas não pela Frente d'O Mal Educado mas pela Umes desta cidade) – ou mesmo que escolas que passassem por reintegração de posse fossem em seguida reocupadas. E em terceiro lugar, o juiz se refere ao "fato de que a maior parcela dos ocupantes é de adolescentes ou crianças". A partir do Estatuto da Criança e do Adolescente, ele remete ao "dever de todos velar pela dignidade da criança e do adolescente, pondo-os a salvo de qualquer tratamento desumano, violento, aterrorizante, vexatório ou constrangedor" (art. 18). Ainda por cima:

[DECISÃO JUDICIAL – 13/11/15]

"Caso imprescindível a utilização de força policial, por mais preparada e capacitada seja a Corporação Estadual, existe a probabilidade de ocorrer algum prejuízo aos menores, já que o calor da situação, aliado à pressão popular no entorno da escola são elementos suficientes a algum acontecimento trágico."

A notícia de que a reintegração de posse havia sido suspensa é recebida com muita festa e alegria pelos alunos do Fernão Dias. Enquanto o portão da escola foi liberado pela polícia por volta das 22h30 da sexta-feira 13 e o dia amanhece tranquilo na ocupação em Pinheiros, na EE José Lins do Rego, localizada no Jardim Ângela (Zona Sul de São Paulo), a ocupação começa na tarde de sábado de forma bastante tensa, conforme a Polícia Militar invade a unidade escolar. Um estudante que foi testemunha ocular de violência policial registrada em vídeo que circulou na internet, explica o que aconteceu antes e depois das imagens que circularam nas redes sociais:

[EE JOSÉ LINS DO REGO – ENTREVISTA – 30/11/15]

"Ahn... o que aconteceu na confusão? Eu estava aqui no momento no pátio [...] e aí, tava uma discussão muito grande lá fora, uma gritaria muito grande porque os policiais entraram, cerca de 10 policiais, foram até a sala da direção, conversaram com a diretora, a sós, ninguém poderia entrar e depois eles saíram [...] os alunos que estavam aqui dentro estavam super coagidos, com muito medo e os professores perceberam e a gente aqui dentro começava a se mobilizar pra não fechar o portão porque com o portão aberto eles já tavam ameaçando [...] com o portão fechado o que que eles fariam com a gente aqui dentro, sem ninguém? Então os professores decidiram, entraram em um acordo com eles pra que deixassem o portão aberto, só que este acordo não foi respeitado, os policiais forçaram o fechamento do portão. Uma professora tentou impedir o fechamento do portão com o pé, forçaram o pé dela contra o portão, fortemente [...] começaram a bater nela, do lado de fora. Um dos professores que tava lá fora [neste momento, o aluno começa a ficar com a voz embargada], tentaram intervir, um deles foi o professor E., e aí quando ele tentou intervir, separou dois grupos de policiais, um deles ficou lá fora, batendo na professora J., o outro puxou o professor E. pra dentro e começaram a bater nele, espancar ele e aí a gente... saiu correndo desesperado, sem saber o que fazer [...]. E aí, um dos nossos alunos começou a filmar o que os policiais tavam fazendo. O professor E. tava no chão, começaram a pisotear ele... Depois disso, levantaram ele e apertaram a algema com toda brutalidade que poderia existir, machucando ele, ele começou a gritar... E ninguém fazia nada! A única coisa que eles alegavam é: agrediram um policial! Mas propriamente o que foi divulgado foi só a imagem do policial ferido. Não mostrou *como* ele foi ferido. Vários alunos que tavam lá fora tiraram fotos, fizeram vídeos, mostrando a agressão dos policiais, mostrando o que os policiais fizeram... E aí simplesmente levaram o nosso professor alegando isso, mas não teve prova nenhuma de *como* esse policial foi ferido... Não tem! [...] dois dos nossos professores mais queridos nessa escola tinham sido brutalmente agredidos. E a gente não sabia o que fazer... em nenhum momento... como responder a isso. A única coisa que deu pra gente fazer é... pedir pro pessoal que filmou compartilhar o vídeo no Facebook, que alguma coisa, que alguma atitude fosse tomada... E aí teve todo aquele escândalo, todo aquele rebuliço na mídia de que os policiais tinham entrado, invadido a escola e agredido. E aí teve algumas reportagens falando que tinham tacado garrafas... no policial... Gente, não tinha nenhuma garrafa! As fotos mostram que a única coisa que as pessoas que estavam aqui dentro ou lá fora, na mão, no máximo, eram folhetos de papel explicando a reorganização escolar! Não tinha garrafa nenhuma! Então, assim, a gente vê que parte da mídia distorce as coisas por si só. E a gente fica coagido, porque após isso, várias campanhas no Facebook foram montadas contra a gente, contra o que tinha [sido] feito aqui, começaram a escandalizar os nossos professores, falaram que eram sindicalistas que se diziam professores... 'Se diziam professores'?! É uma coisa absurda, a gente convive com eles, dia após dia, e a única coisa que eles tentaram fazer, desde o início, era garantir que nós, os alunos, não se machucassem. Era só isso. Somente isso"

Enquanto os alunos passaram "**por cerca de duas horas com o portão trancado, com os policiais aqui dentro, botando medo na gente**", o professor passou cerca de uma hora sendo jogado de uma DP para outra, sem que a sua esposa, também professora, recebesse a informação correta para onde ele tinha sido levado. A preocupação dela e dos alunos era profunda pois "**Ameaçaram ele de morte**". O portão da escola, por sua vez, somente foi aberto e os policiais foram embora quando chegaram advogados e jornalistas.

A Justiça começou a estabelecer um limite para a via militarizada pela qual o governo Alckmin planejava lidar com as ocupações, abrindo espaço para que o movimento dos estudantes se expandisse, mas a violência policial na abordagem às ocupações continuará nas semanas seguintes, embora de modo mais silencioso, com intimidações, assédio moral, ameaças, pressão psicológica para desestabilizar os ocupantes, sabotagem e eventualmente invasões da escola e uso de violência física.

A primeira semana de escolas ocupadas termina sem que ninguém pudesse vislumbrar a intensidade que o movimento tomaria a seguir. A dinâmica destes primeiros dias é diferente da das próximas semanas:

[O MAL EDUCADO – ENTREVISTA – 28/12/15]

"[...] em nenhum momento teve um processo que organizou completamente [...] mantendo muito o... o aspecto espontaneísta do processo [...]. Acho que O Mal Educado – a Frente d'O Mal Educado, né? – dirigiu o processo durante a primeira semana. A gente sabia *exatamente* onde ia acontecer e como ia acontecer, e a gente tinha gente lá. Depois disso não era mais nosso, né, assim, o que a gente era? A gente era uma página [no Facebook] pra comunicar essas coisas, o que aparecia pra gente, a gente repostava. Então, né, a página acabou ficando muito mais na mão do que os estudantes queriam..."

Além disso, nem mesmo para estes militantes era possível prever a "viralização" das ocupações. No final de dezembro, esta mesma estudante secundarista ri quando se lembra de meados de novembro:

[O MAL EDUCADO – ENTREVISTA – 28/12/15]

ESTUDANTE: "[...] Isso é impressionante, assim, um puta movimento massivo. Aí eu lembro também um companheiro d'O Mal Educado, a gente indo lá pra Osasco, ocupar o Heloísa Assumpção. Aí sentado, assim, a gente esperando o resto das pessoas, aí senta do meu lado e pergunta '[fulana] o que que você acha que é um número pra gente considerar que massificou?'. Ai eu falei: 'Ah, umas 15... [risos]. 15 é bom, 15 é bom...'. [Neste dia] tinha 4, assim..."

ENTREVISTADOR: "Vocês não tinham ideia no que poderia chegar?"

ESTUDANTE: "Não tinha ideia! Não tinha ideia do potencial, mas a gente achava que tava muito... ainda tava, sabe, super difícil pensar em fazer ocupação, porque tinha que ter um planejamento, era assim bem mais complicado, bem mais difícil mesmo. Essa história é boa [risos]."

O governador, por sua vez, não tinha a mais remota ideia da dimensão que o movimento tomaria. Apenas um dia após a ocupação do Heloísa Assumpção (e algumas horas antes da reintegração de posse ser suspensa), Geraldo Alckmin afirma em um evento em Salesópolis, no interior de São Paulo:

"Eu tenho certeza que o pessoal vai sair. Não há nenhuma razão pra ter... Embora a gente já tenha a ordem judicial, mas eu tenho certeza de que o bom senso vai prevalecer. E o fim de semana também tá chegando, ninguém é de ferro, né?"

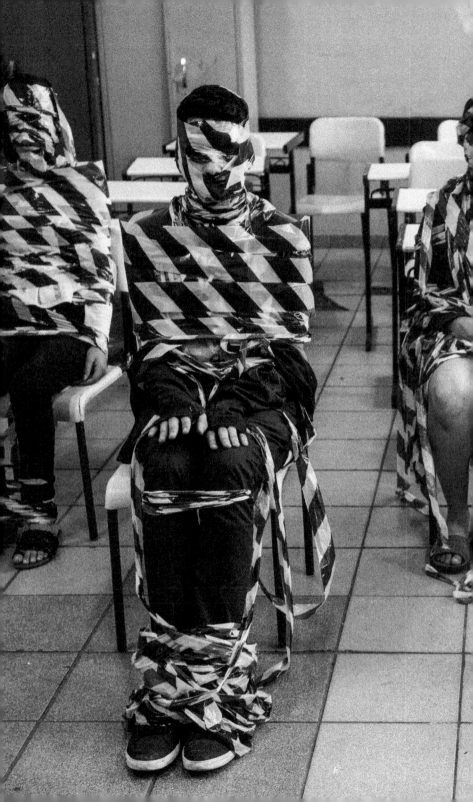

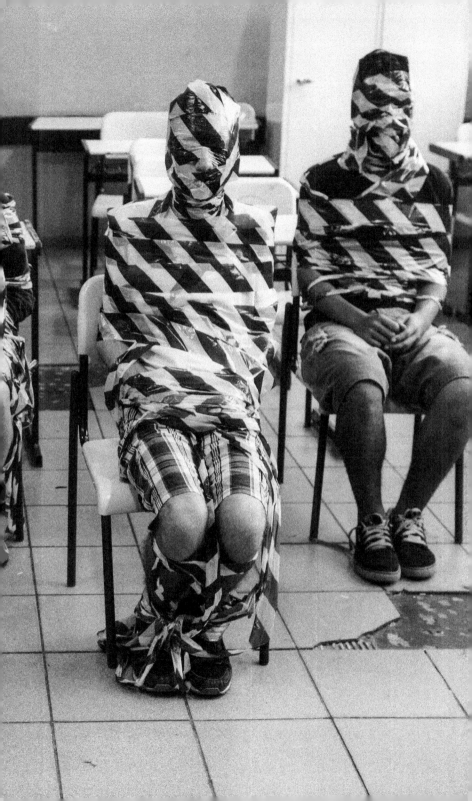

CAPÍTULO 2
ASCENSÃO E AUGE
DAS OCUPAÇÕES

2.1

"BATEU UMA ONDA FORTE": A RÁPIDA ASCENSÃO DAS OCUPAÇÕES

*"Ai caralho
bateu uma onda forte
tá tendo ocupação
da Zona Sul à Zona Norte"*
(verso cantado pelos estudantes em atos de rua)

Os estudantes chegaram à metade de novembro com uma aceleração impressionante das ocupações: apenas na virada do final de semana para a segunda-feira dia 16/11, o crescimento é da ordem de mais de 80%. A semana se encerra no domingo dia 22/11 com 89 escolas ocupadas no total, o que significa uma média de 8,2 escolas ocupadas por dia durante este período.

Embora a capital já viesse perdendo um pouco de protagonismo conforme começavam a aparecer mais escolas ocupadas em outras regiões, o grosso das ocupações fora da Grande São Paulo se deu apenas nos dias do Saresp (24 e 25/11). A tática adotada pelos estudantes foi associar um boicote ao Saresp à realização de novas ocupações, e entre os dias 23 e 25/11 as ocupações no interior e no litoral do estado praticamente dobram.

Não há como explicar definitivamente os motivos desta velocidade impressionante da expansão das ocupações, mas sem dúvida ela se relaciona ao fato de que mesmo antes (na fase dos protestos de rua) a mobilização já era bem intensa e a decisão de ocupar se dá justamente a partir da avaliação da insuficiência destes protestos. A intransigência do governo e dos dirigentes de ensino, que adotaram desde o início uma postura de ignorar por completo os apelos dos estudantes, com certeza contribuiu para a disposição de se envolver em uma mobilização tão radical quanto a ocupação de uma escola, e de maneira tão rápida, principalmente levando em consideração que a grande maioria daqueles secundaristas tinha pouca ou nenhuma experiência de participação em movimentos sociais. Nas palavras de uma estudante do Centro de São Paulo, "[...] **ocupar foi a solução que encontramos para sermos ouvidos por aqueles que muitas das vezes nos ignoram, ou até mesmo fingem que não têm conhecimento**" [EE João Kopke – Facebook – 16/11/15].

Portanto, no momento em que algumas iniciativas mostram a viabilidade da ocupação como uma forma alternativa e mais radical de luta, já havia um contingente grande de estudantes mobilizados e dispostos a seguir o exemplo, o que levou a um efeito demonstração em cadeia, facilitado pela rede de comunicação entre os secundaristas: estudantes interessados em ocupar a sua escola visitavam outras ocupações da sua região para conhecer ou obtinham informações pelos grupos de WhatsApp e pelo Facebook. Em alguns casos, estudantes de outras escolas ocupadas iam prestar assistência a novas ocupações.

Além disso, em alguns casos os estudantes ficaram sabendo da gravidade e escopo da "reorganização" escolar justamente a partir de notícias das ocupações. O que antes poderia ser visto apenas como um boato ou mudanças pontuais que iriam acontecer com poucas escolas passou a ser visto como um ataque de grandes proporções à educação. Mesmo escolas que não seriam diretamente afetadas pela "reorganização", mas receberiam os alunos transferidos daquelas, passaram a ser ocupadas devido à divulgação do fato de que isto agravaria o problema da superlotação.

Por fim, como a "reorganização" foi interpretada como *mais um* exemplo do descaso do governo, as ocupações contra ela se tornaram a expressão de um "basta"; um grito geral de que os estudantes possuíam sim opiniões. Uma ocupação em Jundiaí, por exemplo, inaugurou sua página no Facebook dizendo que haviam ocupado a escola no dia anterior **"para mostrar ao governo que os alunos possuem voz, que lutamos [...] e vamos continuar lutando"** [EE Barão de Jundiaí – Facebook – 24/11/15]. Em Araraquara, os estudantes anunciavam: **"[...] Não somos massa de manobra do estado e infelizmente pensamos. Assim, cansamos de aturar o descaso com que nos tratam"** [EE Lysanias de Oliveira Campos – Facebook – 27/11/15].

Expressões como estas foram correntes e combatiam o estereótipo de que o jovem (e principalmente o jovem de escola pública) não se interessa por política ou não tem motivação, ideia rejeitada pelos secundaristas, que cada vez mais apelavam aos colegas para se mobilizarem:

[EE BARÃO DE JUNDIAÍ – FACEBOOK – 25/11/15]
"[...] Temos que aderir a esse movimento enquanto possuímos força, possuímos voz, possuímos NÚMEROS! Não podemos esperar o dia de amanhã calados, de braços cruzados e quando ele chegar aceitarmos numa boa por não termos motivação."

[EE SABOIA DE MEDEIROS – FACEBOOK – 18/11/15]
"[...] PELO AMOR DE DEUS PAREMMMMM DE APENAS FALAR, PAREM DE APENAS OUVIR, levanta e luta, acorda e coloca em prática toda a revolução que você quer que aconteça. [...] tirar o pouco que temos é mostrar que realmente não temos valor algum, e ficar calado perante a isso é dar direito para que o governo nos massacre na cara dura mais uma vez sem consequência alguma. [...]"

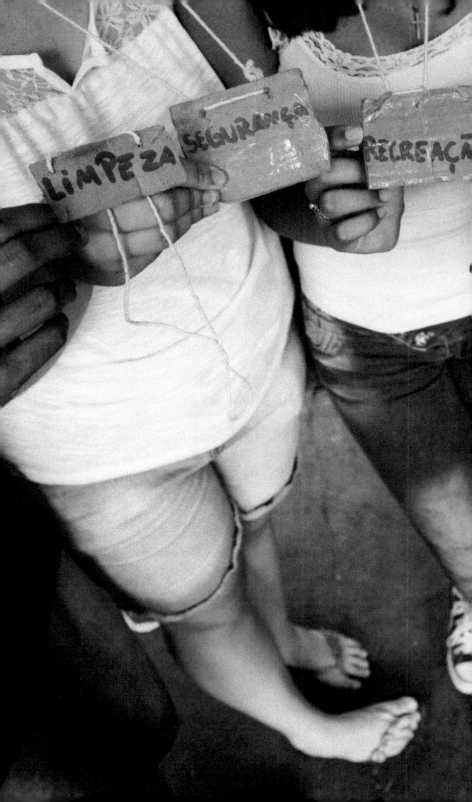

Comunicação

Organização

w adver

2.2

OCUPANDO: AS DIFICULDADES IMEDIATAS

"Filma aí que eles vão tentar tirar a gente na força"
(aluno da EE Pereira Barreto, sobre tentativa
reprimida de ocupação)

Uma vez que o número de ocupações vai crescendo, também vão sendo compartilhadas as experiências do primeiro dia de ocupação, com o objetivo de divulgar os desafios comuns enfrentados e alertar outros estudantes interessados em ocupar sua escola para possíveis problemas. Dependendo das circunstâncias particulares de cada escola, em especial da postura dos diretores e dirigentes de ensino da área, as ocupações começaram mais tranquilas ou turbulentas. Em alguns casos, os caseiros e a vizinhança são fatores complicadores e, em outros, é justamente o apoio da comunidade que garante a tranquilidade do primeiro dia de ocupação. Em geral, quando há intervenção policial, esta é acionada por diretores e dirigentes de ensino. Como é impossível avaliar se houve um procedimento padrão nas cerca de 200 ocupações, tanto do lado dos estudantes ocupantes quanto dos outros atores, a exposição aqui se limita a alguns casos que ilustram a variedade de situações vividas e quais os fatores mais determinantes naqueles primeiros momentos de consolidação de uma ocupação.

Em algumas oportunidades, os estudantes ocupantes optaram por chegar de madrugada na escola e trocar os cadeados, passando correntes no portão. Assim, o restante dos estudantes, professores, funcionários e diretoria eram pegos de surpresa, chegando de manhã para um dia normal e se deparando com os portões fechados e a escola ocupada. Na maioria dos casos, a medida seguinte adotada pelos ocupantes era deixar apenas os estudantes entrarem na escola para realizar uma assembleia e decidir se de fato a ocupação iria continuar – foi encontrado apenas um registro de caso de uma assembleia decidir contra a ocupação.

Uma vez decidido em assembleia, todo tipo de conflito entre estudantes, professores e diretoria se iniciam tendo, em geral, o portão da escola como cenário. Ao fazer uma pesquisa sistemática nas páginas de Facebook das ocupações, encontra-se muitas fotos e vídeos de discussões acaloradas acontecendo nos portões da escola ocupada, tanto nestes primeiros momentos quanto nos dias seguintes.

Uma situação que se tornou clássica foi a discussão por causa da necessidade de "pegar documentos" na Secretaria da escola. Uma vez que a diretoria se deparava com a escola ocupada, alegava que era necessário abrir os portões para que eles pudessem entrar e "pegar documentos", equipamentos e toda uma variedade de coisas. Às vezes, já atentos para possíveis tentativas de sabotagem, os alunos se recusavam a abrir os portões independentemente de qualquer argumento, deixando diretores enfurecidos do lado de fora. Nesses casos, não era incomum que a mesma situação se repetisse nos dias seguintes, com diretores tentando repetidamente entrar na ocupação sob os mais variados pretextos, contando com o fato de que nem sempre seriam os mesmos estudantes cuidando do portão ou de que o calor do momento do primeiro dia teria passado e os jovens estivessem com uma postura mais flexível e menos desconfiada.

Nos casos em que os diretores conseguiam entrar na ocupação para "pegar documentos na Secretaria", acontecia uma de duas coisas: ou tudo se dava tranquilamente, ou diretores (e/ou professores aliados) tentavam de diferentes maneiras sabotar a ocupação logo em seu início, tentando evitar a todo custo que a situação se consolidasse, por saberem que, uma vez que isso acontecesse, as dificuldades do seu lado seriam maiores e os estudantes ficariam cada vez mais resistentes. Destes métodos de sabotagem, um dos mais comuns foi a simulação de cárcere privado. Em alguns casos, a diretoria alegava ser mantida em cárcere privado e chamava a Polícia Militar, mas com pouco sucesso, pois os policiais iam e se deparavam com ocupantes que incentivavam a saída de qualquer funcionário da escola, ao invés de mantê-los reféns.

Em outros casos, eram os caseiros que alegavam serem mantidos em cárcere privado pelos estudantes, algo um pouco mais complicado, visto que, em muitos casos, o controle do portão da ocupação era inevitavelmente o acesso à sua própria casa. Porém, o sucesso dessa estratégia era comprometido pelos estudantes que gravavam com o celular provas de que o direito de ir e vir dos caseiros estava preservado. Um registro do ato de ocupação de uma escola na Zona Norte de São Paulo, por volta das 5h da manhã, exemplifica bem a situação. O caseiro, assustado e revoltado com a ocupação, chamou a polícia e arrombou o cadeado que havia sido colocado no portão pelos alunos. A seguinte conversa foi gravada pelo celular de uma aluna:

[EE PEDRO ALEXANDRINO – PASSA PALAVRA (VÍDEO) – 16/11/15]
CASEIRO: "Vocês vão ficar lá do outro lado, aqui no portão de casa vocês não vão ficar, vocês vão ficar lá na quadra."
ALUNA: "Tudo bem, a gente bloqueou esse portão, passamos uma corrente e uma chave."
CASEIRO: "Mas daí a gente tem que sair..."
ALUNA: "Então, se o senhor precisar sair o senhor fala com a gente..."

CASEIRO: "[...] Agora, nós vamos sair agora!"

ALUNA: "Moço, essa conversa está sendo gravada, a gente em momento algum vai prender a sua família aqui, o senhor está livre para sair quando o senhor quiser, só que por favor nos informe para que a gente possa liberar o portão pra você sair... sem problema algum, a gente abre."

CASEIRO: "Onde vai ficar uma pessoa?"

ALUNA: "Só aqui no portão e o resto tudo pra lá."

CASEIRO: "Vai ficar um aqui?"

ALUNA: "Vai ficar duas pessoas aqui e se você quiser a gente vai abrir pra você e a sua família sem problema algum... no momento que vocês precisarem."

[...]

ALUNA: [repetindo depois para a gravação] "Isso tá sendo gravado, nós não mantemos eles em cárcere privado, a conversa foi gravada."

Diante desses registros preventivos realizados com celulares pelos estudantes e da decisão da Justiça contra as reintegrações de posse, a polícia ficava mais ou menos de mãos atadas. Em alguns casos, os policiais simplesmente levavam pessoas para uma DP sem motivo algum e liberavam algumas horas depois, mas a atitude mais comum da polícia diante de um ato de ocupação foi simplesmente a intimidação e o assédio, na esperança de que os alunos desistissem por medo (o que raramente acontecia). No mesmo caso que citamos acima, de mãos atadas diante da acusação de cárcere privado do caseiro, os policiais passam a assediar os alunos. Na mesma gravação realizada pela aluna ouve-se o seguinte diálogo:

POLICIAL: "E você quem é, o que você está fazendo sozinha aqui?"

ALUNA: "Eu sou estudante, eu vim lutar pelos meus direitos..."

POLICIAL: "Você invadiu?"

ALUNA: "Eu não invadi, eu ocupei."

POLICIAL: "Você invadiu uma propriedade do Estado e aí você acha que está tudo certo?"

ALUNA: "Eu tenho o direito de me manter calada, não é?"

Alguns momentos depois, outro policial interrompe uma conversa em que os alunos tranquilizavam um vizinho (que achou que a escola estava sendo roubada por terceiros) e começa a intimidar duas meninas:

POLICIAL: "Você tá com eles?"
ALUNA 1: "Todos os estudantes são menores de idade, todos estamos juntos."
POLICIAL: "Me dá esse celular aqui vai, me dá."
ALUNA 1: "É uma propriedade privada, me desculpe, é uma propriedade privada."
ALUNA 2: "O celular é dela..."
POLICIAL: "Me dá aqui."
ALUNA 1: "Moço, você não pode tocar nela..."
POLICIAL: "Ô, sua po..." [policial toma o celular e interrompe a gravação]

Em geral, no primeiro ou segundo dia a Polícia Militar comparecia para dar um apoio às diretorias e tentar impedir a consolidação da ocupação. Os mais variados níveis de assédio e agressão aconteceram, dependendo do local. Em uma escola na Zona Sul de São Paulo, o diretor chamou a polícia e arrombou o cadeado posto pelos alunos; segundo o relato, a polícia estava "**fortemente armada**" e chegou a ameaçar jogar bombas e invadir (além de impedir a gravação de suas ações), o que levou os alunos a fazer uma barricada de carteiras nas grades da entrada. Felizmente, a presença de um advogado impediu que a situação escalasse [EE Marilsa Garbossa – Facebook – 17/11/15].

Em outro caso, na Zona Leste de São Paulo, no dia da ocupação a diretoria trancou os estudantes menores de idade em uma parte da escola com policiais, que tentaram dissuadir os alunos intimidando-os. Segundo a denúncia, não havia advogado no local e os estudantes estavam "**sem acesso a nada e sem poder entrar ou sair**", portanto extremamente vulneráveis a abusos [O Mal Educado – Facebook – 23/11/15]. Segundo relato de um aluno relembrando a ocasião, esses assédios continuaram nos dias seguintes, como em muitas outras ocupações:

[PÁGINA DA OCUPAÇÃO – FACEBOOK – 03/12/15]

"[...] logo no primeiro dia, quando os estudantes ainda estavam em processo de ocupar a escola, a diretora os trancou dentro do pátio com policiais agressivos e desinformados – a respeito de uma liminar que sairia e, portanto, os impediria de entrar na escola ocupada, por decisão judicial, garantindo assim a legitimidade do movimento. Estudantes foram enquadrados e revistados diante de seus familiares, o que é uma situação lamentável e constrangedora, enquanto a direção e a coordenação da escola riam. Todos os dias que se seguiram, a direção da escola juntamente com a Polícia Militar fizeram abordagens agressivas e desproporcionais com os alunos, muitos sofreram ameaças, tiveram seus rostos fotografados e marcados."

Em uma escola em Itapecerica da Serra (Grande São Paulo), a diretoria usou estratégia semelhante e trancou os alunos em um determinado espaço do prédio sem acesso aos banheiros, de modo que se o aluno precisasse sair ele não poderia mais voltar e a ocupação não se consolidaria [Jornalistas Livres – vídeo – 26/11/15].

A presença de advogados era, por isso, de extrema importância. Porém, mesmo quando estes demoravam a aparecer (fossem do Núcleo de Direitos Humanos da Defensoria, advogados apoiadores independentes ou "emprestados" por sindicatos e entidades), na maioria dos casos os alunos não desistiam da ocupação. Nas ocupações realizadas quando o movimento já estava maior, esse tipo de dificuldade já era esperada pelos estudantes.

Uma tática também largamente empregada pelas direções era fechar o acesso à cozinha e às salas de aula para que os ocupantes passassem dificuldades (ou cortar a luz e a água da escola). Em muitos casos as ocupações sobreviveram dias sem acesso à cozinha nem às salas de aula, tendo os alunos que dormir no corredor. Alguns chegaram a dormir no pátio a céu aberto na primeira noite (em um caso os alunos passaram a noite na chuva). Conforme a ocupação se consolidava, muitos conseguiam acesso às salas ou doações de equipamentos essenciais, como fogão e barracas, viabilizando a permanência na escola. Não temos registro de nenhum caso em que estas estratégias de repressão tenham sido bem-sucedidas, fazendo os ocupantes desistirem. Pelo contrário, diante das dificuldades a disposição para a resistência tendia a aumentar.

Conforme as ocupações iam se tornando uma realidade no estado, medidas preventivas passaram a ser adotadas pelas direções e dirigentes de ensino, novamente com o apoio da polícia. Em uma escola em Santo André, por exemplo, a direção recebeu a informação de que um representante de outra ocupação da região iria realizar uma visita e procurou "cortar o mal pela raiz":

[NÃO FECHEM MINHA ESCOLA – FACEBOOK – 18/11/15]
"DENÚNCIA – MAIS UMA DAS DIREÇÕES PUXA-SACO DO ALCKMIN. Direção da E.E. [...] (Santo André) chama PM para intimidar e ameaçar estudante que tenta organizar manifestação no seu colégio. Os estudantes têm o direito de se manifestar e se organizar. NÃO VAMOS NOS CALAR!

[DEPOIMENTO EM VÍDEO DE UM ALUNO]
"Bom dia a todos. Bom, vou tá falando o que aconteceu aqui na escola [...], na cidade de Santo André, em São Paulo. Bom, ontem eu estava lá, eu, na entrada da escola. Quando dois alunos me abordaram e falaram sobre a ocupação do [...], comentando que amanhã – ou melhor, hoje – viria um representante do [...] pra tá conversando com a gente, porque a nossa escola também vai fechar. Vai fechar o turno da noite e a quinta série e vai acabar o EJA. Aqui nas escolas ao redor não tem... só tem uma escola que vai ter o EJA! O resto não vai ter EJA. Bom, pois bem, vamos continuar. Eu entrei na escola e eles falaram pra mim tá passando essa informação, que... haveria um representante hoje e que ele conversaria sobre a ocupação da escola. Bom, eu passei aos alunos o que me foi passado. E... nisso chegou o intervalo. No intervalo,

a inspetora foi na minha sala me chamar e pediu pra eu tá indo na diretoria pra conversar com a diretora. Quando eu cheguei na diretoria, tinha uma PM lá. E essa PM começou a me chamar de agitador, começou a falar que se a gente ocupasse a escola eles desceriam a borrachada em todo mundo. E... pegou meus dados e anotou num caderno. Eu não sei que caderno é esse... Eu vi que ela pegou meus dados porque eu vi que ela pegou a minha ficha da escola. Ou seja, lá contém meu RG, contém meu nome completo e contém todas essas coisas. O que a escola não pode tá passando pra nenhum policial militar, seja qual for. Bom... já não bastando isso, quando a PM foi embora, depois disso, a diretora me segurou na sala dela e eu perguntei se haveria a chance de eu realizar uma reunião com os alunos, pra ver o que eles pensavam sobre isso. Ela falou que não poderia tá fazendo isso comigo porque ela estaria dando poder pra mim... agitar... a ocupação. Bom, ela falou que conversaria com os professores... pra gente tá debatendo esse assunto durante a semana, pra ver o que cada um pensa. Quando eu fui falar com uma professora de sociologia, quando eu saí da diretoria... a inspetora foi abordar eu e a professora. E disse que a diretora falou que não estava permitido falar sobre isso dentro das aulas, das salas de aula e fora das salas de aula. Ou seja, dentro da escola não poderia falar sobre isso! E... foi isso que aconteceu. Muito obrigado a todos e vamos continuar a luta aí! É isso'."

Outro caso notável de "medida preventiva" foi em uma escola na Lapa, em que a direção simplesmente encerrou as atividades da escola antes do fim do ano letivo e colocou o prédio sob proteção de policiais que impediram a todo custo a ocupação:

[EE PEREIRA BARRETO - YOUTUBE (KAIQUE DALAPOLA) – 08/12/15]
[DESCRIÇÃO DO VÍDEO NO YOUTUBE]: "Alunos da Escola Estadual Pereira Barreto, na Lapa, Zona Oeste de São Paulo, foram impedidos pela polícia de ocupar a escola, na manhã de sexta-feira (04/12). O colégio não permite a entrada de estudantes desde quarta-feira (02/12). A medida foi tomada como precaução 'para evitar que os

estudantes invadam a escola', conforme disse um dos professores que impediam a entrada dos alunos na sexta-feira:

[FALA DO ALUNO NO VÍDEO]: "Eu cheguei lá na sexta num dia comum né, de aula, e aí eu recebi a notícia de que não haveria aula e assim, eu já tava preparado pra ir até a semana que vem. Aí eu cheguei lá com alguns trabalhos pra entregar e até algumas coisas pra esclarecer com os professores e aí simplesmente a gente mal teve, assim, um diálogo, eles só disseram pra gente entregar o que tinha que entregar e acabou. A forma como a gente começou a ser tratado foi me irritando ali no portão. Aí o pessoal já tava pensando em ocupar e aquilo foi começando a ficar mais forte com o tempo que ia passando o diálogo e a forma como a gente ia sendo tratado ali no portão. Até uma hora que... sabe, abriram o portão de novo e aí a primeira coisa que passou na minha cabeça foi tipo... 'Entra'. Aí eu puxei o portão e aí os policiais já tentaram me segurar e a gente entrou, entrou mais algumas pessoas comigo e aí a gente ficou lá por um bom tempo. Aí a diretoria da escola ligou pros pais virem buscar o pessoal. Quando nós entramos éramos em sete e aí acabou que os pais foram buscando, buscando, até que ficou só eu. Meu pai foi me buscar na escola só que eu me recusei a sair, porque se eu saísse a ocupação ia acabar. Aí depois pulou mais dois meninos, o G. e o L., e meu pai falou assim: 'Ó, essa é sua última tentativa pra você sair comigo, caso você não queira os policiais vão te tirar na porrada'. Aí eu olhei em direção né... da portinha que era pra ir pra sala da diretora, eu vi uns seis, oito policiais. Aí eu olhei pro portão e falei pro pessoal 'Filma aí que eles vão tentar tirar a gente na força'. Aí entrou dois policiais que já vieram na minha direção, um foi pra direção do meu amigo G. e o outro foi na direção do L., e aí foi uma coisa assim que tipo eu nem cheguei a ver o que tava acontecendo com eles, porque quando eles vieram pra cima de mim só deu pra ver, assim, o que tava entre mim e eles [...] e aí eu fui imobilizado e eles me jogaram assim no camburão e aí até quando a gente tava indo pra delegacia o policial tava andando em zigue-zague pra mim ficar batendo dentro do porta-malas deles lá. E lá teve uma série de ameaças por parte dos policiais e ainda mais com meus amigos que tavam sozinhos, teve um policial aí que disse que até ia matar ele [...]."

Apesar das mais diversas tentativas de impedimento, em geral as tentativas de ocupação foram bem-sucedidas e os estudantes se mantiveram firmes em meio a muitos conflitos, fosse com polícia, diretoria, professores, caseiros, vizinhos etc. Nos casos mais amenos, houve apenas troca de agressões verbais. Uma diretora de uma escola em Guarulhos que havia acabado de deliberar pela ocupação, por exemplo, fez gestos obscenos para um grupo de estudantes, que respondiam gritando "Ih, fora! Ih fora!" até a sua saída [Jornalistas Livres – vídeo – 23/11/15]. Em outro vídeo gravado em uma escola no Centro de São Paulo, a diretora, sob pressão dos estudantes para que deixasse a chave do prédio antes de ir embora da ocupação recém-feita, ameaçou atropelá-los com seu carro, esbravejou "**Que morram**" e saiu sob vaias e alertando: "**Me aguardem**". Havia um policial no local, mas este se limitou a garantir a saída da diretora com seu carro, mesmo ela tendo se recusado a entregar as chaves.

Como alertado por esta última diretora, estas situações seriam apenas o início de um estado de conflito permanente dos estudantes com a burocracia da Secretaria de Educação, que se agravou durante as semanas seguintes e tendeu a permanecer após as desocupações, como será visto. Raríssimos foram os casos em que a diretoria apoiou a ocupação ou não procurou criar dificuldades para os estudantes.

2.3

OS DESAFIOS DE UMA OCUPAÇÃO: CONVIVÊNCIA E HORIZONTALIDADE

"Dança Alckminho
Dança Alckminho
Enquanto cê tá aí
Nóis tá aqui evoluindo"
(funk composto por aluno da EE João Dória)

Uma vez consolidada a permanência dentro da escola, os estudantes passavam a compartilhar suas experiências cotidianas no Facebook, criando páginas "para divulgar a ocupação". Cada ocupação representa um microuniverso particular, com circunstâncias e personalidades singulares que conferem a ela sua dinâmica própria e identidade, mas foi possível perceber algumas coisas em comum e que dão a dimensão do que foi para estes secundaristas a experiência de ocupar suas escolas, fosse por uma semana ou por um mês.

Uma ocupação é uma forma muito singular de luta: pessoas se dispõem a viver juntas em um determinado espaço por tempo indeterminado, tendo que se organizar diariamente e lidar com suas necessidades de infraestrutura, alimentação, higiene, atividades etc. para que a ocupação se mantenha viva e, portanto, para que o coletivo possa alcançar seu objetivo (neste caso, a derrubada da "reorganização escolar"). O comprometimento e a dedicação necessários, em comparação com a organização de um protesto de rua por exemplo, são muito maiores. Se esta ocupação for autogerida de maneira horizontal – como foi no caso dos secundaristas –, isto tende a fazer com que toda atividade ou decisão, por mínima que seja, se torne uma experiência no exercício da democracia e da horizontalidade. Mesmo as questões mais prosaicas são submetidas a um processo decisório reflexivo coletivo – a assembleia.

Evidentemente, não existe um modelo perfeito de "autogestão horizontal" e surgem desafios no caminho, pois são seres humanos que cresceram e foram socializados em uma sociedade hierárquica, e estruturas de poder profundamente enraizadas não podem ser magicamente desaprendidas. Porém, ficou claro que os secundaristas conceberam as ocupações como espaços democráticos e horizontais, não apenas pelas orientações do manual "Como ocupar um colégio?", mas também por um simples desejo de que ali fosse um espaço diferente do que costumavam viver na escola.

Assim, estes estudantes se submeteram a um período de formação política contínua: a assembleia sendo a vivência fundamental, mas todas as outras interações humanas também se transformando em aprendizado, mesmo as mais banais, pois se tornam passíveis de questionamento a partir do princípio de horizontalidade. A ocupação é um espaço no qual o sujeito questiona a si e aos outros a todo momento, um exercício constante de desconstrução; as simples questões do que será feito para o almoço ou onde serão guardadas as bolas de basquete, por exemplo, podem se tornar uma discussão política. Por isso, a ocupação é também uma experiência emocionalmente intensa, cansativa e uma ruptura radical com a vida "pré-ocupação". Não é à toa que os estudantes dizem que nunca mais serão os mesmos após as ocupações.

Uma vez na escola, no primeiro dia ou na primeira noite, os estudantes já começavam a definir a dinâmica:

[EE ARLINDO BITTENCOURT – FACEBOOK – 25/11/15]
"Só criamos a página agora devido a toda correria de organização e etc. do primeiro dia. [...] No dia 23/11, às 5h da manhã, ocupamos a escola, o pessoal que não estava sabendo chegou na escola pra ter aula e teve esta bela surpresa. De primeira muitos se revoltaram, mas logo perceberam que lutávamos por um bem maior e se juntaram a nós. O primeiro dia foi baseado em confecção de cartazes, divulgação e organização. Deixamos as primeiras pessoas a ocuparem o local como responsáveis pelas chaves, para mantermos um controle das coisas. Decidimos que todos os dias iremos fazer assembleias para votação do almoço e da janta, assim como todas as atividades da ocupação. O dia terminou muito bem, recebemos muito apoio e diversas doações, o que agradecemos a todos de coração! [...] O segundo dia de ocupação foi mais tranquilo, pois tudo já estava organizado e combinado, o pessoal está colaborando muito e tudo está andando como esperado. As doações continuam e nós agradecemos muito por todos q estão se mobilizando para nos ajudar! Hoje também entramos em contato com várias instituições/movimentos/pessoas que se disponibilizaram a nos ajudar com oficinas para entreter a galera, e estamos montando uma agenda de atividades. Os interessados chamar inbox!"

A seriedade e a organização foram desde o início valores importantes para o movimento. Era necessário estabelecer imagem positiva das ocupações, em contraposição à ideia de invasão e vandalismo. Muitas ocupações foram planejadas, mas mesmo nos casos em que a coisa aconteceu de forma mais espontânea o *know-how* do manual "Como ocupar um colégio?" já havia se espalhado na internet e nos grupos de WhatsApp, não apenas pela disseminação do texto original mas também, por exemplo, de outras ocupações próximas. Era comum a troca de visitas entre ocupações da mesma região, para compartilhar experiências ou para estudantes pioneiros em determinada região ou município orientarem interessados em ocupar outra escola na área. Rapidamente um certo "protocolo" se tornou conhecimento comum dos interessados, que envolvia organização interna e também o estabelecimento de uma comunicação "oficial" com a comunidade, em um primeiro momento voltada quase sempre para as necessidades de doações, já que as ocupações dependiam destas (posteriormente, esta comunicação também envolve a "programação cultural" da ocupação).

Segundo o que recomenda o próprio manual, a lógica mais comum de organização da dinâmica das ocupações foi a criação de comissões responsáveis pelas necessidades básicas. Assim, em grande parte encontramos a "comissão da limpeza", a "comissão da cozinha", a "comissão de comunicação" e a "comissão de segurança". Em uma escola em Santo Amaro, na Zona Sul de São Paulo, os alunos fizeram um vídeo explicando detalhadamente a separação de tarefas e procedimentos:

[EE SABOIA DE MEDEIROS – FACEBOOK – 19/11/15]
ALUNO 1: "Bom, basicamente a gente tá dormindo aqui, na Secretaria, tem um pessoal que dorme aqui, tem um pessoal que dorme na sala dos professores. E aí a gente também tem dois dormitórios nas salas de aula, né, um no andar de cima e o outro no andar de baixo, das meninas e dos meninos. [...]"
ALUNO 2: "Bom, essa aqui é a nossa despensa. Nessa parte guardamos as doações que a comunidade nos dá. E nessa onde a empresa terceirizada dá pra escola. Aqui na cozinha temos tudo formado por praças. Tem a praça do pão na chapa, onde está sendo feito o café da manhã, a parte da maçã e um ajudante, que deixa a cozinha limpa e sem [incompreensível]. A nossa chefe tá fazendo um café e sua ajudante tá preparando os talheres. Nosso chefe aqui tá fazendo os pães, enquanto sua ajudante está lavando a louça."
[...]

ALUNO 1: "Bom, essa daqui é a nossa redação. E o que a gente faz aqui basicamente é: a gente tem a nossa página no Facebook, da mídia interna da escola. E aqui a gente tem um software básico que a gente edita nossos vídeos e vai jogando na internet pro pessoal ver."

ALUNO 3: "Meu nome é [...], tenho 17 anos, e tô fazendo parte aqui da ocupação do Saboia. Infelizmente eu não posso ficar em período integral, mas eu vou explicar sobre a limpeza. A limpeza é realizada por mutirão: todo mundo se reúne e trabalha em equipe, uma equipe só pois ninguém quer trabalhar individualmente nas áreas e com o mutirão facilita e é bem mais rápido. Esse é o método de limpeza aqui do Saboia."

ALUNO 4: "Bom, meu nome é [...], eu sou da segurança aqui da ocupação, participo efetivamente do patrulhamento. Bom, funciona da seguinte maneira: a gente tem como principal objetivo garantir a integridade dos alunos que tão aqui. O patrulhamento fica mais ostensivo a partir das 8 [da noite] às 6 da manhã, devido a... por ser o horário mais perigoso. E a gente reveza: cada 3 pessoas nos 2 portões, [...] pra ver na rua o que tá passando, gente passando, se pode ver, se pode ter alguém passando que possa fazer mal pra gente. [...] São várias pessoas na segurança, o revezamento é feito de acordo com o que cada um pode, pra todos poderem descansar e tal. [...]"

Os próprios estudantes se surpreenderam com sua capacidade:

[NÃO FECHEM MINHA ESCOLA – FACEBOOK (VÍDEO) – 17/12/15]
Aluna da EE Prof. Luiz Castanho de Almeida: "No começo todo mundo ficou um pouco inseguro, eu acho assim que a preocupação inicial era de ocupar a escola, então quando a gente chegou aqui a gente ficou meio assustado, a gente ficou pensando como a gente ia poder se virar... e quando a gente conseguiu se organizar pra fazer comida, conseguiu se organizar pra trazer outras pessoas aqui dentro e cuidar dessas outras pessoas, numa questão também de limpeza e tudo mais... eu acho que foi uma surpresa, tudo aqui dentro porque a gente fez coisas que a gente nunca imaginou que fosse fazer."

Porém, manter este alto nível de organização não foi fácil e, nas palavras de uma estudante de uma ocupação na Região Central de São Paulo, "[...] **esse movimento de luta, assim, que é ocupar** [...] **ele muda muito assim no nosso comportamento, em questão de convivência, trabalho em equipe, conjunto, respeito, responsabilidade, muita coisa muda"** [EE Maria José – Youtube (canal Nova Escola) – 10/12/15].

Todas estas questões apontadas pela aluna vêm regadas de tensões e, diferentemente de como lidariam com estas tensões em situações ordinárias, a necessidade de manter a ocupação funcionando e a luta viva empurra as pessoas para soluções refletidas em grupo, já que dissolver o coletivo simplesmente não é uma opção. Mesmo que aos trancos e barrancos, em alguns casos, os jovens são obrigados a continuar, pois "foram unidos por uma única luta". Estas são as palavras de um aluno do primeiro ano do Ensino Médio de uma escola ocupada no bairro da Vila Sônia em São Paulo, que manteve um diário em sua página no Facebook:

[EE ANA ROSA – FACEBOOK – 22/11/15]
"Nono dia de ocupação: [...] Conflitos de interesses chegam até nós, e as impossibilidades viram possibilidades, reforçando assim nossa autoconfiança. E mostrando que, ao desenvolver dessa ocupação, muitos sentimentos controversos irão vir à tona. Um dia consideravelmente produtivo veio a ser vivido. Limpamos, lavamos, varremos e organizamos tudo que lá estava [...]. Muitos de nós, no começo, sequer imaginavam a proporção que isto iria tomar... Do impacto que iria causar em nossas vidas. Fomos unidos por uma única luta. Luta essa que está sendo memorável. A necessidade de ter um líder às vezes afeta a capacidade cognitiva das pessoas. Todos devemos participar e expor nossos pontos de vista em assembleia. Não existe líder, não existe hierarquia. Nós juntos somos um grupo. [...]"

A realização de assembleias diárias talvez tenha sido uma das maiores novidades em termos de aprendizado, pois não apenas é necessário conviver com opiniões diferentes, como é preciso exercer ao máximo a capacidade de compreensão, argumentação e síntese, como explica um estudante da EE João Kopke: **"Eu sabia o que era uma assembleia, mas nunca tinha participado de uma. Aprendi como conversar e como chegar a algum lugar, não só pra falar um monte de coisa e ficar estagnado, parado"** [Jornalistas Livres – vídeo – 23/11/15].

A cada dia o mesmo exercício se repete, fazendo da ocupação um espaço formativo único e precioso, como os próprios estudantes reconheceram. O aprendizado percebido é de diferentes ordens: vai do político ao psicológico e rompe radicalmente com o que aprendiam na escola:

[EE ROMEU DE MORAES – FACEBOOK – 03/12/15]

"Há exatos 7 dias, ocupávamos nossa escola. Foi um dia longo e cansativo, mas compensador. [...] Aqui, não só aprendemos a lutar por nossos direitos, mas a viver. [...] Não tem sido fácil muitas vezes concordar discordando. [...] Mas é para isso também que estamos aqui: aprender uns com os outros. Aceitar opiniões, diferenças... Ajudar o próximo e esquecer um pouco do nosso 'eu' [...]. As experiências que trocamos diariamente, seja numa roda de conversa, numa aula de física, num debate, numa assembleia, no nosso momento de almoço/janta... São coisas que, no futuro, ninguém poderá roubar de nós. São coisas que estão vindo para nos ensinar e nos fazer crescer... Nos mostrando que podemos sim e que se formos JUNTOS, podemos mais ainda. É crescimento psicológico, também. [...]"

[EE MARIA APARECIDO DAMO FERREIRA –
FACEBOOK – 23/11/15]

"22/11/15 - Domingo pós-feriado. Dia de muitas discussões, rusgas, consensos, dissensos, aprendizado. Não é fácil aprender a ouvir, a falar sem ser agressivo, a ter relações horizontais, a trabalhar em conjunto. Ainda mais porque somos ensinados a obedecer e não a pensar."

Talvez uma das coisas mais interessantes desse processo tenha sido o fato de que o autoritarismo do governo tenha levado estes jovens a aprenderem muito mais do que sabiam sobre democracia, pois o aprendizado realizado no cotidiano da ocupação pode ser diretamente aplicado na reflexão sobre as políticas do Estado:

[EE ANA ROSA – FACEBOOK – 25/11/15]
"Nós, estudantes, juntos somos um. Se todos pensamos no mesmo propósito, mais vale um pensamento coletivo ou alguns isolados contra? Se o coletivo não quer, por que deveria acontecer? Uma atitude tomada sem a conscientização da comunidade escolar deveria ser levada em consideração? A resposta é NÃO."

Junto com os desafios e dificuldades da convivência e da autogestão democrática, há também as descobertas positivas. Uma das coisas que se destacou muito durante as entrevistas realizadas pelos autores e também nos registros das ocupações no Facebook foi a valorização da "união" que a luta promoveu. A experiência causou surpresa nos estudantes, pois, assim como os exercícios de reflexão exigidos pelas assembleias foram uma grande ruptura quanto à obediência exigida pela escola, a "união" rompeu com o individualismo da experiência anterior:

[DOCUMENTÁRIO *ANJOS REBELDES* –
YOUTUBE (TV BRASIL) – 11/12/15]
"Na educação dentro da escola a gente tá extremamente acostumado a olhar e ficar sentado cada um atrás do outro, a gente não tem esse contato visual. Tem pessoas que estudam aqui há 4, 5 anos e eu falo 'Caramba, nunca te vi e agora que eu posso olhar nos teus olhos, eu posso lidar com você, eu posso te entender, eu posso te enxergar'... A gente aprendeu a se enxergar aqui dentro."

A ocupação subverteu toda a lógica anterior das relações entre os estudantes, inclusive muitos estudantes vieram a se conhecer apenas na ocupação, como aponta a aluna acima. Depoimentos como estes eram comuns no Facebook: uma estudante da Zona Oeste de São Paulo, por exemplo, chamou atenção para o fato de que "a ocupação está revelando personalidades que jamais saberíamos" [EE Anhanguera – Facebook – 01/12/15], enquanto em Jundiaí outra aluna descreveu esse processo como "emocionante", "muitos [...] estudávamos na mesma escola e nunca havíamos parado pra falar 'oi' [...], e com tudo isso acontecendo de última hora nos unimos [...]" [EE Dr. Eloy de Miranda Chaves – Facebook – 24/11/15].

Como acontece na maioria dos ambientes escolares tradicionais, antes os estudantes se distribuíam em grupos por interesses pessoais e pela extensão e reprodução das divisões da sociedade para dentro da escola (gênero, idade, orientação sexual etc.). Na ocupação, os estudantes passam a ver uns aos outros como pessoas com um interesse comum devido a uma mesma situação social compartilhada – a de ser estudante da rede pública. Essa experiência não anula suas individualidades frente uns aos outros, mas revela a possibilidade de outra forma de organização social antes não imaginada:

[EE DR. ELOY DE MIRANDA CHAVES – FACEBOOK – 28/11/15]

"[...] Estamos formando um só corpo em luta pela educação. Estamos, a cada dia, mais unidos. A cada dia, mais amigos uns dos outros. Quando começou a ocupação, a escola era formada por panelinhas, mas agora somos como crianças que mal se conhecem, mas brincam como se fossem os melhores amigos do mundo. Não estamos, porém, para brincadeira. Estamos aqui por uma causa séria. [...] Um por todos e todos por um!"

A ruptura com relação à dinâmica das relações de gênero anterior à ocupação talvez tenha sido um dos processos mais marcantes, assim como a tolerância e reconhecimento com relação a questões LGBT:

[EE VALDOMIRO SILVEIRA – ENTREVISTA – 17/11]

ALUNO: "E com esse negócio da ocupação acabou misturando

tudo, todo mundo fala com todo mundo, acaba juntando todo mundo [...]. Não, muitas pessoas se enturmou. Que nem, tinha pessoas que era preconceituoso acabou ajuntando lésbica com gay, com heteros, rockeiros com funkeiros, acabou fazendo uma união muito grande, juntando..."

ENTREVISTADOR: "Agora? E antes, como era?"

ENTREVISTADORA: "Não tinha uma união...?"

ALUNO: "Antigamente era cada um no seu canto..."

ALUNA: "Era individualismo."

ALUNO: "... rockeiro com rockeiro, funkeiro com funkeiro, gay com gay, era cada um com seu grupo. Mas aqui, a... querendo ou não, você tem que conversar com as pessoas, porque cada um é de um..."

ALUNA: "Vocês tão lutando por uma mesma opinião..."

ALUNO: "... então, cada um tem o seu objetivo, então quando você quer alguma coisa, você tem que conversar com aquela pessoa, você gostando ou não. E dormindo aqui, cada um, acabou aproximando um pouquinho mais... Isso aqui não foi só também pra fechar escola, mas é também uma lição de vida pra todo mundo..."

Quanto ao protagonismo das meninas durante o movimento, este foi evidenciado pelos registros fotográficos dos trancamentos de ruas, em especial inúmeras imagens de embates com policiais militares – #LuteComoUmaGarota se tornou uma hashtag famosa e uma frase comum em memes que viralizaram nas redes sociais. Mas no dia a dia da luta também era possível observar que as alunas assumiram uma função organizadora (no seu sentido mais amplo) no cotidiano da ocupação, assegurando o foco da luta. Nas 30 entrevistas realizadas pelos autores, o protagonismo feminino foi visível: eram as meninas as mais indicadas pelos companheiros de ocupação para servirem de porta-vozes e frequentemente exerciam um papel informal de liderança na dinâmica do grupo.

Em um evento na Escola de Sociologia e Política (ESP), já em 2016, uma estudante fez o seguinte depoimento:

[EE ANTÔNIO FIRMINO DE PROENÇA – EVENTO ESP – 03/02/16]

"E o protagonismo feminino... Bom, eu sou meio suspeita pra falar, porque... eu adorei ver as mulheres, assim, realmente empoderadas, sabe? Ver as mulheres realmente falar: 'Meu! Eu não vou ficar na comissão da limpeza! Por que que eu tenho que ficar na comissão da limpeza? Por que que eu que tenho que ficar na comissão da cozinha?' Inclusive teve um caso bem extremo lá... numa ocupação aqui do Centro [da cidade de São Paulo]... que chegaram... as meninas ocuparam... as meninas que ocuparam... e, de repente, chega um cara, que era o presidente do grêmio da escola. De repente, ele falou: 'Olha, se vocês quiserem ficar na ocupação, vocês vão ter que ficar na comissão da limpeza, da cozinha!' Meu, tipo, as mina se rebelaram, sabe? Elas falaram: 'Como assim? Meu, não é assim'... Teve muita mina que ficou em comissão de segurança..."

A naturalização da divisão sexual do trabalho é categoricamente recusada pelas estudantes. Se elas protagonizaram o ato de ocupar a escola, por que deveriam aceitar passivamente os papéis atribuídos de forma discriminatória às mulheres? Em outros casos, a alocação de meninas para papéis supostamente masculinos – como a comissão de segurança – foi uma decisão de caráter instrumental, como explicou a aluna de uma escola localizada no Grajaú, periferia do extremo sul da capital:

[EE TANCREDO NEVES – EVENTO ESP – 03/02/16]

"Na minha escola, o protagonismo feminino foi bem grande [...]. Por quê? Porque toda noite a gente tinha visita de policial, gente! Toda noite tinha policial lá batendo na porta. E rapazes pra conversar com policial, não dá certo. Porque um bicudo com outro, os dois vão se bicar. Isso é literário, isso é normal. Então as meninas saíam lá fora pra conversar, até para que as coisas não fugissem do controle."

Para alguns, esta subversão das relações de gênero foi uma surpresa positiva e parte da experiência mais ampla de formação do coletivo unido, como aponta uma aluna de uma ocupação na Zona Oeste de São Paulo:

> **[EE MANUEL CIRIDIÃO BUARQUE – BRASILPOST (#OCUPAESTUDANTES) – 09/12/15]**
> "Aprendemos a conviver com as diferenças e a respeitar o próximo, na prática, no dia a dia. Mas, pra mim, acima de tudo, aprendemos que JUNTOS SOMOS FORTES! É realmente maravilhoso você entrar na sua escola e perceber que não há mais, ali dentro, a separação de gênero nem de faixa etária. Olhamos ao redor e vemos meninos na cozinha, limpando e lavando banheiros, e meninas organizando protestos, de peito aberto, dando sua cara a tapa e se juntando na linha de frente para enfrentar a tropa de choque da polícia militar."

Além destas vivências inerentes à própria convivência, a formação em termos de igualdade de gênero e questões LGBT aconteceu pelo contato com conhecimentos trazidos de fora, pelas atividades educativas e culturais que aconteciam nas ocupações. Muitos coletivos feministas (em geral compostos de universitárias) realizaram debates e oficinas e as discussões sobre relações de gênero encontraram ressonância em muitos alunos, inclusive meninos. Segue um depoimento precioso de um menino de Diadema sobre o assunto:

> **[EE DIADEMA – EVENTO ESP – 03/02/16]**
> "Eu só queria responder a uma [pergunta] em específico que é a de como a gente lida, eu como homem heterossexual e privilegiado, vou lidar com as minas no poder e de frente ali. Isso é uma parada muito louca. Porque a partir do momento que a gente começa a entender os nossos privilégios, a gente vai saber o quanto a gente tem que ser sensível com o próximo, tá ligado? [...] porque a gente enquanto moleque, a gente tem, mano, muito privilégio. Na escola mesmo a gente podia fazer o que a gente quisesse e a gente nunca era julgado, tipo pegar todas as minas – 'pegar', não

quero falar esse termo, desculpa – mas, enfim, todos esses machismos que a gente vê no dia a dia [...]. As minas não, as minas, o bagulho é pesado. Quantas minas você não conhece na sua escola que tem mil apelidos só porque, sei lá, beijou um cara, tá ligado, coisas bem fúteis. E lidar com isso parte do princípio de que a gente tá numa sociedade eurocentrista, uma sociedade que ela é racista, uma sociedade que ela é xenofóbica, que ela é preconceituosa [...] Porque, tipo, se a gente tem uma sociedade que ela é plural, por que os lugares têm que ser monopolizados, tá ligado? E tipo, eu me sinto muito representado pelas minas, e tem hora que eu fico quieto e abaixo a cabeça e escuto, porque eu sei que eu sou privilegiado em diversos fatores. E a gente entender nossos privilégios é o começo dessa revolução, tá ligado? E isso é muito importante pra todos nós, entender que a gente tem nossos privilégios sim, e que não é só porque você é favorável, que é porque você estuda em uma escola de... de ensino estadual que você não tem esses privilégios, tá ligado? Você tem que entender o próximo e se sensibilizar cada vez mais. E é isso."

A ocupação e suas atividades formativas são encaradas por este mesmo estudante como oportunidades únicas de tematizar questões que são estigmatizadas no cotidiano da juventude periférica:

"Aí, mano, o que a gente aprendeu lá [na ocupação] é muito significativo, tá ligado? A gente aprendeu, então, sobre reunião, sobre o que é você olhar pruma pessoa e se sentir representado. Sobre o que é você respeitar sua irmã, seu irmão. Sobre você aprender a debater gênero, tá ligado? Que é uma coisa que é muito... muito, na periferia é muito, mano, muito destacado do que a gente pensa, tá ligado? Se você chegar na minha quebrada e falar, assim, de trans, sobre cis, gênero, todas essas paradas, você já tá, tipo: 'Mano, o que esse moleque tá falando?! Você tá panguando! Sai fora! Você é mó viadinho!' Tá ligado? Pra você conseguir colocar esse tipo de assunto nas escolas pra juventude debater... Enfim... foi uma experiência única e eu acredito que conseguir democratizar os espaços e conseguir fazer as coisas acontecerem, a gente conseguiu trazer o diálogo, a revolução só se iniciou... É isso!"

Como o estudante destacou, este tipo de debate não era facilmente acessível para muitos. Pelo contrário, as escolas em sua maioria reproduzem as opressões – em uma escola em Santo André visitada pelos autores, por exemplo, lia-se em um cartaz grande no mural: **"Evite um estupro, vista-se"**. Este é apenas um exemplo entre vários, pois não faltaram depoimentos de meninas sobre as discriminações que já sofreram por parte de professores e diretorias, em especial a culpabilização da vitima em casos de assédio.

Evidentemente, essas discussões não foram colocadas sem conflito – como bem mostrou uma citação acima, de uma aluna contando como no início da ocupação o presidente do grêmio havia dito para as meninas ficarem na cozinha, causando revolta – mas, com relação à vida escolar anterior, é inegável que as ocupações representaram uma revolução e particularmente interessante que as questões de gênero tenham ganhado grande destaque nesse processo.

2.4

DESCOBERTA DA ESCOLA, DESCOBERTA DE DIREITOS

"Gostaria de deixar uma pergunta para nossa diretora.
Por que a senhora nos privou de tanta coisa boa?"
(página da ocupação da EE Anhanguera)

Assim como estudantes passam a ver a si e aos outros de maneira diferente, a percepção sobre o espaço da escola também muda com a ocupação. A permanência no espaço durante longos períodos de tempo desencadeia um processo de apropriação da escola, tanto concreto quanto simbólico. Os estudantes trabalharam muito nas escolas durante as ocupações, fazendo limpeza diária e mutirões especiais para cortar o mato, desentupir calhas e ralos, reorganizar depósitos, revitalizar as paredes tanto com grafites quanto pintando etc. Mutirões de limpeza eram feitos até de madrugada. Esses tipos de atividade foram parte substancial das rotinas das ocupações, intercalando-se com atividades recreativas, culturais, educativas e, claro, com as assembleias.

Esses cuidados não eram vividos pelos estudantes apenas como manutenção da ocupação. Um estudante de Campinas explica como o cuidado com a escola nada mais é que uma extensão natural da luta: "**A ocupação tem um propósito, o propósito é de lutar pela educação. Sendo assim, aproveitamos que estamos o dia todo na escola para cuidar dela da melhor forma [...], além de reivindicar por mudanças [...] estamos cuidando do que é nosso por direito. [...]**" [EE Júlio Mesquita – Facebook – 26/11/15].

O tempo da ocupação foi utilizado para realizar mudanças que os alunos acreditavam serem necessárias há tempo e resolver pequenos problemas que antes faziam parte do cotidiano da escola, como alagamentos, falta de banheiros, mato alto etc.

Na EE Romeu de Moraes (bairro da Lapa, Zona Oeste de São Paulo), por exemplo, os estudantes resolveram diferentes problemas na quadra da escola, inclusive tapando buracos com cimento encontrado na própria escola. Em Diadema, os alunos do Cefam conseguiram chuveiros novos e o auxílio de um eletricista que não cobrou o serviço, e passaram a usar os vestiários da escola, que antes estavam "**inutilizáveis**" e em péssimas condições – uma aluna brincou que a diretoria já poderia "**passar a direção**" para eles. Outro testemunho similar foi dos estudantes da EE Martinho da Silva (Zona Sul de São Paulo), que chamaram a ocupação de "**a verdadeira reorganização**", por conta da limpeza dos banheiros e refeitórios e da qualidade da comida feita pelos ocupantes. Depoimentos como estes foram comuns, sendo consenso entre os alunos de que estes cuidados eram parte importante da luta e que a escola ocupada estava mais bem cuidada que antes.

Tudo isso contribuiu para uma apropriação simbólica da escola como um espaço dos estudantes (e não do Estado). Em uma ocupação no Jardim Ângela (Zona Sul de São Paulo), foi feito um mutirão de limpeza nas lajes e, no dia seguinte, foi postado este depoimento na página deles:

[EE EULÁLIA SILVA – FACEBOOK – 22/11/15]

"Hoje ouvir dizer de um aluno que há um mês não estaria se importando com a escola, que não via diferença alguma, mas a ocupação ensinou pra ele o quanto é importante zelar pelo nosso espaço escolar, independente da situação sempre temos que cuidar, e com isso todos aprendemos que pequenas coisas que fizermos gera uma grande diferença. Estamos feliz de estar cuidando do nosso espaço tão bem, e cada dia aprendemos algo novo."

Estes são apenas alguns exemplos de como a percepção da escola como um espaço dos estudantes *por direito* vem acompanhada de uma preocupação e capricho no cuidado com o espaço físico. Cuidados que, por sua vez, reforçam aquela apropriação simbólica.

Outra consequência interessante dessa experiência foi a constatação de que a gestão da Secretaria de Educação não era apenas ruim – ela era pautada por princípio na ideia de que a escola *não* é um espaço dos estudantes. Nas palavras de uma aluna de uma escola ocupada na Região do Centro de São Paulo, foi na ocupação que os estudantes puderam conhecer a escola, literalmente:

[EE MARIA JOSÉ – YOUTUBE (CANAL NOVA ESCOLA) – 10/12/15]

"A gente criou assim um afeto bem especial por essa escola, porque agora que a gente está conhecendo ela realmente, porque tinha ambientes que a gente não tinha acesso, materiais que a gente não tinha acesso... a gente não tinha acesso a algumas salas daqui. Então agora que a gente está realmente conhecendo a escola e vendo que a gente pode fazer dela um ambiente... não um ambiente opressor como ele era antes, que é entrar na escola, ir pra sala, sair da sala e ir pra casa... não explorava todos os espaços da escola."

Foram frequentes as denúncias de itens que os ocupantes iam encontrando na escola conforme obtinham acesso a todas as salas. Foram encontrados materiais escolares e estoques de merenda próximos ao prazo de validade ou estragados, trancados em salas, e despensas das quais os alunos não tinham conhecimento. Também foram denunciados muitos perigos para a saúde da comunidade escolar e da vizinhança, em especial focos de água parada que levam à proliferação de mosquitos. Diversas ocupações foram ao Facebook denunciar focos de proliferação de larvas e mosquitos, postando fotos e vídeos. Em uma escola no bairro do Alto de Pinheiros (Zona Oeste de São Paulo), os estudantes conseguiram resolver o problema ao encontrarem poças de água antigas no telhado, mas o vídeo postado mostrando a situação foi denunciado por outros usuários ao sistema automático do Facebook como "violação de direitos autorais" e retirado do ar pelo site. No mesmo dia, os ocupantes também postaram fotos de materiais didáticos, aos quais nunca tiveram acesso, em caixas encontradas no almoxarifado da escola, avisando que "QUANTO MAIS DENUNCIAREM MAIS VERDADE IREMOS POSTAR" [EE Emiliano Di Cavalcanti – Facebook – 23/11/15].

Em uma ocupação na região da Lapa (Zona Oeste de São Paulo), os alunos acharam um ninho de ratos em uma cesta junto a outros entulhos, postando uma foto e comentando: "**Tinha muita coisa oculta ao nossos olhos mas a cada dia é uma revelação, somos vitoriosos mesmo! #VigilanciaSanitariaNaoCurtiuIsso #OcupandoEDescobrindo.**" No dia seguinte, postaram uma nova descoberta:

[EE ROMEU DE MORAES – FACEBOOK – 04/12/15]
"**Jogávamos futebol, vôlei e outros esportes usando bolas velhas e sempre diziam que eram as únicas. Estávamos averiguando e achamos isso... diversas bolas novas e de marca, até redes de tênis de mesa tinham. É de entristecer e revoltar uma situação como essa, materiais que são escondidos e ficam sem uso algum. REVOLTANTE! #OcupaRomeu #Cuidamosmuitobemdanossaescola #Materiaisescondidos**"

Em uma escola na Zona Sul de São Paulo, a direção costumava fazer com que professores tivessem que comprar do seu próprio bolso os materiais, enquanto materiais novos encontravam-se guardados em uma despensa trancada [EE José Lins do Rego – Facebook – 21/12/15]. Em uma escola no Alto da Lapa (Zona Oeste de São Paulo), foi particularmente chocante a quantidade e variedade de materiais encontrados:

[EE MANUEL CIRIDIÃO BUARQUE – FACEBOOK – 03/12/15]
"Que vergonha, direção. Escondendo todos esses objetos dos alunos, retirando qualquer fonte de recreação... Vocês alegam que não temos bolas nas escolas, forçam os interessados a doarem e jogar apenas futebol. Então como achamos cerca de dez bolas de basquete, sete bolas de handebol, oito bolas de vôlei, oito caixas de bolinhas de Ping Pong, quatro raquetes...? E mais! Vamos falar dos 34 elásticos de ginástica, os jogos escondidos (War e Detetive, por exemplo), dominó, dama, xadrez – entre eles, cinco são da Ri Happy, os uniformes para os jogos e etc. Cansou? Então vamos falar sobre artes! Inúmeras caixas de papel crepom, cartolina, rolos de TNT, diversos papéis, e o mais absurdo: 60 telas de medida 20cm x 30cm, tintas e massas VENCIDAS HÁ ANOS pois fomos privados do acesso. Já estão com vergonha ou querem mais? [...] Que pena, direção. [...] Lembramos das diversas vezes em que foi afirmado 'não há tinta/folha sulfite para a impressão das provas'. Juram mesmo? [...] E as quatro caixas lotadas de pacotes de folha sulfite? Enquanto passamos calor nas salas de aula lotadas com 40 alunos, o que está sendo feito com esses ventiladores de teto? E os incontáveis materiais dos quais fomos privados? Um armário cheio de papel almaço, folha canson, lápis, pastas da Kalunga, pastas finas, pastas grandes, envelopes... Materiais guardados há tanto tempo que estão amarelando! Chega a dar vergonha mesmo, viu? [...] Só mais essa leva de vergonha! O que dizer das TRÊS mesas de som escondidas? Pois é..."

Em alguns casos, chamou-se atenção para o contraste entre os espaços de todos e os espaços restritos à gestão, aos quais os alunos não podiam ter acesso, como neste de uma ocupação em Sapopemba (Zona Leste de São Paulo):

[EE ARTHUR CHAGAS – FACEBOOK – 10/12/15]

"[...] Esse é o estado que algumas salas ficam sempre que chove. Que NUNCA foi arrumado. [...] Agora eu mostro pra vocês, a Secretaria. Um lugar confortável, não? Limpo, sempre organizado. Nem parece a mesma escola, pessoal. Ótimo lugar pra ficar de boas. Se eu falar que uma vez sentei em um dos sofás e uma coordenadora me mandou levantar, vocês acreditam? [...]"

Estas são apenas algumas denúncias entre muitas, seria impossível citar todas aqui. Todas elas são muito semelhantes e vêm de ocupações em todas as zonas da capital e também de outros municípios, confirmando que a prática não se limita à capital e revelando um padrão da gestão das escolas estaduais em São Paulo. Trata-se também de mais um aspecto da falta de transparência da gestão da educação estadual, que se estende desde o nível micro da unidade escolar até as decisões centralizadas na Secretaria de Educação, como é o caso da própria "reorganização". E além da falta de transparência, casos como o citado acima revelam como as diretorias funcionam na base de privilégios que reforçam a hierarquia entre "Estado" e "comunidade".

Os estudantes não deixaram passar estes fatos: começaram, cada vez mais, a aparecer novas pautas para além da "reorganização", tanto de demandas internas a cada escola quanto de democratização da gestão escolar em geral. Em uma escola em Jundiaí, por exemplo, os estudantes apresentaram um leque amplo de reivindicações que iam desde papel higiênico e sabonete nos banheiros até **"aulas mais livres e democráticas"**, transparência na prestação de contas, um **"grêmio estudantil escolhido por meio de votação, jamais tendo que passar pelo crivo da equipe gestora"** e **"reuniões regulares do Conselho de Escola, Grêmio Estudantil e APM para as tomadas de decisão"** [EE Dr. Eloy de Miranda Chaves – Facebook – 02/12/15].

Além disso, os secundaristas também questionavam, em inúmeras ocasiões, a falta de liberdade de expressão dentro da escola e os métodos punitivos e atitudes discriminatórias das diretorias:

[EE ARTHUR CHAGAS – FACEBOOK – 27/11/15]

"Assembleia ontem, 26/11, com alunos, apoiadores.

Os alunos, em respostas a muitas formas de opressão de descaso que sofreram na escola, pontuaram JUNTOS uma séries de problemas e de reivindicações.

Denunciaram:

- Falta de papel higiênico na escola.

- banheiro sujos e até sem privada.

- Gastos desnecessários da direção como sofá, poltrona e mesas de decoração para a área que é restrita somente a professores e à gestão.

- descumprimento da lei que diz que TODOS os estabelecimentos públicos devem ser LAICOS e mesmo assim a diretora obriga os alunos a lerem, rescreverem e explicarem salmos da bíblia. Isso é um absurdo! E quem tem outra religião ? E quem não segue religião alguma?

- Homofobia na escola por parte da gestão. Tratam casais homossexuais de forma opressora quando nem sequer falam nada para os casais heterossexuais.

- Transfobia por parte da direção, ao impedir uma aluna de usar o banheiro feminino mesmo ela se identificando como mulher. Ou por não a chamarem pelo nome social na hora da chamada, a constrangendo perante toda a classe.

- No total, três salas cederam o teto na escola. Os alunos de uma sala só se salvaram por estarem na educação física no momento em que o teto cedeu. E até hoje a sala permanece interditada e enquanto isso professores e a direção contam com uma Secretaria limpa, bem pintada, e até com poltronas e sofá!

- Ventiladores quebrados.

- Teto do pátio quebrado.

- Sala de multimídia usada para darem aula já que uma sala está interditada e sem previsão de reformas.

OS ALUNOS DIZEM NÃO AO DESCASO DA GESTÃO E DO ESTADO COM A ESCOLA!"

A experiência das ocupações, pelo seu impacto na relação dos alunos com as escolas (através destas descobertas e do cuidado com o espaço) e consigo mesmos, deflagrou um processo mais amplo que a luta contra a "reorganização", envolvendo cada vez mais pautas e quebrando um estado de ceticismo ou resignação com relação à educação pública. Portanto, do ponto de vista dos estudantes, era natural que essa luta se desdobrasse em outras. Em dezembro, uma ocupação no bairro do Itaim Paulista (Zona Leste de São Paulo) fez uma longa série de posts com denúncias iguais às citadas e avisou: **"O foco da nossa luta é contra a reorganização, mas nós secundaristas entendemos que essa pauta é apenas o começo de diversas reivindicações"** [EE João Dória – Facebook – 01/12/15].

2.5

"POR UMA EDUCAÇÃO QUE NOS ENSINE A PENSAR E NÃO A OBEDECER"

"Quantas vezes quisemos realizar debates com assuntos que nos diziam respeito, que eram polêmicos e atuais, e fomos reprimidos?"
(estudante da EE Manuel Ciridião Buarque)

"A escola deve ser um lugar na qual o aluno frequenta por prazer e não por obrigação"
(página da ocupação da EE Eloy de Miranda Chaves)

As ocupações também ajudaram os alunos a visualizarem uma escola diferente, mais democrática e com aulas prazerosas. Uma grande variedade de coletivos (principalmente coletivos culturais, grupos de teatro etc.) e mesmo indivíduos independentes (em especial professores e estudantes universitários) se mobilizaram intensamente para contribuir com a vitalização do cotidiano das ocupações, e estas atividades tiveram grande impacto nos estudantes. Algumas escolas ocupadas se transformam quase em centros culturais, tendo uma programação diária de atividades que os secundaristas divulgavam pelo Facebook

e localmente, colando cartazes na fachada e com ajuda da divulgação boca a boca na comunidade.

Tais atividades foram em formatos e modalidades bastante diversos: aulas, oficinas, debates, rodas de conversa, exibições de filmes ou vivências. Algumas atividades envolveram exercícios corporais (como capoeira e yoga), e outras foram mais artísticas (saraus, shows de bandas ou de rap, oficinas de teatro, aulas de dança, desenho e exibições de filmes) ou então mais práticas, "botando a mão na massa" (oficinas de cartazes, camisetas, stencil, artesanato, fanzine e horta). Já os temas ou conteúdos também foram muitos, mas com grande destaque para oficinas que problematizaram feminismo, gênero, orientação sexual, questão racial e outras opressões.

O maior afluxo de doação de aulas e atividades para escolas foi na região Centro-Oeste da capital (com destaque para a EE Fernão Dias, que a certo ponto não tinha nem como absorver tanta oferta), mas também houveram programações intensas em escolas do interior, litoral, Grande São Paulo e periferias da capital, com coletivos culturais periféricos e locais se mobilizando para cobrir estas regiões, assim como universitários e professores da Unicamp, Unesp e Ufscar.

As duas postagens a seguir – de uma escola no extremo leste da capital e de outra no interior do estado, respectivamente – ilustram programações diárias dinâmicas e variadas:

[EE JOÃO DÓRIA – FACEBOOK – 26/11/15]
"AGENDA CULTURAL JOÃO DÓRIA:
HOJE (26/11) Aula de jiu jitsu às 15h30.
SEXTA-FEIRA (27/11) Roda de conversa às 19h00 (meios de opressão, feminismo, empoderamento da minoria e a situação social no Brasil).
SÁBADO (28/11) Aula de forró às 14h00.
SÁBADO (28/11) Roda de conversa às 16h00 (racismo, homofobia, gordofobia, resistência e luta contra os preconceitos)."

[EE SELMA MARIA MARTINS CUNHA - FACEBOOK - 30/11/15]
"Amanhã a escola OCUPADA estará 'aberta' e com atividades para receber os estudantes da escola, os pais, mães e a comunidade. O intuito da ocupação não é fechar a escola e impedir o acesso das pessoas, mas provar que os estudantes podem fazer uma escola melhor. Segue o cronograma de amanhã, dia 01/11/2015:
- 7h00 às 8h00 - Assembleia dos estudantes em ocupação.
- 8h00 - Entrada liberada aos estudantes e comunidade.
- 8h00 às 12h00 - Quadra aberta / limpeza dos corredores e pátio.
- 12h00 às 13h00 - Almoço (precisamos de doações).
- 13h00 às 14h00 - Rimas freestyle.
- 14h00 às 16h00 - Quadra aberta / Roda de música.
- 16h00 às 16h30 - Café da tarde (precisamos de doações).
- 16h30 as 18h00 - Debate: machismo e feminismo (com os estudantes da Ufscar).
- 18h00 - Fechamento da escola.
- 18h00 às 19h00 - Assembleia dos estudantes em ocupação.
- 19h00 - Jantar (precisamos de doação)."

Por conta dessas atividades culturais e educativas promovidas por apoiadores da sociedade civil (organizados ou independentes),

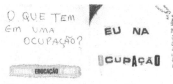
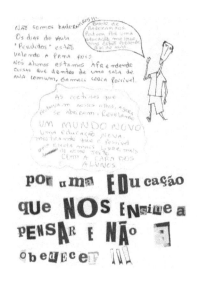

as ocupações mostraram que a experiência escolar e de aprendizado pode ser uma coisa prazerosa e que valorize e reconheça os estudantes enquanto sujeitos e seres humanos, novamente rompendo com o individualismo da vida escolar pré-ocupação. Uma estudante da Zona Norte de São Paulo, por exemplo, exaltou o fato de que nas atividades da ocupação têm "**conversa, olho no olho, contato**" [EE Castro Alves – Facebook – 01/12/15], enquanto uma estudante da Zona Oeste destacou como as aulas ali eram "[...] **sobre vários assuntos tipo que integra todo mundo, sabe, deixa todo mundo interagido**" [EE Godofredo Furtado – Youtube (Kaique Dalapola) – 27/11/15]. Estas experiências com os voluntários nas ocupações contrastam com a falta de paciência, cuidado e acolhimento de muitos dos professores e gestões das escolas.

A experiência abriu os horizontes dos estudantes, e a palavra de ordem "**por uma educação que nos ensine a pensar e não a obedecer**" rapidamente entrou para o repertório do movimento como um todo, aparecendo nas redes sociais e em cartazes em manifestações e nas fachadas das escolas ocupadas. Porém, é importante destacar que isso não significa uma rejeição completa do modelo tradicional – simplesmente significa o desejo de uma escola que trate os alunos como seres humanos, estimule a realização plena de suas capacidades intelectuais e inclua no seu papel social a formação de cidadãos (e não apenas trabalhadores). Para os secundaristas, o pensamento crítico é parte fundamental de uma "educação de qualidade", junto com o melhor desempenho nas disciplinas do currículo tradicional, indispensável para garantir a entrada em uma boa universidade e oportunidades no mercado de trabalho, o que eles também desejam. Diferentemente do que afirmaram alguns analistas, não se tratou de uma revolta contra a instituição da escola, pelo contrário, é uma valorização dela como espaço de formação.

A questão principal parece ser o descontentamento com um "ensino desestimulador" em diferentes níveis, pois, desde as aulas de matemática até a falta de atividades culturais, a escola atual não "estimula as coisas boas que existem nos estudantes [EE Fidelino Figueiredo – Facebook – 27/11/15]. Uma questão levantada por muitos, tanto no Facebook quanto nas entrevistas realizadas, foi o descontentamento com o fato de que a maioria das aulas consiste em copiar conteúdos da lousa e "[...] decorar coisas pra fazer provas que não querem dizer nada quanto ao conhecimento do aluno" [EE Frei Dagoberto Romag – Facebook – 30/11/15].

Além disso, também foi muito ressaltado o autoritarismo nas escolas, que cerceia os interesses e curiosidade dos estudantes. Em seu artigo escrito para a campanha #OcupaEstudante, uma aluna de uma escola na região da Lapa descreveu sua escola como monótona, autoritária e silenciadora:

[EE MANUEL CIRIDIÃO BUARQUE – BRASILPOST (#OCUPAESTU-DANTES) – 09/12/15]
"Quantas vezes a gente quis realizar atividades mais descontra-ídas, saindo daquela monotonia de sala-carteira-giz-lousa, e fomos reprimidos? Quantas vezes quisemos realizar debates com assuntos que nos diziam respeito, que eram polêmicos e atuais, e fomos reprimidos? Quantas vezes, ao questionarmos algumas medidas e atitudes da direção, fomos, mais uma vez, reprimidos? [...]"

Uma ocupação em Jundiaí, no interior do estado, também divulgou em sua página uma carta aberta à comunidade, ressaltando que **"uma educação que nos ensine a pensar e não a obedecer"** inclui tanto aspectos tradicionais quanto experiências mais próximas das atividades e aulas realizadas nas ocupações:

[EE DR. ELOY DE MIRANDA CHAVES – FACEBOOK – 28/11/15]

"[...] O que queremos? Uma educação de qualidade. Uma educação que nos ensine a pensar e não a obedecer. Queremos ser ouvidos, queremos continuar na escola que nós escolhemos, queremos mais qualidade nas escolas públicas. Queremos sim a chance de ter um bom preparo para passar numa faculdade, mas sabemos que nossa educação não pode se limitar ao treinamento para uma prova. Aqui, dentro da ocupação Eloy, estamos tendo a experiência de aulas mais livres, mais abertas, mais democráticas, das quais todos estão convidados a participar. [...]"

2.6

"NÃO TOMAR A FRENTE": A RELAÇÃO DAS OCUPAÇÕES COM OS "APOIADORES"

"A gente falou 'Não, vocês podem apoiar, tudo bem, a gente quer o apoio' [...]. Mas o manifesto é dos alunos."
(estudante da EE João Kopke)

"Aqui eles deixaram a bandeirinha, mas nóis deu tchau pra eles. [...] a bandeira deles é a casinha do nosso gato..."
(estudante da EE Wilma Flor)

Uma das principais características de toda a mobilização foi justamente sua heterogeneidade: cada uma das mais de 200 escolas ocupadas tinha a sua própria dinâmica política. Nenhum grupo político – fosse ele estudantil (como a Umes), sindical (como a Apeoesp), partidário (como as juventudes do PCB, PSTU e PSOL) ou de movimento popular (como o MTST e outros) – jamais poderia sequer almejar hegemonizar ou dirigir o movimento como um todo. Mesmo em uma dimensão micro, na dinâmica de uma única ocupação, não era simples para um grupo tentar mandar no dia a dia dos ocupantes ou manobrar a sua assembleia interna.

Alguns casos de apoio de entidades estudantis, sindicatos e outros movimentos se resumiram a tentar hastear uma bandeira no portão da frente da escola ou tirar uma foto para compartilhar nas redes sociais. Os secundaristas podiam até lidar com estes outros atores de forma amigável, mas isso não significava um compromisso sério: em uma escola no extremo Leste de São Paulo visitada pelos autores, por exemplo, os estudantes receberam uma entidade estudantil e aceitaram sua bandeira, mas rapidamente depois da visita esta mesma bandeira se transformou na cama do gato "mascote" da ocupação. Às vezes até aceitavam tirar foto com a bandeira e esta era publicada nas redes sociais, o que levava algumas pessoas a concluírem erroneamente que tal grupo ou movimento estava "aparelhando" aquela ocupação, quando na verdade o significado do encontro tinha sido mínimo para os secundaristas.

Em outros momentos, os alunos submetiam a questão à assembleia interna da ocupação, responsável por deliberar o que fazer com as bandeiras que eles receberam. Em uma escola da Zona Norte, um estudante relata como eles lidaram com o apoio oferecido pela Anel e outros movimentos:

[EE MARTIN EGÍDIO DAMY – ENTREVISTA – 21/11/15]
"Tem muita faixa lá dentro. A gente até tava discutindo isso na assembleia, né? E... a gente tava discutindo se a gente deveria deixar tão visível assim as faixas, né, ou se a gente deveria deixar só num canto, pra mostrar os movimentos que apoiam... Mas quem tá tomando a frente são os alunos, sabe?"

Também houve casos de relações conflituosas entre secundaristas e "apoiadores" de outros movimentos organizados. Em uma escola na Região Central de São Paulo, os autores presenciaram a tentativa de um movimento de moradia não apenas colocar sua bandeira com destaque – no centro e no alto do portão da frente – como também entrar dentro da ocupação com adultos e crianças que não eram pais ou alunos, o que gerou grande tensão. Uma estudante depois nos relatou o caso em entrevista:

[EE JOÃO KOPKE – ENTREVISTA – 17/11/15]

"Então... o MMLJ [...] é uma ocupação... Aí é o Movimento de Moradia na *Luta por Justiça*, então assim eles não tão lutando só por moradia. Eles tavam aqui apoiando a gente pela justiça mesmo! Só que... eles apoiaram, beleza, só que... a gente ficou meio equivocado porque eles meio que queriam tomar a frente. A gente falou 'Não, vocês podem apoiar, tudo bem, a gente quer o apoio', tanto que quanto mais pessoas nos ajudando melhor. Mas o manifesto é dos alunos. Quem tá no poder... Não, não tem líder aqui, mas quem tá no poder em geral são os alunos. A ocupação é nossa."

Em outras situações, o desenrolar dos fatos foi mais positivo, com o movimento compreendendo e respeitando efetivamente o seu lugar de apoiador externo à ocupação. No dia de ocupação da EE Wilma Flor (a mesma que depois deu a bandeira de uma entidade estudantil ao gato), por exemplo, um movimento de moradia teve um papel importante de dar assistência aos estudantes. E foi bem recebido justamente por respeitar o protagonismo dos estudantes dali. Neste caso, os alunos souberam que uma escola vizinha havia sido ocupada (principalmente por este movimento popular), então visitaram e gostaram do que viram: "**Pô, daora. Curti! Vamo tentá**". No fim, os estudantes desta outra escola vizinha acabaram não se mobilizando e, por este motivo, os militantes do movimento de moradia desocuparam e foram dar assistência aos alunos que pretendiam ocupar a EE Wilma Flor:

[EE WILMA FLOR – ENTREVISTA – 13/12/15]

ALUNA: "Eles vieram pra dar uma força mesmo... Só pra... incentivar. Tipo, eles agitaram a manifestação, agitaram pra caramba, assim, a gente."

ALUNO: "As primeiras compras que entraram aqui, pra dar uma força assim pra gente, com os mantimentos, foi de doação deles. Deram muita força. Tipo, o apoio que eles deram aqui foi... imenso, no começo. Porque eles meio que explicaram, né, pra gente como funcionava. Porque aqui tava todo mundo de primeira viagem..."

ALUNA: "É, a gente não tinha noção de ocupação, né? Daí como eles são de ocupações, assim, eles ocupam tipo pra moradia, eles sabem como ocupar, o lugar, sabem como se manifestar. Aí só porque eles queriam deixar a gente mais ciente, mas não queriam tipo tomar a frente em nada..."

ALUNO: "Em nenhum momento eles tomaram a frente, né? Tanto que a gente, a todo momento... é formado uma coletiva pra tomar qualquer decisão, nenhuma decisão é tipo tomada assim... sozinho."

EX-ALUNO: "Eles deram apoio, ajudaram, mas a voz era de vocês."

ALUNA: "A voz era nossa."

Quanto ao envolvimento de partidos políticos, ao contrário da retórica persecutória do governo Alckmin, o PT teve um papel diminuto entre os grupos apoiadores: nada nem perto de uma conspiração petista para **"desviar o foco de Brasília"**, como disse o chefe de gabinete da Secretaria da Educação em reunião no dia 29/11.

Houve mais apoio por parte de militantes de outros partidos, como PSOL, PSTU e PCB, mas pelo que foi possível observar isto não evoluiu para uma "aparelhagem" e, se a situação se aproximava disto, os estudantes rapidamente se mostravam incomodados e se organizavam para lidar com a situação e reestabelecer sua autonomia, significasse isto uma conversa ou a expulsão destes outros atores. Da mesma maneira, os estudantes também exerceram sua autonomia ocasionalmente contra posturas antientidades ou antipartidos. Houve relatos, por exemplo, de que ocupantes se recusaram a expulsar certos apoiadores filiados a partidos políticos por sugestão ou pressão de outros apoiadores autonomistas ou anarquistas, que eram contra sua presença, pois não percebiam isso como uma ameaça. Isso mostra como, para os secundaristas, a valorização de sua independência política não era necessariamente nem antipartidária nem pró-partidos, mas algo a ser avaliado a cada caso e circunstância. Frequentemente, essas questões eram solucionadas por uma delimitação espacial dos papéis de cada ator envolvido: dentro da ocupação ficavam apenas secundaristas, enquanto que em frente ao portão ficavam os apoiadores, independentemente de quem fossem.

Esta postura autônoma dos secundaristas condena de saída ao fracasso tentativas de instrumentalização para fora da pauta da luta. O sucesso da página "Não Fechem Minha Escola" parece condicionado por este contexto. Ela era administrada por uma juventude partidária (o movimento Juntos! do PSOL, que também conta com secundaristas entre seus membros). Isto não era de conhecimento público geral, já que o nome da página reproduzia uma hashtag que circulava nas redes sociais (#naofecheminhaescola) e não houve grande esforço do partido em reivindicar clara e abertamente a página. Se fosse o caso, provavelmente não seriam viáveis tantos likes e compartilhamentos de conteúdo, tendo sido a única página que superou a quantidade de curtidas do Facebook d'O Mal Educado, em parte também por conta da grande exposição de algumas publicações impulsionadas.

Seria impossível desenvolver uma reflexão conclusiva a respeito do universo dos "apoiadores" das ocupações, pois cada uma tinha a sua dinâmica específica, também relacionada a quais atores estiveram mais próximos de cada região do estado e da capital. Houve ocupações que tinham uma relação mais orgânica com seus apoiadores, que em sua maioria eram simplesmente professores e familiares. Enquanto outras tiveram maior contato com grupos políticos e movimentos organizados. Houve também ocupações que não permitiam sequer a entrada de pessoas de fora (inclusive pais e mães), enquanto outras eram mais flexíveis e aceitavam a presença de pessoas externas ou as recebiam na condição de visitantes identificados (com crachá e às vezes sob a condição do fornecimento de documento).

Em geral, a postagem seguinte de uma ocupação na Região Central de São Paulo expressa bem o clima entre os estudantes quando se tratava do envolvimento de outros atores na luta contra a "reorganização":

[EE FIDELINO FIGUEIREDO – FACEBOOK – 27/11/15]

"[...] De acordo com as matérias [da imprensa], quem está protagonizando as ocupações são os partidos políticos, o MTST, a

Apeoesp, as entidades estudantis gerais. Não é verdade. O nosso movimento é de dentro para fora e isso não quer dizer que não queremos o apoio dessas entidades, pelo contrário, queremos o apoio delas e de toda a sociedade porque a nossa causa é justa e sabemos que não é só nossa. [...]"

O importante aqui é compreender que, em geral, a tendência do comportamento dos estudantes foi a mesma: a de preservação de sua autonomia, tanto no que tocava questões estratégicas de grande peso quanto nas questões mais básicas do dia a dia da ocupação (por exemplo, se os ocupantes deveriam dormir em lugares predeterminados ou em que horário receberiam visitantes dentro da escola). A maioria das decisões, grandes e pequenas, eram passadas em assembleias nas quais, mesmo quando havia presença de pessoas de fora da ocupação, o voto era reservado aos estudantes.

A palavra-chave utilizada pelos estudantes em todos estes episódios é **"tomar a frente"**: respeitar o protagonismo estudantil e a autonomia dos alunos na direção do seu próprio movimento. Quem tentasse "tomar a frente" dos estudantes seria imediatamente denunciado e teria perdido sua legitimidade, que estava circunscrita ao seu papel – externo – de "apoiador". Esta expressão reapareceu insistentemente nas entrevistas realizadas pelos autores, sem que os estudantes destas ocupações tenham combinado ou afinado o discurso previamente.

2.7

OS DESAFIOS DA ARTICULAÇÃO ENTREO CUPAÇÕES

*"E aí a gente queria o quê? Vamos reunir essas escolas
ocupadas, unificar a ideia, pra gente ganhar força..."*
(aluna da EE Diadema, sobre a criação do Comando
das Escolas Ocupadas)

O primeiro momento em que houve uma articulação externa, de
caráter aberto e público, entre as escolas ocupadas foi em uma audiência de conciliação convocada pelo Tribunal de Justiça de São
Paulo em 19/11. Depois da liminar que suspendeu a reintegração
de posse das escolas estaduais Fernão Dias e Salvador Allende na
sexta-feira, dia 13/11, o governo havia entrado com um recurso
contra esta decisão e o processo chegou na 7ª Câmara de Direito
Público, sendo relator o desembargador Coimbra Schmidt. Em
seu relatório, datado de 17/11, ele chama para dois dias depois
nova audiência de conciliação, desta vez destinada a incluir mais

escolas, para além da EE Fernão Dias, única unidade escolar presente na da semana anterior.

Compuseram a mesa, além dos desembargadores Coimbra Schmidt e Eduardo Gouvea: o secretário de Educação, a presidente da Apeoesp e o Ministério Público (na figura do promotor de Justiça do Geduc – Grupo de Atuação Especial de Educação). Alunos de diversas escolas ocupadas estavam no auditório.

Em entrevista concedida aos autores, a defensora Daniela Skromov de Albuquerque descreve como se desenrolou a audiência, que havia sido "instalada como se fosse uma sessão de julgamento":

> **[DEFENSORIA PÚBLICA – ENTREVISTA – 29/02/16]**
> "E aí começou. E começou como se fosse uma preleção. Aí [um dos desembargadores] começou: 'Porque, eu, quando era jovem...'. E aí a massa – o pessoal – não deixava ele fazer a preleção. Não deixava. Às vezes vinham vaias. [...] E eu lembro que tava nessa hora [um dos desembargadores] falando e ele pedia ordem: 'Ordem! Porque quando [um] fala, o outro escuta!'. [...] Então essa posição de ordem no recinto, na hora eles perceberam que essa ferramenta já não funcionava. O método de preleção [...] para a molecada, ficou nítido ali, que não funcionava mais."

O choque geracional, político e institucional não se dava apenas com a forma verticalizada da preleção, compartilhada por todos os integrantes da mesa, mas também com a sua expectativa de identificar lideranças entre os estudantes:

> **[DEFENSORIA PÚBLICA – ENTREVISTA – 29/02/16]**
> "E o tempo inteiro [...] queriam saber: 'Mas quem é o líder?'. 'Eu não sou líder!' [...] 'Ah, então você é o líder?'. 'Eu não sou líder! Eu não sou nada! Eu não sou líder.' Eles se recusavam à... marcação dessa ideia hierárquica, né? Então, a impressão que dava foi que deu um tilt [...]. Uma visão masculina, hierarquizada, burocrática, ritualística... com uma nova forma completamente vital, pulsante, mutante, horizontal... de fazer a vida... né?"

Um dos desembargadores pediu para que um aluno viesse até a frente, ao passo que os estudantes se recusaram "Um não! Vamo todo mundo!". Os julgadores não queriam que todos fossem ao palco, mas mesmo assim eles subiram, tampando os desembargadores que estavam sentados atrás e iniciaram um jogral – na leitura da defensora, algo condizente "**com a forma horizontal de eles fazerem política**", além de ser uma tentativa inteligente de "**desbaratinar as perseguições**". O jogral (registrado em vídeo) realizado pelos estudantes na frente do palco reafirmou sua posição contrária à "reorganização" escolar e o fechamento de escolas, além de acrescentar propostas concretas: "**menor quantidade de alunos em sala**", "**nenhuma punição a professores e apoiadores e estudantes**", "**participação efetiva da comunidade escolar nas decisões sobre a escola**" e "**melhorias na infraestrutura escolar**".

Em grande medida, a audiência também era condicionada pela ausência de uma metodologia, sendo um acontecimento bastante incomum na dinâmica do Poder Judiciário. Segundo a defensora, os julgadores, "**na medida em que se deixaram levar, teve alguma abertura... alguma sensibilização, tanto que as decisões foram interessantes... depois...**". Mas esta ausência de metodologia levou a uma situação caótica pois não havia exatamente uma ordem de fala, nem o mérito de cada intervenção era questionado. Houve uso do palanque para se autopromover, houve discursos emocionados de estudantes e eventualmente os desembargadores foram vaiados. Corria-se um sério risco de que a conciliação fracassasse e diversas reintegrações de posse que estavam temporariamente suspensas, em diferentes cidades, além da capital paulistana, fossem cumpridas durante o fim de semana prolongado, devido ao feriado de 20/11. Por tal motivo a intervenção da Defensoria Pública teve um papel de encaminhamento da audiência:

[DEFENSORIA PÚBLICA – ENTREVISTA – 29/02/16]
"Aí, o que [um dos desembargadores] falou 'Ah, não, a ideia é a gente fazer uma reunião de cúpula lá no 19º andar. Escolhe um ou dois representantes deles' – tipo a ideia de representante de sala

– 'Sobe no elevador...'. Eu falei: 'Isso... não... vai dar... certo!'. Não é a lógica deles! Né? Aí reforcei essa ideia: 'Deixa comigo! Vai, né, vocês tomam um café, a gente fica aqui... Vamo fazer uma votação entre eles'. Aí aconteceu isso, também uma coisa, me parece... bastante histórica de exercício do poder pelo povo, que foi todo aquele plenário todo formal, que nunca teve gente do povo, ocupando. Ficar o senhor da história ali, digamos, geograficamente e todas as instituições de poder saíram..."

Mesmo com eventuais discordâncias, os estudantes conseguiram chegar a um consenso sobre uma pauta mínima de reivindicações. A defensora se dispôs a falar pelos alunos, com o compromisso de **"falar estritamente"** o que eles haviam decidido, e que se ela falasse **"alguma coisa fora"**, eles a interromperiam **"na hora"**; segundo ela, **"Essa foi minha oferta e foi o pactuado"**. A sua fala (registrada em vídeo), após a conversa reservada com cerca de 30 alunos presentes na audiência, se inicia afirmando que **"Os estudantes estão abertos ao diálogo mas eles querem rechear essa palavra 'diálogo' com algumas premissas. Diálogo é conversa que vai e vem. Então, que tem possibilidade de negociação. Que não seja só uma comunicação unilateral"**. E acrescenta que a concordância com a "reorganização" só seria possível se ocorressem algumas premissas: o não-fechamento de nenhuma escola; um debate sobre o projeto ao longo de 2016, com a inclusão de alunos, professores, pais, Associações de Pais e Mestres, Conselhos de Escola e de Classe e Grêmios (com a demanda de que estas instâncias passassem por eleições no começo do ano seguinte para renovação de seus quadros), além de reivindicarem a participação dos formandos de 2015; e, por fim, que professores, alunos e apoiadores não sofressem punições.

O secretário respondeu que a **"política pública da reorganização"** permaneceria e o que estava sendo feito ali era viabilizar que houvesse **"um debate democrático nas unidades e que caso se detecte qualquer mudança, que ela seja feita em função dos apontamentos que as escolas farão"**. Herman Voorwald propõe então na audiência abrir um debate sobre a "reorganização" durante dez dias caso houvesse desocupação das escolas. O jornal *Folha de S. Paulo* repercutiu a proposta de um modo que causou confusão, polêmica e indignação. A chamada da matéria teve na internet ao menos três versões:

> "Gestão Alckmin suspende fechamento e reorganização de escolas em 2016"
> "Gestão Alckmin oferece suspender fechamento de escolas em troca de desocupações"
> "Gestão Alckmin faz proposta para alunos desocuparem escolas"

Os estudantes, por sua vez, foram prudentes:

> **[EE MARILSA GARBOSSA – FACEBOOK – 19/11/15]**
> "A NOTÍCIA QUE TODOS NÓS ESTÁVAMOS TORCENDO PRA TER!!! APESAR DE TODOS ESTAREM TORCENDO PRA QUE SEJA VERDADE, GENTE, NÃO DESOCUPEM AS ESCOLAS!!!! PODE SER SÓ UMA TÁTICA PARA ELES CONSEGUIREM O QUE QUEREM!!! VAMOS CONTINUAR FIRMES EM NOSSAS OCUPAÇÕES!!!"

Já as páginas no Facebook d'O Mal Educado e da ocupação da EE Fernão Dias utilizaram um tom ainda mais enfático, zombando da "suspensão" da "reorganização" por apenas dez dias: "TÁ ZOANDO?!". As páginas continuam denunciando que essa suspensão "**só começaria a valer 48 horas DEPOIS que os estudantes desocupassem todas as escolas**" e "**que valeria por apenas alguns poucos dias para informar a população melhor, na tentativa (fracassada?) de tentar argumentar**" que o projeto traria melhoras na educação. A proposta foi classificada de "**golpista**", já que a intenção do governo não seria dialogar e sim esvaziar e desmobilizar os estudantes frente ao feriado de 20/11 (Dia da Consciência Negra), ao fim do ano letivo e à chegada do natal e das férias. A postagem então se encerra esclarecendo que

"A audiência pública continua ocorrendo neste momento e a proposta está sendo questionada por secundaristas. Nada foi acordado!". Por fim, outras ocupações também repercutem no Facebook a descrença no governo estadual:

> [EE ANA ROSA – FACEBOOK – 19/11/15]
> "Olha só... eles acham que isso irá acabar com nossa ocupação... Pois sinto muito, mas sua tática não funcionou ;)"

> [EE MAJOR NAKED – FACEBOOK – 19/11/15]
> "Não cairemos na sua conversa fiada governador. Só desocuparemos as escolas quando parar com essa bagunça que você chama de 'reorganização'."

Enquanto isso, a página Não Fechem Minha Escola volta suas críticas para a mídia, mais especificamente para as primeiras versões da chamada da Folha na internet, chamando o jornal de "GOLPISTA", que teria tentado "se utilizar de nossas esperanças para mentir e tentar DESMOBILIZAR o MOVIMENTO! NÃO VAI DAR CERTO! TEMOS MUITAS ESCOLAS PARA OCUPAR AINDA". Com a errata do jornal, a crítica da página muda, mas permanece dura: "Pergunta para a *Folha de São Paulo*: Erraram mesmo ou tentaram desmobilizar os estudantes? #ALutaContinua"

O que de fato se passou na audiência foi a ausência de acordo: os estudantes se recusaram a desocupar as escolas, rejeitando a proposta do governo (criticada inclusive pelos desembargadores como sendo insuficiente) e o governo ignorou as pautas concretas apresentadas pelos alunos (como o não fechamento de nenhuma escola, menos alunos por sala e uma ampla participação democrática da comunidade escolar).

Sem conciliação, a reintegração de posse foi definitivamente suspensa em decisão unânime pelos desembargadores, em 23/11, quatro dias depois da audiência. Uma leitura possível para entender o impacto da audiência de conciliação na criação de um consenso entre os julgadores de que a reintegração de posse deveria ser suspensa foi dada pela defensora:

> **[DEFENSORIA PÚBLICA – ENTREVISTA – 29/02/16]**
> "E aí foi muito interessante, porque... a impressão que dá é que a vitalidade da juventude autêntica deu uma estremecida em quem... é... em quem fica muito engabinetado, sabe? Por mais que [...] aquilo seja confortável, tem um quê pulsante que fala: 'Nossa, eu não quero perder o bonde da história [...] eu não quero ficar só no despacho do gabinete' [...]. Achei muito bonito isso. Uma certa abertura à vitalidade juvenil. [...] uma admiração por essa coragem de transformar as coisas, sabe? Como se isso habitasse mesmo nos julgadores, tivesse lá adormecido..."

O relator declarou em seu voto que o recurso do governo estadual à liminar do juiz da 1ª instância não era admissível "por não se ver claramente presente a intenção de despojar o Estado da posse, mas, antes atos de desobediência civil praticados no bojo de reestruturação do ensino oficial do Estado objetivando discussão da matéria".

Mais emblemático ainda foi o voto de outro desembargador, Magalhães Coelho. Além de reforçar que não se trata de questão possessória e sim de um "processo reivindicatório legítimo", afirmando que "soa estranho a retórica do processo e da própria conduta do Estado de São Paulo, a perpetuar, aqui, a dificuldade atávica que o Estado Brasileiro tem ao lidar em momentos sociais, fundados na matriz autoritária da sua gênese". O voto segue enfatizando que a política pública educacional, segundo a Constituição, deve ter uma gestão democrática; a "reorganização" escolar envolve "milhares de alunos, professores e pais", não podendo "ser implantada a partir de uma matriz burocrática autoritária". E para encerrar seu voto, ele assim se posiciona:

> **[DECISÃO JUDICIAL – 23/11/15]**
> "Aliás, é preciso ter a coragem de se dizer que o ajuizamento dessa

ação, além de sua evidente impropriedade técnica, constitui-se verdadeira irresponsabilidade e irracionalidade, porque não se resolve com repressão um legítimo movimento de professores e alunos, adolescentes na sua expressiva maioria, a merecer a proteção do Estado (art. 205 e 227 da C.F.).

Não vai longe o dia em que a insensibilidade e o autoritarismo dos governantes, a incentivar o excesso de repressão policial, levou o país à perplexidade com os movimentos sociais e junho de 2013.

Não será, portanto, com essa postura de criminalizar e 'satanizar' os movimentos sociais e reivindicatórios legítimos que o Estado brasileiro alcançará os valores abrigados na Constituição federal, a saber, a construção de uma sociedade justa, ética e pluralista, no qual a igualdade entre os homens e a dignidade de todos os cidadãos deixe de ser uma retórica vazia para se concretizar plenamente."

Desse modo, estava suspensa definitivamente a reintegração de posse das escolas ocupadas na cidade de São Paulo. Em outros municípios, ainda poderia haver decisões em primeira instância pela reintegração de posse, dependendo de cada comarca, mas todo recurso tenderia a ser encaminhado aos mesmos desembargadores, que julgariam em uma linha similar (Sorocaba talvez seja o único caso em que isso não ocorreu: a liminar de primeira instância que havia concedido a reintegração de posse de quase 20 escolas ocupadas foi confirmada pelo desembargador de uma outra Câmara de Direito Público do TJ-SP).

Depois desta decisão, tomada pela manhã do dia 23/11 no Tribunal de Justiça, seria convocada uma nova audiência de conciliação, para o período da tarde. Esta terceira audiência, contudo, não ocorreu. O tempo exíguo, de poucas horas, inviabilizava o comparecimento dos estudantes. O próprio governo não enviou representantes, nem da Procuradoria Geral do Estado nem da Secretaria Estadual de Educação.

Aquela cultura política pulsante descrita pela defensora, e que inspirou os votos pela suspensão das reintegrações de posse, é ao mesmo tempo a força do movimento e uma dificuldade quando se trata de sua unificação. Esta audiência pública do dia 19/11 foi talvez uma das primeiras experiências dos estudantes com a necessidade de se apresentar publicamente como um todo unificado. A partir dali podemos identificar a consolidação de um cenário político complexo, no interior do qual desponta uma espécie de "duplo comando": o "Comando das Escolas Ocupadas", de um lado, e as "Assembleias dos Estudantes sobre as ocupações", organizadas por entidades estudantis, de outro.

A primeira postagem da página do Comando, em 22/11, apresentava a sua proposta de tentar "**unificar as ocupações de escolas em torno da luta contra a reorganização escolar**", ser "**composto por representantes secundaristas de várias das escolas ocupadas**" e se propondo "**a ser um espaço de articulação independente, horizontal e apartidário, aberto a todas as ocupações que estão na luta**". Em entrevista, realizada pelos autores já no final de dezembro, dois estudantes explicam o que motivou a criação do Comando:

[EE FERNÃO DIAS – ENTREVISTA – 18/12/15]
ALUNO 1: "A gente viu que tinha mais escolas ocupadas e era muito fortalecedor que as escolas batessem em um ponto no governador, né? Então que, pô, a luta é o quê? Barrar a reorganização escolar. Então vamo se juntar e falar 'Ó, aqui é 40 escolas', fizemos nosso pronunciamento [na noite de 04/12], falando que 'Não, você não recebeu a nossa mensagem, o que você tá falando é suspensão, não revogação'. Então, juntos pra isso, pra bater mais forte e pra não permitir que, por exemplo, entidades com as que a gente não tá de acordo negociassem com o governo, como a Ubes, a Upes, a Umes."
ALUNO 2: "Eu acho que a concretização do Comando [...] deu mais autonomia à parte autônoma do movimento, porque são os estudantes pelos estudantes. Eu acho que a gente preferiu optar por essa legitimidade de ser independente a partir do momento que a gente não entrou em contato com o apoio dessas entidades."

Se formos lembrar as manifestações de rua realizadas antes das ocupações, já haviam ocorrido conflitos entre coletivos autonomistas e entidades estudantis. O Mal Educado, por exemplo, defendia desde o início de outubro que era necessário organizar o **"movimento com independência"**, **"escolhendo nossos próprios representantes"**, para não permitir que as entidades representem os estudantes e estes não sejam **"enganados de novo"**. Outra formulação é feita por uma estudante, ao explicar, em entrevista dada aos autores no final de novembro, como se deu a criação do Comando:

[EE DIADEMA – ENTREVISTA – 26/11/15]

"E aí a gente queria o quê? Vamos reunir essas escolas ocupadas, unificar a ideia, pra gente ganhar força... e cada vez mais tá surgindo mais e mais escolas. Só que aí, o que a gente percebeu? Tem muita gente, muito movimento estudantil, muito... grupo querendo [...] protagonismo, quando o protagonismo na verdade somos nós, somos nós os estudantes! Eu não faço parte de nenhuma instituição e eu sou apenas estudante, eu tô só apenas lutando pela educação, pela melhoria da educação pública do nosso estado. E uma das coisas que a gente conversa é questão de, assim, nesse período, muito grupo vai surgir tentando falar 'Olha, a gente que tá na frente'... Eu não quero citar nomes aqui, mas é claro que a gente já sabe. Eles querem colocar... fazer acordo com o governo falando que é de todos os estudantes, então aqui até deixando claro que é esse... que a movimentação, tudo que a gente tá fazendo, as ocupações são autônomas. Eu sou uma estudante do E.E. Diadema e não tenho acordo partidário com ninguém, com nenhuma instituição política ou estudantil. E a única coisa que a gente tá fazendo é unir os estudantes numa única causa, contra a reorganização. E... a gente até tava discutindo que tá surgindo muito grupo aí falando que eles que tão na frente... Aí, é sindicato, tudo isso, mas gente... A gente sabe que isso aí é tudo querendo ganhar pelas costas dos outros, mas a gente tá aí... em cima, tentando barrar a reorganização."

Nesse sentido, a criação do Comando das Escolas Ocupadas é um encontro entre a cultura política autonomista de alguns coletivos (como O Mal Educado, o G.A.S. e militantes e ex-militantes do MPL-SP, por exemplo) e uma rejeição das entidades estudantis por parte de alunos independentes, que estão participando pela primeira vez de alguma mobilização social.

Aquela mesma aluna de Diadema explica como foi um primeiro encontro entre ocupações, espécie de embrião do Comando:

[EE DIADEMA – ENTREVISTA – 26/11/15]

"A primeira reunião do Comando – que nem tinha ainda página criada – a gente... foi só uma reunião pra gente se reunir mesmo e... e ver como é que tava a situação. A gente queria na verdade trocar experiências, essa primeira reunião foi pra isso mesmo, pra gente contar como é que foi a ocupação em cada escola... tentar se ajudar: 'Olha, aqui no E.E. Diadema rolou isso, isso e isso'. Aí o outro já falou: 'Olha, então, indico vocês que não façam isso'. Nessa primeira reunião a gente se conheceu, colocou alguns pontos importantes que deveriam ser colocados pro movimento continuar, e aí nas outras [reuniões] foram pra ganhar força..."

Já a primeira reunião pública do Comando é realizada em 21/11 no Fernão Dias, onde é lido um manifesto, depois compartilhado na internet. Os secundaristas começam reafirmando que estão em luta **"Desde o dia 29 de setembro"** sem obter **"resposta dos órgãos responsáveis"**. Por isto decidiram **"ocupar as escolas e construir um espaço de decisões e resistência à medida do governo"**. Reivindicam a decisão do **"juiz Luiz Felipe"**, que contrariou o tratamento do governo das **"ocupações como uma questão JUDICIAL e POLICIAL"**, reconhecendo-as como uma **"questão [...] POLÍTICA"**. E por fim encerram o manifesto declarando ser contra **"A reorganização escolar e o fechamento de escolas e salas"**, e propondo: **"Menor quantidade de alunos por sala"**, **"Nenhuma punição a estudantes, professores e apoiadores"** e **"Melhorias na infraestrutura das escolas"**.

Percebe-se uma linha geral nas decisões tomadas nas reuniões do Comando (compostas por 2 representantes de cada ocupação), de se privilegiar a ação direta, recusando qualquer atitude que requeresse a seleção de um "líder" ou "porta-voz" (como no uso constante do jogral) ou uma "comissão" de estudantes para a negociação, fosse em audiências públicas ou a portas fechadas.

Enquanto isso, no âmbito das "Assembleias dos Estudantes sobre as ocupações" articuladas por entidades, não será a ação direta a via privilegiada, mas caminhos mais institucionalizados. Ubes e Upes convocaram a primeira Assembleia para a noite da terça-feira dia 24/11 na sua sede (Vila Mariana, na Zona Sul da cidade de São Paulo) para "discutir as próximas ações", segundo o seu chamado no Facebook. De acordo com matéria do site da própria Ubes, estiveram presentes mais de 100 estudantes representando 50 escolas paulistas (nem todas ocupadas). Além do intercâmbio de experiências e informações entre as ocupações, foi prestada assessoria jurídica pelo advogado das entidades. As entidades propuseram aos ocupantes que levassem às suas escolas a proposta de "elaborar uma carta específica com as suas reivindicações", e trouxessem a carta na próxima Assembleia. E apresentaram um manifesto para que as ocupações discutissem no decorrer da semana em suas respectivas assembleias internas.

A Carta-Manifesto se refere às "várias manifestações e protestos" que foram realizados; o governo estadual não apresentou esclarecimentos sobre o projeto da "reorganização", embora os estudantes tenham buscado o diálogo e apresentado argumentos, sendo a ocupação de escolas o resultado do cansaço por "não serem ouvidos". Ao denunciarem que a proposta apresentada na audiência de conciliação de "suspensão temporária da DESorganização por apenas dez dias mostra que o governo do estado continua sem disposição de diálogo", o manifesto aproveita para mostrar que, com esta proposta, o secretário admitiu que a "reorganização" foi imposta "antidemocraticamente pelo governo sobre os estudantes e suas famílias, sem nenhuma discussão prévia". Declara que as escolas são dos alunos e por isto eles exigem "**a revogação imediata da reorganização escolar**", além de não admitir que as escolas sejam ainda mais superlotadas nem que estudantes, professores e funcionários sejam perseguidos ou punidos. O manifesto se encerra afirmando que "**Estamos vivendo uma primavera secundarista**" na qual os estudantes cuidam "**das escolas até muito melhor do que o governo**", sendo as ocupações "**exemplos de espaços democráticos, politizados e organizados**" nas quais os alunos estão "**conseguindo ter a escola que queremos, com aulas públicas, oficinas, debate e muita música, mostrando que a escola que queremos se faz com muito diálogo e participação de todas e todos**".

No domingo, dia 29/11, ocorre a 2ª Assembleia dos Estudantes organizada pelas entidades, na unidade Consolação da EE Caetano de Campos, para discutir a "**assinatura de documento comum que servirá como pauta para pressionar o governo do Estado**". Entre 40 e 50 escolas ocupadas estavam representadas, segundo matérias dos sites da Rede Brasil Atual e da Ubes, respectivamente. Além de coletar novas assinaturas para o manifesto, foi discutida a proposta de unificação do movimento. Uma nova assembleia foi convocada para a quarta-feira dia 02/12. Nem a unificação de comandos nem esta assembleia no meio da semana ocorreram. Nas reportagens acima referidas não são citadas as cartas que seriam trazidas pelos ocupantes com as pautas específicas de suas respectivas escolas.

Por que houve este "duplo comando" e por que não se constituiu um "comando unitário"? Principalmente devido a uma considerável complexidade da situação política e do processo social.

Em primeiro lugar, é preciso reconhecer os limites destas articulações. Do que foi possível apurar, cerca de 40 ocupações chegaram a participar em uma reunião decisiva do Comando das Escolas, e entre 40 a 50 participaram das assembleias das entidades. Isto implica que mais da metade das cerca de duzentas ocupações não participou de nenhuma destas duas grandes articulações "oficiais". A maior parte dos processos de iniciar, manter e encerrar a ocupação se deu, portanto, de modo bastante autônomo, independente das orientações gerais vindas de qualquer frente, embora as acompanhassem no Facebook. Um outro limite das articulações é que elas traziam vantagens exclusivas uma em relação à outra (e, portanto, desvantagens, e fragilidades, inversamente simétricas): se o Comando teve maior capilaridade na cidade de São Paulo, devido à criação de subcomandos regionais (nas Zonas Sul, Oeste e Norte, o que facilitou a execução de ações diretas como o boicote ao Saresp e, posteriormente, os trancamentos de ruas e avenidas), as entidades conseguiram maior conexão com cidades do interior do estado (e uma presença maior na Zona Leste da capital, contando com ao menos uma reunião local das ocupações desta região).

Além disso, os inúmeros grupos de WhatsApp cumpriram uma função de articulação informal entre as ocupações, por meio do compartilhamento de informações, ideias, táticas e interpretações da conjuntura, sem que fosse necessário se reportar a nenhum espaço "oficial". Além disso, ocupações na mesma região formavam uma rede de apoio entre si, compartilhando doações e realizando visitas, trocando informações etc.

Em segundo lugar, não houve uma necessidade política incontornável que impusesse uma unificação da articulação externa entre as ocupações para que elas efetivassem seu objetivo político com sucesso, uma vez que o governo estadual não abriu em momento algum uma verdadeira mesa de negociação. A audiência de conciliação tratou da proposta do secretário de suspensão da "reorganização" para discuti-la durante míseros dez dias. Contudo, seu objeto de discussão não era o projeto de reestruturação e sim a reintegração de posse das escolas ocupadas: tratava-se da tentativa do governo Alckmin de expulsar os alunos pela legalização da ação da Polícia Militar versus a defesa do direito de manifestação dos estudantes ocupantes.

2.8

O BOICOTE AO SARESP

"Ai ai, oi ô, agora um salve pros professor
Oi professor, oi professor
A sua greve a gente apoiou
A luta tá fervendo, cê tem que encostar
Que o Saresp é terça-feira e nóis precisa boicotar"
("Medley das Ocupações", MC Foice e Martelo)

A primeira iniciativa do "Comando das Escolas Ocupadas", enquanto tal, foi a promoção de um grande boicote ao Saresp. Duas semanas após a primeira ocupação, o movimento já somava 124 ocupações em todo o estado de São Paulo e estava prestes a crescer ainda mais. A aplicação anual da prova do Saresp estava marcada para terça e quarta, dias 24 e 25/11, e os estudantes chamaram um grande boicote e mais ocupações. O Saresp é paradigmático do modelo de educação rejeitado pelo movimento. Faz parte de um sistema que propõe avaliar o rendimento escolar através de apenas uma prova, cujas notas ajudam a compor o Idesp (Índice de

Desenvolvimento da Educação do Estado de São Paulo), que serve de base para o cálculo dos bônus a serem recebidos pelos funcionários e professores.

As duas maiores páginas ligadas às ocupações começaram a chamar o boicote do Saresp já na semana anterior, como uma forma não apenas de lutar contra a "reorganização" mas também como maneira de denunciar o modelo de educação representado por ele. A seguinte convocação foi publicada na segunda-feira:

> **[NÃO FECHEM MINHA ESCOLA – FACEBOOK – 23/11/15]**
> "AMANHÃ: BOICOTE O SARESP E OCUPE SUA ESCOLA! A luta contra a reorganização não para de crescer – Já são mais de 130 escolas ocupadas e a disposição é de seguir na luta até a revogação total da 'reorganização'. Como forma de denunciar o modelo de educação produtivista e antidemocrático do atual governo vamos MANTER AS OCUPAÇÕES E BOICOTAR O SARESP! O Saresp é um instrumento usado pelo governo do estado para 'embasar' suas políticas de educação. [...] Muitos diretores e professores têm aterrorizado estudantes mentindo, chantageando e ameaçando estudantes de repetir de ano, perda de nota no Enem e perseguição nas escolas. Não aceite qualquer tipo de ameaça, chantagem ou suborno para fazer o Saresp. Você tem o direito de boicotar a prova!"

As páginas do coletivo O Mal Educado, que já havia chamado boicotes ao Saresp em anos anteriores, e do Comando das Escolas Ocupadas publicaram um manual de como realizar o boicote. Neste manual, descreveram a prova como algo "[...] **usado para intimidar os professores e estudantes, retirando investimentos das escolas que vão mal na prova** [...]", em que os "[...] **estudantes são tratados como meros números e nunca são beneficiados por esse tipo de prova.**" Como formas de realizar o boicote, recomendou-se a ocupação da escola, a realização de piquetes, o confisco das provas, a realização de uma assembleia para discutir a "reorganização" no mesmo horário e, caso não fosse possível impedir a aplicação, o incentivo a rasurar o gabarito (durante a semana, a página do coletivo divulgou imagens de provas rasuradas tiradas com celular pelos alunos).

Para muitos estudantes, o Saresp é visto apenas como um mecanismo do governo para criar a impressão de uma política eficiente, quando na realidade não contribui em nada para a melhoria da educação. Uma ocupação na Zona Sul de São Paulo, ao publicar uma convocação para o boicote, afirmou que: "**O Saresp só serve pro GOVERNADOR falar que está fazendo alguma coisa,**

quando na verdade ele não está fazendo NADA" [Sinhá Pantoja – Facebook – 22/11/15].

Por conta do bônus, a aplicação do Saresp é de extrema importância tanto para funcionários da administração das escolas quanto para os professores, de forma que estes – salvo os que apoiaram ou pelo menos não procuraram interferir nas ocupações – tentaram de diversas maneiras impedir os boicotes. A tensão da situação se agravou quando o governo anunciou, no dia 24/11, o cancelamento dos bônus nas escolas ocupadas, onde não poderia ser aplicada a prova.

Na segunda-feira dia 23/11 já apareceram os primeiros relatos de tentativas de impedimento dos boicotes:

[O MAL EDUCADO – FACEBOOK – 23/11/15]

"NÃO ACEITE INTIMIDAÇÕES! A Secretaria de Educação está orientando diretores, supervisores e professores a intimidarem os estudantes que pretendem boicotar o Saresp. Há relatos de ETECs onde estão dizendo aos alunos coisas completamente absurdas, como que quem boicotar no Saresp teria que voltar na escola no próximo ano por dois meses (?!). Não se deixe levar por mentiras! O exame tem a finalidade de produzir dados estatísticos e NÃO PODE SER USADO COMO FORMA DE AVALIAÇÃO DO ALUNO. Não aceite intimidações. Grave as ameaças e denuncie!"

A divulgação da informação falsa de que o Saresp influencia na avaliação dos alunos, contando pontos em sua média, foi usada em diversas escolas como forma de dissuadir os estudantes do boicote. Em duas escolas, uma na Zona Leste de São Paulo e outra no bairro da Pompeia, os diretores teriam adotado uma estratégia um pouco diferente, oferecendo dois pontos extras na média de cada um, em cada matéria, para quem realizasse a prova (segundo denúncia anônima enviada pelos alunos da escola para a página d'O Mal Educado).

Outra denúncia enviada para a mesma página traz a foto de doces que teriam sido distribuídos pela diretoria de uma escola em Mauá nos dias do Saresp. Os autores entraram em contato com a estudante que fez a denúncia e, segundo seu depoimento, o boicote foi promovido na escola entre os alunos do 3º ano do Ensino Médio como forma de apoiar o movimento das ocupações e também como protesto por conta de demandas internas dos estudantes, que a diretoria já ignorava há tempos, inclusive alegando que um abaixo-assinado colhido com assinaturas da escola inteira não teria valor nenhum como documento de reivindicação. No dia da prova, a diretoria havia organizado um café da manhã na escola, além de distribuir os doces como forma de incentivo aos estudantes:

[MENSAGEM PESSOAL – 02/03/16]

"[...] começamos a procurar saber sobre o boicote pq já estamos de saco cheio de tantas desculpas e falta de compreensão dos educadores, no caso diretores. Até os professores apoiaram a nossa causa. Mas pelo que um professor mais próximo nos falou, lá em baixo eles estavam falando que se os professores ajudam de alguma forma aí pega para eles. Só dois continuaram. Eu com minha amiga J. falamos com os alunos em grupos criados pelo whats (e de forma todos entendesse a causa, onde conseguimos sim a compreensão de todos os alunos do 3º do Ensino Médio) e fomos proibidos de falar na escola [...]. No dia do Saresp ao chegar lá tinha um belo café da manhã e toda a direção ajudando a servir e falando para todos fazer a prova. E 15 minutos antes passaram em cada sala dando doces para incentivar uma boa prova, para nenhuma das salas fazer o boicote. E ao começar a prova colocamos a #nao à reorganização e #nao ao Saresp. E após isso rabiscamos e desenhamos no gabarito. Sem fazer alguma arruaça. E entregamos. No outro dia eles não queriam que eu e minha amiga fizéssemos a prova. Mas como é um direito nosso entramos sim e fizemos o mesmo. Minha amiga J. no fim da folha escreveu um texto desabafando, outros fizeram desenhos como nos sentíamos. Como nós do 3º no fim das alunos juntamos a escola e falamos para aquelas que ficaram que ele continuassem com este legado porque temos o nosso direito, somos alunos, mas juntando com um estado inteiro somos mais fortes e que ele continuasse a nossa luta. Por mais passeios educativos para os alunos com mais diálogo e responsabilidade com cada um dos alunos."

Em outros casos, diretores e professores menos sofisticados se utilizaram da perseguição e intimidação psicológica dos alunos para impedir os boicotes, com fiscais anotando o nome de cada estudante que não realizasse ou rasurasse a prova.

Segundo outra denúncia anônima publicada pela página d'O Mal Educado no dia 26/11, um estudante que tentava articular o boicote em sua escola sofreu ameaças de expulsão da diretoria, que também ligou para sua mãe e "**falou até de polícia com ela**" – não sem antes intimidar os outros alunos passando nas salas e dizendo "**que o SARESP era usado como vestibular**". No dia da prova, um fiscal da Diretoria de Ensino foi à escola para vigiar o estudante, e a diretora "**mostrou para alguns alunos que foram falar com ela uma ficha de ocorrências de quatro folhas só sobre o aluno em questão, como coisas do Facebook e textos**". Após o boicote, ele foi abordado por professores que avisaram para "**tomar cuidado que elas iam tentar fazer de tudo para [o] prejudicar**". Algum tempo depois, "**a direção chamou um professor em sua sala, e disse que ele ia ser processado por aliciamento de menores**", "**e que ele provavelmente ia ser exonerado do cargo, pois segundo eles foi ele que [...] 'manipulou' [o aluno] para que [...] fizesse isso**".

O medo de que a escola fosse ocupada nos dias do Saresp levou algumas diretorias a realizar ataques preventivos, impedindo alunos "suspeitos" – ou que sabidamente não iriam realizar a prova – de entrar no prédio. Foi o que aconteceu em uma escola no bairro da Lapa em São Paulo onde, segundo denúncia feita pela mesma página, no portão professores impediam a entrada de alguns estudantes e debochavam destes dizendo que "já haviam concluído os estudos" e portanto não tinham necessidade de entrar na escola.

Houve também pelo menos um caso de tentativa de desocupação forçada para a realização da prova. Na quarta-feira, dia 25/11, estudantes de uma ocupação em Bauru denunciaram uma invasão da ocupação promovida pela diretora e seu marido, junto com estudantes motivados por meio das mentiras usuais de que seriam prejudicados caso a prova não fosse aplicada. Os ocupantes publicaram um pedido de apoio dizendo: "**É realmente lamentável ver esses jovens não compreendendo a verdade e não entendendo o nosso propósito. Todavia estamos dispostos a conversar, expor, e com calma, tentar trazê-los para o nosso lado.**" [página da ocupação – Facebook – 25/11/15].

Em uma denúncia do mesmo caso feita pela página Não Fechem Minha Escola, foi publicado um vídeo que flagra o momento da invasão, com uma pessoa (que seria o marido da diretora) arrebentando o cadeado que os ocupantes haviam colocado em um portão, e depois um grupo de pessoas entrando no pátio da escola. Ainda segundo esta denúncia, durante o ocorrido a diretora teria mandado funcionários levarem embora a comida que os ocupantes haviam recebido de doações e "**incitado os estudantes puxa-saco a partirem para cima dos estudantes da ocupação**".

Os dias 24/11 e 25/11 foram dois dias de muitas disputas entre diretorias, professores e estudantes, mas no final o boicote foi considerado um sucesso pelo movimento, sendo que, de 1,1 milhão de alunos esperados, apenas 915 mil (80,5%) realizaram a prova. O índice de comparecimento tinha sido de 85,1% em 2014 e já tinha chegado a 90,3% no ano de 2009 [Folha de S. Paulo – site – 27/11]. Porém, o principal indicador de sucesso foi a ocupação de 60 escolas nos dois dias de aplicação da prova, um salto de 51,7%.

2.9

"NÃO TEM ARREGO": A RESISTÊNCIA FACE À REPRESSÃO DO ESTADO

Além da opressão do governo, as pessoas com quem deveríamos contar indo contra nossos direitos? Às pessoas que querem nossa desistência, só um recado: NÃO TEM ARREGO!
(página de uma ocupação na Zona Leste de São Paulo)

"Estão querendo criar conflitos entre nós, enquanto arquitetam o fechamento de escolas"
(página da ocupação da EE Irene de Assis Saes)

Esse tom autoritário e desonesto das repressões ao boicote do Saresp é apenas parte do quadro mais amplo da cultura política e do modo de funcionamento da burocracia do Estado ligada à Secretaria de Educação. Durante o período das ocupações, foi constante o uso de informações falsas e de violência por parte das diretorias das escolas ou dirigentes regionais de ensino. De maneira sorrateira e invisível à cobertura midiática, estes atores mantiveram constantemente um programa de repressão e desmobilização. A principal estratégia repressiva do Estado foi procurar interferir na relação entre os estudantes que ocupavam as escolas e suas comunidades, incluindo os pais, responsáveis e outros estudantes, tentando criar conflitos.

Para isso, os dirigentes de ensino e diretores das escolas faziam *campanhas de desinformação e difamação*. Isto foi verificado desde o início do movimento, mas foi quando as ocupações começaram a se aproximar da casa das centenas que os esforços das diretorias engrossaram. As autoridades estavam diante de uma situação que claramente começava a "sair do controle". Não era mais possível afirmar que os estudantes que ocupavam as escolas eram exceções ou "radicais". Por volta do dia 18/11 (uma quarta-feira), verificamos o começo de uma enxurrada de denúncias feitas pelas páginas das ocupações no Facebook, na qual os estudantes postavam recados aos pais e às comunidades para mostrar o "seu lado" e esclarecer dúvidas e equívocos.

A *campanha de desinformação*, tais quais as mentiras espalhadas sobre o Saresp, consistia em realizar ameaças ou mentir aos alunos e seus pais sobre as consequências que a ocupação poderia ter. Por exemplo, houve ameaças de punições em nota, reprovação dos envolvidos ou mesmo dos que apenas expressassem apoio ao movimento; ameaças de que os alunos de terceiro ano do Ensino Médio teriam sua formatura impedida pela suspensão das aulas; de que teriam seus diplomas e históricos escolares segurados pelas Secretarias; e até de que aqueles que se beneficiassem do programa Bolsa Família e estivessem matriculados em uma escola ocupada teriam seu benefício cortado.

A estratégia mais praticada foi a alegação de que, por conta das ocupações, o ano letivo não poderia terminar e, portanto, não poderia haver fechamento de notas e nem formatura, embora o próprio secretário já houvesse declarado recesso nas escolas ocupadas e futuras reposições. Quando pais e alunos iam pedir informações sobre faltas, encerramento do ano letivo e fechamento de notas às Diretorias Regionais de Ensino, por exemplo, ao invés de uma explicação da situação e dos direitos dos alunos, recebiam a orientação para perguntar para os ocupantes, dizendo coisas como "depende deles". O objetivo era fazer com que os pais e alunos não envolvidos, em especial do Ensino Médio, fizessem pressão para o fim das ocupações.

Para combater estas mentiras, os estudantes mobilizados procuravam, por meio de postagens no Facebook e reuniões abertas com a comunidade, divulgar esclarecimentos e consultas realizadas com advogados, garantindo que estas ameaças não poderiam ser cumpridas e tentando acalmar as pessoas e explicar que a ocupação era um direito garantido. O seguinte aviso foi postado pelo coletivo O Mal Educado, fruto da quantidade de denúncias que a página havia recebido:

[O MAL EDUCADO – FACEBOOK – 27/11/15]
"ATENÇÃO: NÃO CAIA EM MENTIRAS! DEFENDA AS OCUPAÇÕES! O governo está espalhando mentiras para colocar a comunidade escolar contra os estudantes que estão lutando por uma educação melhor! Diretorias Regionais de Ensino estão ligando para os pais e dizendo que todos os alunos das escolas ocupadas vão repetir de ano e que os estudantes estão destruindo os colégios. NÃO ACREDITE NISSO! As direções pressionam os professores todo ano pra passar todo mundo, mas agora estão ameaçando reprovar?! Todas as escolas ocupadas estão em recesso escolar e ninguém pode ficar com zero por provas ou trabalhos previstos para esse período, porque eles não aconteceram. Ninguém pode ficar retido depois de completar quase todo o ano letivo! O apoio dos pais e da comunidade é fundamental pras ocupações! Defendam as escolas ocupadas em luta pela educação pública!"

Dois dias depois, a mesma página divulgou um panfleto com o título **"Atenção pais e alunos: não caiam em mentiras"** (disponível em Anexo), que poderia ser impresso e distribuído pelos estudantes das diversas ocupações. Além das informações acima, este documento também fazia uma denúncia mais geral da estratégia do governo:

[O MAL EDUCADO – PANFLETO – 29/11/15]
"Nos últimos dias, as Diretorias de Ensino tem ligado para os pais

dos alunos das escolas ocupadas para tentar jogar as famílias contra os estudantes que estão lutando por uma educação melhor. Na tentativa de manipular as pessoas, o governo está espalhando mentiras e invertendo as coisas: está dizendo que as ocupações estão 'roubando a escola' dos outros estudantes, mas na verdade é o governo que quer fechar quase 100 escolas e acabar com o Fundamental ou o Ensino Médio em outras 700 escolas."

Juntamente com esta *campanha de desinformação* baseada em ameaças vazias, vinha a *campanha de difamação* para fortalecer o estigma de "baderneiros", "desocupados" ou "vagabundos", através da criação de boatos ou mesmo diretamente, fazendo ligações aos pais e responsáveis. Era dito que dentro das ocupações os estudantes não faziam nada além de vandalizar a escola, usar drogas, namorar etc., e que o objetivo das ocupações seria meramente não ter aula.

Uma ocupação em Santo André, por exemplo, denunciou em sua página no dia 19/11 uma ação cúmplice da caseira que, sob o argumento de que seria necessário pegar coisas dentro da escola, teve sua entrada permitida pelos estudantes. Posteriormente, eles teriam descoberto que, na realidade, ela havia recuperado os cadastros dos alunos, com os números necessários para que fossem realizadas "**ligações caluniosas**" para os pais, "**alegando que os alunos estão usando drogas e vandalizando**". Porém, os estudantes receberam o Conselho Tutelar na ocupação e este teria se posicionado a seu favor, verificando que tais coisas não estavam acontecendo.

O mesmo problema foi enfrentado por uma ocupação na região de Sapopemba, na capital, onde pessoas da Secretaria alegavam querer entrar na escola para pegar materiais, mas foram impedidos pelos ocupantes, pois, segundo estes, "**além de não apoiarem, sabotam a ocupação**", inclusive rasgando cartazes e ficando na porta "**pedindo aos alunos que não entrem [na escola ocupada] falando que vai ficar sem nota**". Este também é mais um caso em que a diretoria já tentava sabotar uma possível ocupação desde antes de ela ser feita. Ao saber de boatos de alunos que pretendiam ocupar, teria passado em cada sala falando que o Saresp influencia na nota do Enem e no boletim da escola. No final das contas, a ocupação não ocorreu durante a prova, e sim dois dias depois, apesar dos esforços de impedimento.

Em um exemplo mais extremo, duas ocupações no distrito de Vila Andrade mandaram vídeos à página Não Fechem Minha Escola mostrando um carro de som circulando no bairro, que, segundo os estudantes, teria sido contratado pela diretora de uma escola e um inspetor da outra para difamar os estudantes e instigar a comunidade contra as ocupações, incitando os pais a irem às escolas para tirar satisfações e "realizar matrícula".

Em uma ocupação na Zona Leste de São Paulo, a diretoria convocou uma reunião de pais e alunos e, em resposta ao que teria sido dito na ocasião, os secundaristas fizeram a seguinte postagem:

[PÁGINA DA OCUPAÇÃO – FACEBOOK – 03/12/15]

"[...] Escrevemos este texto em resposta a essa reunião e deixamos claro nosso repúdio a esse tipo de atitude, que vai de contraposição aos interesses de educadores comprometidos. [...] NÃO É VERDADE que os alunos estão depredando a escola, estão justamente fazendo o contrário, buscando reestruturar, restaurar, fazer melhorias. TEMOS TUDO REGISTRADO em vídeo e fotos [...] NÃO É VERDADE que estamos usando drogas ou fazendo orgias no colégio, cigarro é permitido pela lei e os maiores de idade não estão fazendo nada de errado ao fumarem em lugares abertos. NÃO É VERDADE que os alunos serão prejudicados por conta da ocupação, foi decidido judicialmente e temos o suporte de um advogado, que os alunos NÃO PODEM ser prejudicados. Os dias a serem contados em um ano letivo já foram cumpridos e as Secretarias estão fechadas, a escola ocupada está em recesso [...] Temos o governo agindo silenciosamente, o Geraldo Alckmin não se pronuncia [...] e pior, as direções dos colégios, que deveriam estar apoiando seus alunos que lutam por uma melhoria geral na qualidade do ensino público, preferem fazer complô dentro da comunidade para acabar com as ocupações. ISSO É INACEITÁVEL. [...] É HORA DE UNIR FORÇAS, fazer o trabalho de formiguinha divulgando os conteúdos das páginas das ocupações, tentando atingir o máximo de pessoas possíveis, muitas pessoas não entendem o motivo da luta e por isso não apoiam. Conversem! Expliquem! E sejam firmes em seus posicionamentos, porque se depender de nós NÃO TEM ARRE-GO!!!!!!!!!!!!!!!!!!!!!!! É UM ABSURDO o que a direção [da escola] está fazendo, um tremendo desserviço com uma luta que já deveria ter sido travada há algum tempo [...].”

Rapidamente se tornou conhecimento comum de que não se tratavam de casos isolados, e sim de uma mesma estratégia. Uma ocupação de um município do interior, por exemplo, compartilhou a denúncia feita por outra ocupação (localizada na Região Central da capital) para dizer que com eles acontecia a mesma coisa: "**diretoras e diretores estão instigando pessoas contrárias à ocupação, se utilizando de mentiras e desinformação sobre repetência de ano e perda de notas para confundir as pessoas**". A postagem termina convidando para que todos visitem as escolas ocupadas nos mais diversos horários, com suas famílias e conhecidos para cercar "**os estudantes e suas escolas de apoio e solidariedade!**" [página da ocupação – Facebook – 27/11/15].

Uma vez que os representantes do Estado e a mídia (salvo poucas exceções ligadas a veículos impressos e online de menor alcance) apresentavam uma imagem falsa do cotidiano das escolas ocupadas, houve muitos apelos para que as pessoas procurassem se informar diretamente com os ocupantes, em suas páginas ou visitando as ocupações. A seguinte postagem, de uma ocupação em Bauru, é um bom exemplo do tom desses apelos:

[EE LUIZ CASTANHO DE ALMEIDA – FACEBOOK – 27/11/15]
"[...] Um dos supostos maiores argumentos fala sobre a nossa desorganização e pior, AFIRMAM que estamos destruindo a escola. Nossa página foi feita com intuito justamente de dizer, mostrar, PROVAR, a verdade. [...] INTERESSADOS EM

ENTENDER, ESCLARECER DÚVIDAS, VER, CONHECER DE PERTO COMO ESTÁ SENDO A OCUPAÇÃO [na escola], NÃO ABRAM UM JORNAL, NÃO ASSISTAM EM UM CANAL... Abra seu Facebook, venha à NOSSA PÁGINA, e lembrem-se: A escola está sendo ocupada por NÓS, quem melhor para mostrar e saber o que está acontecendo? Nós estamos aqui dentro, nós sim sabemos de nós e de nossa escola, fale CONOSCO. E é primordial que compreendam: Na dúvida, pergunte. Não julgue, entenda primeiramente, pesquise, não deixe que boatos controlem sua conduta. Abra seus olhos!"

Em Caraguatatuba, estudantes de uma ocupação foram convidados para realizar uma entrevista em uma rádio local, mas no final da entrevista foram impedidos de responder a uma ligação de um ouvinte que os acusava de baderneiros. Depois deste acontecimento uma aluna fez o seguinte desabafo na página da ocupação:

[EE COLÔNIA DOS PESCADORES – FACEBOOK – 01/12/15]
"[...] é muito fácil sair espalhando mentiras por aí, é muito fácil falar das coisas sem nem ter conhecimento real daquilo que está passando para os outros. [...] As mídias contra nós têm muito peso aqui na cidade, e [...] o pior é que dessas mídias que nos difamaram, um total de zero [...] visitou a escola pra saber como está lá. Já disseram de tudo. Segundo algumas pessoas, somos vândalos, baderneiros, bandidos, estamos ganhando 50 reais pra estar lá (quem dera) e estamos sendo pressionados por professores, quando a iniciativa foi toda nossa. Também estão falando que não está tendo aula. Eu não diria isso. Nesse tempo que eu passo na ocupação (das 7h até as 23h, todos os dias) estou aprendendo coisas que nunca aprenderia sendo máquina de xerox na sala de aula: cidadania, colaboração, democracia, argumentação, amor ao próximo. [...] Estamos fazendo aquilo que o Estado tenta evitar que façamos: ESTAMOS PENSANDO! Procurem saber antes de publicarem qualquer porcariazinha, é um apelo. [...]"

Por não haver aulas no sentido tradicional, as ocupações eram vistas como espaços parados, por isso as atividades culturais e educativas foram de grande importância para combater a percepção negativa incentivada pelas diretorias e pela mídia. Diariamente, eram postadas as atividades programadas para o dia ou para a semana no Facebook e em cartazes nas fachadas das escolas e os ocupantes procuravam convidar ao máximo as pessoas para participar, questionando o que afinal significaria ficar "sem aula", uma vez que nas ocupações aprendia-se tanto ou mais que anteriormente. Em Jundiaí, fez-se o seguinte convite:

[EE DR. ELOY DE MIRANDA CHAVES – FACEBOOK – 27/11/15]
"Ocupação é coisa séria! Quinta-feira teve aula pública na ocupação Eloy. :) Os professores R., E., F. e E. falaram sobre "Estética e manipulação através da propaganda", usando como referência o documentário *Funk ostentação - o sonho*. [...] demais! <3 Aos que estiverem se sentindo lesados ou privados do saber durante esse período de luta, construção e amadurecimento, compareçam à ocupação."

Além da abertura das atividades da ocupação à comunidade, outra estratégia central no combate às campanhas de difamação era postar fotos da limpeza e organização nas ocupações. Para que o leitor tenha referência do tom destas postagens, no pequeno município de Campo Limpo Paulista, por exemplo, a ocupação da EE Frei Dagoberto Romag postou fotos dos estudantes realizando a limpeza da escola e outras atividades com uma legenda irônica que dizia "O VANDALISMO E O OBA-OBA QUE ALGUNS PROFESSORES ESTÃO DIZENDO PARA OS PAIS QUE ACONTECE NA ESCOLA". Em Santos, a ocupação da EE Azevedo Junior postou no dia 26/11, juntamente com fotos de ocupantes trabalhando na limpeza e organização, uma descrição do que era um dia típico dentro da escola, na tentativa de "[...] mostrar a vocês a organização dos alunos e a força de vontade de cada um nessa ocupação. Enquanto muitos acham que estamos apenas brincando ou até mesmo sem fazer nada [...]".

Em uma ocupação na Zona Leste de São Paulo, a diretoria e professores contrários diziam aos pais e outros alunos que era necessário "salvar" a escola dos ocupantes porque eles estavam vandalizando o prédio, ao que estes responderam com fotos:

[PÁGINA DA OCUPAÇÃO – FACEBOOK – 02/12/15]
"Pedimos a toda a comunidade que vejam essas fotos. Elas foram tiradas hoje [...] no sarau que estávamos realizando. É assim que a escola esta e é assim que vai continuar! NAO ACREDITEM EM FALSAS HISTÓRIAS! Não precisamos que salvem a escolas de nós. Nós é que precisamos de vocês para salvarmos juntos a educação!"

Juntamente com os boatos de que as ocupações seriam desorganizadas e feitas por adolescentes "desocupados" e "baderneiros", os estudantes também tiveram de enfrentar a percepção de que as ocupações não seriam motivadas por reivindicações legítimas, se tratando de "invasões" feitas sem real motivo por trás além do suposto desejo oportunista de "matar aulas". Novamente, esta percepção era incentivada pelas campanhas de difamação promovidas pelas diretorias, que chamavam as pautas concretas dos estudantes de pretextos, se aproveitando do fato de que muitas pessoas não sabiam que a ocupação era na verdade uma última medida, após meses de mobilização nas ruas que não receberam atenção nenhuma do governo.

O retrato mais comum da mídia, chamando as ocupações de "invasões", contribuía para a mesma imagem de falta de legitimidade. Uma ocupação na Região Central da cidade de São Paulo, por exemplo, postou os seguintes "esclarecimentos" sobre a "bandeira" do movimento em sua página:

[EE FIDELINO FIGUEIREDO – FACEBOOK – 27/11/15]
"[...] Decidimos escrever esse texto para esclarecer alguns pontos sobre as ocupações das escolas públicas que não são mostrados pela mídia. Somos estudantes e estamos ocupados nas nossas escolas. Nossa bandeira é clara: a educação pública. Não estamos ocupando

as escolas por não ter o que fazer, por sermos desocupados, como já chegamos a ler em revistas. Alguns de nós já trabalham como jovem aprendiz, entregando pizza aos finais de semana ou no comércio de nossas comunidades. Temos irmãs, irmãos, primos e até os nossos pais sendo afetados pelo fechamento das escolas. [...] Também estamos ocupados por eles. Sim, ocupar é o verbo mais adequado para usar nas matérias e é muito diferente de invadir. [...] Ocupação porque estamos nos apoderando do que é nosso [...]"

Uma ocupação em Guarulhos expressou em sua página a frustração com a mídia e pediu apoio aos pais:

[EE JOSÉ STORÓPOLI – FACEBOOK – 30/11/15]
"A ocupação pelo alunos não é uma invasão, não é baderna ou muito menos colônia de férias. É uma forma de manifestação [...] Muitos pais não estão cientes. E é esse o motivo desse texto, muitos pais por terem apenas a visão que a Globo mostra, por isso, nós alunos, filhos temos que ser o canal de informação deles [...]. Àquelas pessoas que julgam sem saber o real motivo, vejam como está ocorrendo, e que não estamos ali pra brincadeira. Estamos sofrendo uma opressão muito grande [...], estão fazendo de tudo para desocuparmos as escolas [...]."

Um caso que viralizou nas redes sociais foi uma entrevista de uma estudante da EE Josepha Pinto Chiavelli, em Jandira, na Grande São Paulo. Ao ser perguntada sobre quanto tempo eles pretendiam **"manter a invasão"**, a secundarista inicia sua resposta a um repórter da Rede Globo falando **"primeiramente, eu gostaria de corrigir, não é invasão, é ocupação"**. A entrevista não foi ao ar, mas o vídeo de alguém que filmava no momento foi imensamente compartilhado.

Para tentar esclarecer o propósito das ocupações e buscar o apoio das comunidades escolares, os estudantes faziam cartas abertas, distribuíam panfletos nas feiras livres e de porta em porta, colavam cartazes pelo bairro, realizavam reuniões de pais e alunos alternativas àquelas convocadas pelas direções, cafés e refeições comunitárias nas ocupações, incentivando as pessoas a tirar dúvidas.

A eficácia dessas estratégias variou para cada caso e os saldos dessa disputa entre funcionários da Secretaria de Educação e estudantes mobilizados, em torno das comunidades, foram os mais variados. Cada situação era uma combinação particular resultante de diferentes fatores: as variações de composição e dinâmica das comunidades escolares, inclusive pela pulverização geográfica das ocupações (algumas eram localizadas em cidades pequenas e outras na Região Central de uma metrópole como São Paulo, cercadas de muito comércio ou bairros nobres, enquanto outras estavam nas periferias, especialmente nas zonas Sul e Zona Leste, sem contar as localizadas na Grande São Paulo, que não foram poucas).

Além disso, outros fatores entravam em jogo. Por exemplo, mesmo as ocupações das regiões mais centrais não contaram automaticamente com menos vulnerabilidade, pois muitas das famílias residiam longe da escola, não podendo prestar apoio mais direto no dia a dia da ocupação. Ao mesmo tempo, houve ocupações em regiões mais isoladas mas que tiveram grande apoio da comunidade do entorno da escola.

Pela complexidade dos fatores envolvidos, verificou-se um cenário extremamente heterogêneo que ia de extremo a extremo, com algumas ocupações tendo grande apoio da comunidade (umas inclusive com atenção considerável da mídia), enquanto outras resistiram apenas com os alunos que permaneciam dentro da escola 24h, enfrentando muitas adversidades. Por isso é impossível fazer uma análise completa da questão, para além da constatação de que as ações das diretorias e dos dirigentes regionais de ensino configuram um padrão repressivo próprio da burocracia da Secretaria de Educação do Estado de São Paulo, que agiu nessa teia de relações sociais e pessoais que configura cada comunidade escolar de maneira sorrateira e invisível ao debate público, tanto por sua natureza quanto pela falta de disposição dos grandes veículos de comunicação para criticar o governo estadual.

Na maioria dos casos aos quais foi possível o acesso mediante entrevistas e visitas, a situação era mista, com parte significativa da comunidade apoiando, mas também com a existência de pais, alunos e professores contrários, geralmente um grupo bem delimitado que permanecia em contato mais próximo com os diretores. Em diversos casos, a estratégia dos estudantes era bem-sucedida e aos poucos estes iam ganhando apoio de quem tivesse contato direto com a realidade da ocupação e se dispusesse a conversar. Como disseram alunos de uma ocupação no bairro central da Bela Vista em São Paulo:

[EE MARIA JOSÉ – JORNALISTAS LIVRES (VÍDEO) – 27/11/15]
"[...] sempre vai ter um que é mal-orientado pela direção, que vai achar que vai ficar prejudicado, que vai perder ano, repetir, vai ser retido, e a gente precisa esclarecer essas coisas sempre [...] Mas a gente tá conversando, muita gente que era contra aqui do bairro a gente acabou conversando, eles vieram pra conversar e eles acabaram trazendo doações pra gente nos apoiando."

Uma mãe de irmãos ocupantes de uma escola na região da Saúde, na Zona Sul de São Paulo, resumiu a situação do ponto de vista dos pais da seguinte maneira:

[EE RAUL FONSECA – FACEBOOK (VÍDEO) – 19/11/15]
"Se ligarem em casa falando mal do meu filho, eu sei o filho que eu criei, a educação que eu dei. Eu sei que o meu filho não vai fazer baderna, não vai se meter em coisas errada. E eu acho que toda mãe sabe. Toda mãe sabe o filho que tem, que educou. As mães vão acreditar por quê? Porque o diretor vai lá e fala meia dúzia de palavras e elas acreditam. Eu não acredito. [...] Eu não vi nada de errado aqui, sabe, eu vi na TV e eu vim pra conferir. Meu filho veio de manhã e eu falei: 'Eu vou conferir'. O irmão dele veio com ele de manhã pra ver o que realmente estava acontecendo, deixou ele aqui, e eu me prontifico a ficar aqui, porque não estou vendo nada de errado. Eu, como mãe, fico aqui sem nenhum problema,

não estou vendo nenhuma baderna, não estou vendo ninguém quebrando nada. É um movimento pacífico. [...]"

Quanto mais informação os pais tinham, mais tendiam a apoiar seus filhos, em especial quando tinham a oportunidade de visitar pessoalmente a ocupação. Muitas vezes, uma família que tinha sido resistente no início da mobilização acabava se envolvendo cada vez mais:

[EE REPÚBLICA DO SURINAME – ENTREVISTA – 24/11/15]
ALUNA: "Falaram que a gente ia fazer muita coisa errada. Aí a minha família mesmo no começo, minha mãe não queria me deixar por nada. Hoje em dia minha mãe me acorda 5h da manhã: 'Cê não vai pra ocupação, ô J.?!'"
ENTREVISTADOR: "O que aconteceu? O que foi essa mudança?"
ALUNA: "Ah, porque ela viu que aqui dentro a gente não tá brincando, entendeu? Tem o pessoal... ela cozinha, tem o pessoal que vem fazer artesanato, tem o pessoal do skate, entendeu? Então a gente nunca fica à toa, sempre tem alguma coisa pra gente fazer. E aí quando minha mãe veio e viu que a gente tava realmente..."
ENTREVISTADOR: "Ela veio visitar?"
ALUNA: "... sim, veio! Entrou, tudo. E quando ela viu que a gente realmente tava se comprometendo com aquilo, ela começou a apoiar, porque ela viu que a gente tá aqui pra melhora, né, do governo. Então minha mãe, ela começou a apoiar muito, hoje em dia assim, se às vezes eu não vou pra ocupação: 'Por que você não foi hoje?!' Ela só não deixa eu dormir aqui porque eu tenho bronquite. Então eu não posso, por causa do pó, pegar muita friagem. Mas, nossa, ontem mesmo eu fui pra casa: 'Por que você já veio?! Você não vai ajudar na escola?!' É assim!"
ENTREVISTADOR: "'Tá abandonando a luta...!'"
ALUNO: "A questão da repressão também, né, minha mãe tem muito medo disso, tipo assim, a gente acabar apanhando do policial, né? Tem essas coisas..."
ALUNA: "Os vídeos, né, que foram divulgados na internet, de alunos

apanhando de policiais. E aí a minha mãe também tinha medo disso, mas ela viu que a gente tava bem seguro aqui. Ela mantém contato com todos, todos os estudantes que tão aqui. E aí quando ela viu que a gente realmente tava seguro, porque quando a gente tranca o portão, não abre. E aí ela ficou bem calma e hoje em dia é uma das pessoas que... mais apoia a gente nesse movimento, né, da ocupação."

Ao mesmo tempo, as relações entre os estudantes mobilizados e os pais e os outros alunos das escolas ocupadas permaneciam sempre instáveis, como mostra o seguinte depoimento vindo do interior do estado:

[EE FREI DAGOBERTO ROMAG - FACEBOOK - 28/11/15]
"[...] Nossa primeira tentativa de fazer uma reunião com a comunidade para expor nossa causa foi no dia 26/11/2015, onde compareceram alunos, pais, professores e funcionários da escola. Infelizmente houve tumulto e ninguém conseguiu falar nem ser ouvido. Então o convite aos pais e alunos ainda está aberto. Tem funcionado melhor quando as pessoas aparecem na ocupação em horários aleatórios, sem concentrar muita gente, pois assim é mais fácil para expor nossas ideias e ouvir também. Então, independente de ter reunião ou não, podem passar pela escola em qualquer horário e chamar lá no portão que sempre terá gente para conversar e esclarecer a real situação. Muito obrigado a todos os alunos, pais, professores e funcionários que estão nos apoiando!"

Mais ainda do que com os pais, a relação dos ocupantes com professores foi bem complicada, pois, mesmo quando estavam convencidos da legitimidade da mobilização, muitos procuravam não se envolver diretamente com a ocupação por medo de retaliações das diretorias, se omitindo da situação como um todo ou apoiando à distância de maneira discreta, mandando doações. Além disso, sempre havia aqueles poucos indivíduos que agiam ao lado das diretorias nas campanhas de desinformação e difamação.

A maior parte dos docentes escolheu não participar de nada. Em muitos casos, porém, professores que estiveram dispostos a se expor e prestar um apoio direto se dividiam entre as suas próprias escolas e outras ocupações.

Nos casos em que houve realmente grande apoio da comunidade, via-se o comércio da região fazendo doações à ocupação, assim como pais e professores, que também auxiliavam participando das atividades e até dormindo em barracas e fazendo vigílias na calçada em frente à escola, e ficando durante o dia no portão (com estruturas improvisadas de churrasco, tendas com mesas para tomar café etc.).

O apoio moral foi reconhecido como muito importante pelos estudantes (segundo um aluno da EE João Galeão Carvalhal, em Santo André, "**só a curiosidade de buscar informação já nos ajuda**"), mas de todas as formas pelas quais membros da comunidade podiam ajudar as ocupações, uma das mais importantes era o apoio do lado de fora, especialmente durante a noite. As ocupações em que havia muitos "apoiadores" acampados na frente da escola sofreram menos pressão e abusos, pois qualquer investida por parte das diretorias, pessoas da comunidade contrárias ou policiais teria de lidar com um grupo de adultos fazendo a segurança da ocupação. Em uma ocupação na região do Centro de São Paulo, por exemplo, alguns professores da escola e de escolas próximas resolveram montar acampamento para acompanhar seus alunos, por conta da proximidade com a chamada cracolândia. Os professores, que conheciam e não temiam a região, se revezaram em vigília dias e noites a fio durante a ocupação. Preocupados, eles se organizaram para em nenhum momento deixar a escola sem a presença de pelo menos um adulto em frente aos portões.

Aquelas ocupações que não tiveram esta sorte ficavam mais vulneráveis, especialmente durante a noite, quando o número de ocupantes naturalmente diminuía. Onde havia ocupações que não contavam com ninguém do lado de fora do portão, muitos estudantes afirmaram "se virar", apesar de reconhecerem a dificuldade. De fato, apesar do apoio externo ter se tornado fator importante na resistência, em muitos casos os estudantes resistiram às diversas pressões totalmente sozinhos.

São incontáveis os depoimentos de assédios, ameaças e agressões por parte de diretores, policiais militares e civis e pessoas desconhecidas. No dia 26/11, a página Não Fechem Minha Escola publicou que havia recebido "**mais de mil denúncias de estudantes, pais e apoiadores sobre ameaças e violência moral e física por parte da Polícia Militar, em especial no período da madrugada, na calada da noite, quando invadem escolas, intimidam estudantes, quebram cadeados**".

O assédio moral de policiais militares fardados ou à paisana foi uma constante desde o primeiro até o último dia de cada ocupação, como já havíamos mencionado quando descrevemos tentativas de impedimento da consolidação de algumas ocupações nos seus primeiros dias. Em alguns casos, os ocupantes tinham que lidar diariamente com este tipo de situação. Tanto policiais quanto diretores e professores apareciam aleatoriamente no portão em diferentes períodos do dia e tentavam forçar a entrada, realizando ameaças de invasão, prisão etc. Um caso ilustrativo e que se tornou famoso foi o de um menino do Ensino Fundamental confrontando um policial que havia pego o cadeado dos ocupantes no portão da escola. Um vídeo com a seguinte cena viralizou na internet:

[EE RAUL FONSECA – VÍDEO (O MAL EDUCADO) – 20/11/15]
POLICIAL: "(...) direito de ir e vir! Direito de ir e vir!"
HOMEM DO LADO DE FORA: "Você está impedindo esse direito!"
POLICIAL: "Direito de ir e vir!"
ALUNO: "O senhor não está ocupando, então dá licença!"
POLICIAL: "Direito de ir e vir preservado, só isso."
MULHER: "Mas o direito de manifestação também tem que tá preservado, é o juiz que decide. É a gente que decide!"
ALUNO: "Vocês estão invadindo o nosso espaço! Vocês estão invadindo o nosso espaço, aí entra alguém, quebra tudo, aí vocês vão querer pôr a culpa nos estudantes!

HOMEM DO LADO DE FORA: "Exatamente!"

HOMEM 2: "Aê, menino!"

ALUNO: É sempre assim, é sempre assim! Vocês tão fardados, vocês acham que tá no direito. Vocês estão invadindo o nosso espaço! Vocês têm mandato? Vocês tão com mandato? Vocês têm algum mandato pra invadir? Não tem, então dá licença."

Casos como este, de conflitos mais ou menos contidos no portão das escolas durante o dia, foram os mais comuns. As diretorias reuniam pais e alunos para realizar pressão e apareciam nas ocupações com ou sem policiais, às vezes agindo de maneira mais violenta e às vezes apenas fazendo intimidação e tentando desestabilizar psicologicamente os ocupantes. Casos como os acontecidos em ocupações na Zona Oeste e no Centro de São Paulo (respectivamente), retratam bem esses tipos de ocorrências, com graus diferentes de violência envolvidos:

[PÁGINA DA OCUPAÇÃO – FACEBOOK – 25/11/15]
"No momento estamos com dificuldade em negociar com a direção, sofrendo certas afrontas, das próprias pessoas que se dizem 'responsáveis' pela nossa educação dentro da nossa escola. Não respeitando o nosso direito de ocupação, querendo a entrada na escola a qualquer custo, nos ameaçando dizendo: 'iremos fazer um BO, a cada vez que tentarmos entrar aqui e não sermos permitida.' Nesse mesmo momento uma mãe apareceu aqui na porta pedindo um documento para seu filho, para um emprego que dependia do tal, com um certo equívoco, ameaçando também chamar a polícia, nossas diretoras são a favor disso e aconselharam a tal ato. Não é mesmo uma vergonha? Além da opressão do governo, as pessoas que deveríamos contar, indo contra nossos direitos? As pessoas que querem nossa desistência, só um recado: NÃO TEM ARREGO!"

[PÁGINA DA OCUPAÇÃO – FACEBOOK – 23/11/15]
"Diretores e professores da E.E. [...] estavam pressionando os alunos para poderem entrar na escola e acabar com a ocupação.

Ele chegou na escola alegando que queria assinar o ponto para 'trabalhar' e sendo assim fazendo a cabeça de alguns professores para poderem entrar também. Quatro dos alunos não conseguiram entrar pelo portão principal, o único jeito foi pular o muro da quadra, no decorrer dessa ação havia três homens junto com a vice-diretora e o DIRETOR, esses homens nos ameaçaram, o diretor nos agrediu verbalmente, chamou uma das alunas de vagabunda e os três homens que estava junto com ele queriam tirar a aluna à força, e nisso essa aluna acabou se machucando em um prego da quadra, detalhe: a imprensa marrom estava nos gravando, sem a nossa permissão, estamos passando por opressão."

Outro tipo de assédio cotidiano era a realização de falsas denúncias de vandalismo, roubo etc., para que policiais militares aparecessem constantemente nas ocupações e isso possivelmente assustasse os estudantes, embora na maioria das vezes o incidente não gerasse grandes consequências a não ser a pressão psicológica de ter que lidar com a polícia (a qual, dependendo do local e de quem atendesse o chamado, agia de maneira excessiva ou não).

Casos mais graves (e também mais obscuros com relação aos responsáveis) de assédio e violência contra os estudantes ocorreram durante a noite, quando havia ataques com bombas e invasões às ocupações. Apesar de parecer extremo, este tipo de evento não foi raro, havendo relatos de ocupações em diferentes regiões registrando ocorrências semelhantes. Uma ocupação na Lapa, Zona Oeste de São Paulo, recebeu ameaças de policiais militares durante o dia e naquela noite sofreu com atos de vandalismo por parte de pessoas não identificadas:

[PÁGINA DA OCUPAÇÃO – FACEBOOK – 28/11/15]
"Hoje, 28/11/2015, nós, alunos da escola estadual [...] fomos AMEAÇADOS por PMs. Ao sermos questionados e pressionados, resistimos e insistimos ao dizer que só responderíamos na presença do nosso advogado, fomos AMEAÇADOS! 'Vamos jogar bomba ai dentro!' Os estudantes da escola estadual [...] RESISTIREMOS!

Ocupar, resistir e LUTAR! [...] Nesta madrugada fomos surpreendidos por um grupo de arruaceiros que destruíram todos os nossos cartazes! Se alguém da região puder ajudar com informações, agradecemos! Nosso movimento é em prol da educação, estamos insatisfeitos com a realidade educacional e estamos reivindicando o que é nosso POR DIREITO! Nosso movimento está pacífico e calmo, não estamos JUNTOS NESSA a fim de prejudicar algo ou alguém e tampouco destruir a NOSSA ESCOLA. #NãoTemArrego #OcuparEResistir"

Em uma ocupação em Santo André, os estudantes relataram antes de uma entrevista que, durante a noite, um motorista de carro rondava a escola jogando os faróis acesos nas janelas e depois jogando o automóvel repetidamente no portão. Coisas semelhantes aconteceram em ocupações da Zona Leste de São Paulo – onde ocupantes denunciaram que "desde o começo da ocupação alguns indivíduos tem de atacar a escola com pedra, bomba etc." [página da ocupação – Facebook – 30/11/15] – e na Zona Norte, onde foi necessário cancelar atividades da ocupação devido à repressão:

[PÁGINA DA OCUPAÇÃO – FACEBOOK – 03/12/15]
"[...] Em uma assembleia decidimos cancelar a apresentação cultural agendada para hoje à noite por conta de uma invasão na escola nesta madrugada. Um grupo de pessoas que entrou no prédio, nas salas de aulas e corredores de ambos os andares, onde não temos acesso, tentou intimidar os ocupantes, por meio ilegal. Temos relatos que esta prática tem ocorrido em outras escolas ocupadas com o objetivo de acabar com os movimentos contra a reorganização. Pedimos desculpas a todos que participariam da apresentação, tentaremos reagendar o evento! [...]"

Em um município do interior, no dia 30/11 os estudantes de uma ocupação denunciaram em sua página que alguns dias antes "um grupo de pessoas desconhecidas (e não alunos) esteve em frente à escola, pediam a entrada e ameaçavam os alunos", e que, durante aquela noite, um vidro teria sido quebrado com pedras, o que se repetiu na noite seguinte. Já na tarde do dia em que foi postada a denúncia, haviam pulado o muro da escola e pichado uma das paredes internas. Frente a estes acontecimentos, os ocupantes declararam: "**Estas atitudes nos colocam numa posição de risco, primeiramente com possíveis atos que possam acarretar em danos físicos aos ocupantes, além disso, essa série de eventos pode vir a descaracterizar o movimento estudantil e nossas reivindicações.**"

Uma das ocupações que mais sofreu estes tipos de ataques, de que foi possível ter conhecimento, foi a de uma escola localizada na Zona Sul de São Paulo. Trata-se de um caso que ficou relativamente famoso nas redes sociais, quando no primeiro dia a diretora tentou impedir que a ocupação se consolidasse ligando para os pais dos estudantes envolvidos e expôs a orientação sexual de um aluno:

> **[NÃO FECHEM MINHA ESCOLA – FACEBOOK – 23/11/15]**
>
> "**DENÚNCIA: Na manhã de hoje, 23 de novembro, a E.E. [...] foi ocupada pelos estudantes, contra a reorganização das escolas que vai fechar escolas, tirar ciclos e superlotar salas. Numa tentativa sórdida de desestabilizar o movimento, [...] a diretora da escola ligou para os pais dos estudantes que estão ocupando, para tentar tirá-los à força do colégio. Em uma dessas ligações, a diretora expôs a orientação sexual de um aluno, que ainda não havia se assumido pra família.**"

Esta mesma ocupação sofreu repetidos ataques de bombas, quase diariamente, assim como intimidação de policiais. Segundo os ocupantes, alunos do terceiro colegial (sob incentivo da diretoria) também realizaram repetidas tentativas de invasão da ocupação. Além disso, policiais também rondavam a ocupação:

> **[PÁGINA DA OCUPAÇÃO – FACEBOOK – 27/11/15]**
>
> "**[...] os policiais ficaram de plantão das 3h30 às 7h. E o pior é que nem se identificaram. A princípio, o primeiro carro que chegou**

nos informou que queriam apenas água para a viatura. Demos água a eles, mas não fizeram utilização da água e saíram rapidamente depois da entrega da água. Estranho, não? Depois disso ficaram revezando viaturas, com a luz de dentro apagadas. [...]"

No dia seguinte houve mais incidentes estranhos seguidos de um ataque de bombas durante a noite:

[PÁGINA DA OCUPAÇÃO – FACEBOOK – 27/11/15]
"Na madrugada de hoje por volta das 00h53 a escola sofreu um ataque de duas bombas. Nada de grave ocorreu, mas o barulho foi extremamente alto. Antes do ato das bombas, ocorreram casos estranhos: [...] pessoas se passando por Conselho Tutelar, desconhecidos que passavam filmando o colégio e tentavam filmar os ocupantes, corte de água, corte da luz do pátio e dos banheiros, chutes simultâneos nos portões laterais (horas antes das bombas). Tudo isso para tentar nos intimidar, e desistirmos da ocupação. Mas não vamos sair!! É um ato legal, pacífico. Quem faz isso é quem não tem o que fazer."

Estes ataques de bombas ocorreram quase todas as noites, segundo as postagens da página da ocupação, que fez repetidas denúncias. Em uma noite foram jogadas mais de dez bombas caseiras dentro da escola. No caso do corte da água, este foi feito por uma pessoa que se apresentou como agente da Sabesp, **"dizendo que iria apenas fazer a medição mensal de consumo"**, e apenas depois os estudantes perceberem que estavam sem água na ocupação. Surpreendentemente, essa rotina não fez com que os estudantes desistissem.

Ocorrências como estas que foram apresentadas revelam uma segunda face do padrão repressivo empregado contra o movimento secundarista, ainda mais obscura que as tentativas de manipulação das comunidades escolares. Não é possível determinar ao certo a extensão da participação e conhecimento da Secretaria de Educação nesses casos, visto que muitas destas invasões, ataques e assédios, quando não realizados por policiais militares fardados ou pessoas conhecidas da gestão da escola, foram postos em prática por indivíduos desconhecidos e às vezes mascarados, que poderiam ser pessoas da comunidade, pessoas agindo em serviço das diretorias e dirigentes de ensino (houve relatos de que o marido de uma diretora havia invadido uma ocupação, por exemplo) ou então policiais à paisana, como acredita a maioria dos estudantes.

Independentemente disto, é possível afirmar que o Estado, através da Polícia Militar ou de pessoas ligadas à base da burocracia da Secretaria de Educação, colocou em prática – para além das campanhas de desinformação e difamação – uma *campanha de assédio* e *violência* diretamente em cima dos estudantes, na sua maioria menores de idade, que ocupavam as escolas.

2.10

"NÓS ESTAMOS NO MEIO DE UMA GUERRA": O GOVERNO CONTRA O MOVIMENTO

"A sociedade precisa saber que alguns servidores públicos [...] mobilizaram a população incitando violência e organizando ações coordenadas de grupos contra a ocupação, submetendo os adolescentes a sérios perigos."
(estudante de uma ocupação em Osasco)

No início da tarde do domingo, dia 29/11, o coletivo Jornalistas Livres divulgou em sua página no Youtube um áudio que havia sido gravado apenas algumas horas antes, em uma reunião chamada às pressas por Fernando Padula[2], chefe de gabinete do então secretário de Educação Herman Voorwald, com cerca de 40 dos dirigentes regionais de ensino do estado. A gravação foi obtida pela jornalista Laura Capriglioni, que se infiltrou na reunião sem dificuldades.

---

2   No governo tucano desde 1999 e chefe de gabinete da SEE-SP desde 2007 no governo Serra.

Este áudio é esclarecedor e coloca em perspectiva os meios de repressão que foram descritos enquanto estratégia articulada entre a base da burocracia da Secretaria e sua cúpula, em conjunto com a Secretaria de Segurança Pú blica e a Polícia Militar, mesmo que as três partes pudessem eventualmente agir e tomar iniciativas de maneira mais ou menos autônoma, tendo a gravidade dessas ações variado entre diferentes ocupações, conforme já mencionado.

Padula inicia a reunião anunciando que o governador Geraldo Alckmin **"não tá nem titubeando em relação à reorganização"** (**"nem passa na cabeça dele voltar atrás"**) e pediu que transmitisse a todos os dirigentes **"nosso apoio, nossa solidariedade, nosso respeito"**. A reunião é apresentada pelo chefe de gabinete como uma reunião para traçar estratégias em meio a uma guerra:

> **[JORNALISTAS LIVRES – YOUTUBE – 29/11/15]**
> "[...] nós estamos no meio de uma guerra e temos que nos preparar pra continuar enfrentando. Eventualmente a gente perde algumas batalhas, mas temos que ganhar a guerra final. Então, pra isso, a gente tem que parar um pouco e traçar algumas estratégias."

O chefe de gabinete afirma que seria preciso **"desqualificar o movimento"**. Essa "desqualificação" poderia ser pela denúncia de uma suposta manipulação dos estudantes por outros interesses partidários (o que os dirigentes parecem realmente acreditar), mas os casos apresentados na seção anterior evidenciam que o que foi feito foi bem além disso e incluiu, além da difamação e falsas acusações, tentativas de sabotagem das ocupações acusando-as de atos de vandalismo feitos por desconhecidos. A cooperação da Polícia Militar – de maneira discreta – neste processo também é mencionada:

> "A polícia teve uma coisa positiva, que eles conseguiram... É... é... nesta visita de ontem, em três escolas eles conseguiram fotografar carro dentro, puxaram o documento do carro e o documento do carro é da Apeoesp [dirigentes de ensino exclamam: 'Nossa!']. Então já vai agora pra PGE [Procuradoria Geral do

Estado] e vamos entrar com ação. Porque é isso: a gente tem que, de um lado, desqualificar o movimento. O movimento é político, é partidário, é pra, pra... pra criar, pra desviar o foco... Eu e a professora Raquel tivemos com o Dom Odilo Scherer – nós tamos apelando pra todo mundo, é... Impressionante a leitura do cardeal! O cardeal vira e fala: 'Mas isto é pra desviar o foco de Brasília' [comoção dos dirigentes de ensino]. Isso é pra criar... lógico que a gente não pode sair por aí falando que o cardeal falou isso... Vocês vejam que a autoridade máxima da Igreja Católica consegue entender que o que tem do lado de lá é uma ação política!".

Ironicamente, logo após chamar o movimento secundarista de "**partidário**", o chefe de gabinete apresenta para os dirigentes um membro da "Juventude Ação Popular" (parte da juventude do PSDB) que poderia auxiliar na situação. O que supostamente deveria ser um processo público, transparente e democrático de negociação entre Estado e sociedade em torno de uma política pública, de fato, foi partidário, mas pelo lado do Estado, não pelo lado dos estudantes.

"Bom, aí eu queria apresentar pra vocês o L., que é da Juventude Ação Popular, do... um grupo de jovens estudantes universitários e alguns estudantes secundaristas, aonde tá o R., que é lá de Guarulhos, que tem acompanhado bastante as ações nas escolas. E vocês viram aquela última ação que foi... a exigência da assembleia em virar... mas, enfim, a gente também pode tá fazendo uma ação com jovens, apoiando nas diversas regiões e depois vocês, a gente troca aí telefone. Mas também tem um grupo de fora, com jovens, fazendo esta, esta... guerra aí da ação."

Duas ações anteriores ao vazamento deste áudio nos ajudam a contextualizar e compreender esta presença de um representante da juventude do PSDB na reunião. A primeira foi uma ação na internet. A segunda, uma "assembleia" que ocorreu em Guarulhos e sobre a qual Padula parece se referir vagamente na fala citada acima.

Em 20/11, alguns dias antes do Saresp, uma página no Facebook chamada Devolve Minha Escola foi criada por juventudes tucanas (como os movimentos Ação Popular e Juventude em Ação) para defender o projeto da "reorganização", tentando ressaltar seus supostos benefícios pedagógicos e criticando entidades estudantis, sindicato dos professores e grupos políticos de esquerda. O sucesso da iniciativa, porém, foi apenas moderado: para efeito de comparação, a audiência da página d'O Mal Educado era quase 30 vezes maior e do Não Fechem Minha Escola, quase 80 vezes.

Inicialmente, a página não se apresentava enquanto iniciativa de uma juventude partidária, mas como um grupo de pais, estudantes e cidadãos interessados em retomar as escolas "invadidas" por estudantes supostamente sob a influência daqueles atores de esquerda – o que, como vimos, não é verdade. Aos poucos, a página passa a se apresentar de maneira mais transparente, em especial após a suspensão da "reorganização" já em dezembro, quando se transforma abertamente em espaço de propaganda do PSDB.

Além disso, o grupo já havia saído das redes para as ruas, visitando escolas para tentar desistimular as ocupações (que eles chamam de "**invasões**"). No dia 24/11, um militante da juventude do PSDB (o mesmo referido por Padula como "R." no áudio vazado e que, segundo informação da *Revista Fórum*, seria o administrador da página Devolve a Minha Escola, tendo sido seu porta-voz para outros órgãos de imprensa, como Estadão e UOL) apareceu em um vídeo, gravado no ginásio de uma escola de Guarulhos. A gravação revela uma estratégia de simulação de uma assembleia democrática para deliberar pela não-ocupação:

[EE PROF. FREDERICO DE BARROS BROTERO –YOUTUBE – 24/11/15]
MULHER: "[...] Aí, gente, o que que tá acontecendo? Não vamos mentir pra vocês. Tá pra ocorrer uma ocupação aqui. [...] Não está mais na minha mão, não está mais na mão da diretoria. Quem vai decidir ocupação ou não são vocês, ok? É... se vocês entenderem que... o ideal é ocupar a escola... então... tá na mão de vocês. Só que vocês tão terminando o 3º ano Médio... né? A escola, a partir

do dia da ocupação, se essa ocupação acontecer hoje... hoje nós entramos em recesso. O que que acontece? Recesso... Aulas em... janeiro. É... sem... [alunos resmungam] Peraí, gente! Deixa eu terminar! Se... estiverem em recesso, nós não podemos emitir certificados, ok? Então... aí tá na mão de vocês..."

HOMEM/PROFESSOR: "Gente! Como a [mulher] falou... tinha um pessoal já, que chegou mais cedo. Nós já conversamos com eles, tá certo? A decisão não é minha, a decisão não é de nenhum professor, não é da direção da escola. A decisão é única e exclusiva de vocês. Por quê? Vocês têm o livre arbítrio para escolher o que vocês quiserem pra vocês, tá certo? Ninguém vai perseguir, retaliar de forma alguma. Certo? Vocês têm que fazer valer a vontade de vocês, tá bom? [...] A pergunta é simples. Tá certo? Se vocês optarem: 'Sim, nós queremos que as pessoas entrem aqui e façam a ocupação...' [alunos riem] Ou: 'Não, nós não queremos', tá? [...]"

ALUNA DA COMISSÃO DE REPRESENTANTES: "Galera, é simples! Se a gente aceitar que eles entrem, a gente vai ter que voltar em janeiro. Pro 3º Colegial, isso é muito pior. Porque a gente não vai poder nem pegar o certificado. Automaticamente a gente não vai poder fazer uma faculdade! Então, assim, o princípio disso aqui é que: o conselheiro aceitou, mas são poucas pessoas que tão lá, tá? Não é muita gente. E, assim, pra isso dar certo, a gente vai precisar que vocês assinem essa folha também. Porque eles tão vindo pra cá agora, então a gente não tem escolha. Se alguém for a favor que eles entrem aqui dentro, pode levantar a mão, a gente vai passar isso lá fora. 'Sim, tem pessoas que são a favor' e a gente vai falar o número. Como a gente vai falar que tem pessoas contra e vamos falar o número também..."

[...]

MULHER: "Só deixa eu apresentar vocês aqui. Eles são representantes do movimento estudantil, né?

MILITANTE DO PSDB: "Isso."

MULHER: "A favor... da reorganização..."

MILITANTE DO PSDB: "... da não ocupação das escolas, das invasões, né? A gente tá trabalhando pra que não ocorra... [alunos ensaiam vaia pois entenderam o contrário] Desculpa! Pra que não ocupe! Pessoal, rapidinho! Ó! Nós estamos também trabalhando com outras escolas e a gente gostaria de contar com vocês também. Em várias escolas os alunos não estão aceitando a invasão de não alunos da escola. Então por isso a gente tá aqui hoje. Se for invadir, tem que ser aluno da própria escola! Não aluno de outra escola! Então por isso que a gente tá aqui hoje, pra contar com vocês, sabendo que os alunos do Brotero, escola-modelo em Guarulhos, não aceite que outros alunos venham aqui ditar as regras pra vocês! [alunos aplaudem e comemoram]"

Um aluno então lê a carta, uma espécie de abaixo-assinado, deliberando contra a ocupação e pela formação de uma comissão de três estudantes que monopolizariam a representação de todos os demais frente a movimentos sociais, estudantis e sindicais, além da direção da escola e da Diretoria Regional de Ensino:

ALUNO: "Todos estão de acordo com esta carta?"

MULHER: "Levanta a mão!" [todos os alunos: 'Sim!']

ALUNO: "Então quem está de acordo levanta a mão!" [todos os alunos: 'Uhu!']

MULHER: "Tem alguém que não concorda?! [com tom sarcástico] Que bom!"

MILITANTE DO PSDB: "Alguém quer invadir?!"

ALUNO: "Alguém está contrário ao que foi conversado aqui? Ao que está nesta carta? Alguém? Não?"

MILITANTE DO PSDB: "Aprovado então a não invasão da escola!" [todos os alunos comemoram e batem palmas, puxadas pelo militante]

A mulher então manda que os estudantes sigam para as salas de aula, onde a carta será passada para que eles assinem. O falso clima de consenso é garantido não só pela desinformação (a ocupação impediria que os terceiranistas entrassem em faculdades) e pela desmotivação (ameaça de reposição de aulas em janeiro) como também pelo sarcasmo. Sem contar que o processo deliberativo foi conduzido por não-secundaristas, a participação dos estudantes foi reduzido à aclamação e, por fim, o paradoxo do militante do PSDB, um estudante universitário, argumentar estar ali para garantir que ninguém dite regras externamente para os secundaristas.

Voltando ao áudio vazado: também dentre as "estratégias" discutidas na reunião está o que Padula chamou de "**guerra da informação**" e que já foi identificado aqui, na prática, como uma campanha de desinformação voltada para as comunidades escolares, baseada em mentiras contadas a pais e alunos sobre os seus próprios direitos e sobre a legalidade e legitimidade da ocupações (que já havia sido determinada pela justiça):

[JORNALISTAS LIVRES – YOUTUBE – 29/11/15]

"O que vocês têm que fazer é: informar, informar, informar, conversar. Fazer a guerra da informação, ao máximo possível, porque é isso que vai desmobilizando esse pessoal e criando as... agendas positivas."

"Nas [escolas] invadidas, eu acho que a gente deveria agir de duas maneiras. Uma, que foi a sugestão da professora C., é pegar o cadastro, ligar para mães que não... ou alunos que não estão envolvidos na invasão e fazer a informação. Informação, informação, informação, informação. Certo? Em geral... vai dar certo. Certo? Elas vão ouvir e quem for na conversa vai concordar, né? É... aí você vai, depois, ter um grupo que... resiste. De duas maneiras. Um que resiste e tem alguma reivindicação legítima, tá certo? Que é a coisa pontual, não é?"

A ideia comunicada na reunião parece ser, no mínimo, a do convencimento de que não haveria ganhos e que a "reorganização" já estava sendo concretizada, uma vez que os dirigentes cobram a saída do decreto da "reorganização" no Diário Oficial e comemoram a informação de que este sairia na terça-feira seguinte, dia 01/12 (e que deveria ter saído na semana anterior, mas o governo não queria passar a imagem de que não estava dialogando). Segundo uma dirigente, o problema seria que os estudantes tinham "esperança" de conseguir barrar a "reorganização: "... pra já... entendeu? Que aí a escola já tá reorganizada, se não fica essa expectativa... Porque a grande, a grande questão é que eles têm esperança... E eles falam: não tem nada oficial que garanta isso...".

As "reivindicações legítimas" às quais o chefe de gabinete se refere seriam questões pontuais de cada caso, talvez com a possibilidade de a Secretaria ceder com relação ao fechamento de um ou outro ciclo ou escola, ou fechando de maneira gradual, como foi proposto por muitos dirigentes. A reivindicação de fim da "reorganização", como queriam os estudantes, não seria considerada legítima, visto que a estratégia seria possivelmente "perder algumas batalhas", mas "ganhar a guerra". Padula recomenda que os dirigentes entreguem "um ou dois tipos de ofício" às ocupações para que estas coloquem suas reivindicações, de maneira que na aparência a "intransigência" e o "radicalismo" estivesse do lado dos estudantes. O objetivo era fragmentar o movimento, desconsiderando sua bandeira única e clara de "fim da reorganização":

> "Mas se fosse [uma reivindicação legítima], a gente achou a saída [...] nós temos que fazer uma ação de tal maneira que a gente vai pôr o radicalismo do lado deles... tá certo? Por isso que eu acho que tem que ser, quero dizer, aqui é informação, a conversa, com grupo de pais, de alunos, de professores, se der chama o Conselho, chama a APM [Associação de Pais e Mestres] ou chama grupos representativos, e tal. Este grupo aqui a gente teria que fazer, é... O que passou na minha cabeça é: vamos pensar outras ideias, de repente, é o seguinte: olha, segunda-feira vai lá e entrega uma carta: 'Queremos saber quais são as suas propostas'. Então, né, depois: vai, a gente até pode ajudar ali [com uma minuta ou ofício], a gente sai daqui com duas ou três [tipos de minutas ou ofícios] ... Demonstrando assim: olha, tamo indo lá... e, e conversando. Pode ter nestas diferentes escolas até um grupo que aceite conversar e outro grupo que não vai conversar. Ou se conversar eles vão dizer o seguinte: 'Eu quero o fim da reorganização! Eu quero o Alckmin aqui pra acabar com a reorganização!'..."

Quando uma dirigente de ensino expressa sua frustração com o fato de que mesmo após ela ter feito uma oferta de retirar o Ensino Médio da escola de forma gradativa os estudantes daquela ocupação não abriram mão da pauta única do "fim da reorganização", o chefe de gabinete argumenta que a importância da ação está no registro de que teria havido uma tentativa de diálogo: **"Mas é isso que a gente tem que tá demonstrando e documentando... Nós tamo dialogando e quem tá radicalizando é o lado de lá!"**.

Também coerente com a intenção de passar uma imagem de um diálogo com o movimento sem realmente se comprometer, Padula, a um ponto ainda no começo da reunião, coloca a ideia de realizar uma audiência pública, meramente pelo seu valor "simbólico":

> **"Tem uma outra questão que eu queria ver se vocês topam. Não vai ser nada fácil, mas... do ponto de vista, é... simbólico, pode dar um bom resultado, que era a gente fazer uma audiência pública. Seria aqui mesmo, vai ser complicado, a gente sabe que eles vêm só... pra bater e tal, mas a gente também pode trazer gente, é... do outro lado, minimamente pra você ter as duas questões."**

Em um dos momentos mais impressionantes do áudio, o chefe de gabinete do Secretário de Educação não expressa nenhuma preocupação com os interesses dos alunos da rede pública, ao dizer que, no caso de ocupações que não aceitassem nenhuma das propostas **"pontuais"** e nem pudessem ser desmobilizadas por outras táticas, bastaria **"largar lá"**:

> **"E o governador falou: 'Bom, mas em alguma...', em alguma você larga lá. A gente também acha: uma parte cansa, uma parte, é... mas pode ter escola que fique lá. A minha opinião é o seguinte: deixa lá! Né, no limite, o que vai acontecer? Aí eu desmonto toda a reorganização? Não, aquela escola está reorganizada e eu começo o ano!"**

Baseado no que foi visto, este tipo de atitude serviria apenas para incentivar que aquelas comunidades escolares entrassem em um conflito, com uma parte dos pais e alunos pressionando para a desocupação, o que parece ser uma solução do ponto de vista da Secretaria, independentemente do potencial de uma situação como esta terminar em violência.

É já no final da reunião, porém, que se tem um dos momentos mais reveladores sobre a articulação entre Secretaria da Educação e Secretaria de Segurança Pública no planejamento das ações repressoras ao movimento. Em resposta à frustração de um dirigente com a falta de "apoio" da Polícia Militar, Padula faz uma recapitulação dos diferentes momentos do envolvimento desta no processo e anuncia uma mudança de postura. Segundo o chefe de gabinete, a polícia estaria sob orientação de não agir de maneira violenta e que causasse atenção da mídia e do público, porém, a partir daquele momento, teria sido combinado com o governador e com o secretário de segurança, Alexandre de Moraes, que a polícia deveria passar a dar apoio na ação de desocupação forçada de algumas escolas, a ser articulada pelos dirigentes e diretorias com participação de pais e alunos contrários às ocupações:

HOMEM: "[...] Então nós tamo num impasse, nós tamo chegando num momento lá: o que fazer mais? A única coisa que teria pra fazer mais é ir lá e ocupar, nós ocuparmos a escola. Só que isso a polícia também não deixa..."

PADULA: "Sim, mas isso vai mudar, hoje, que é o seguinte: vamo lá, é... essa coisa também, você teve vários momentos desta coisa. Teve um momento que era o estrito cumprimento da letra da lei que assim: invadiu, reintegração, reintegração um prazo pra sair e depois... polícia. Quando nós tivemos no Copom [Central de Operações Policiais Militares], né, foi falado o seguinte: olha, na verdade, o que eles querem é a sina da polícia entrando na escola [comoção dos dirigentes], de preferência... pegando no braço ou batendo ou alguma coisa. Bom, aí com isso, o secretário da segurança puxou os freios... totalmente. Isso teve uma coisa, você pega o Fernão Dias lá, que virou o grande ícone. Hoje não tem mais glamour, porque a polícia saiu da porta, não vai mais jornalista, bom... Agora, ontem foi diferente, ligou o governador, que tava com o secretário da segurança, aí a gente tá montando essa reunião. E aquelas escolas que nós falarmos amanhã vai ter o grupo da educação voltando com pais pra voltar a aula, nós vamos ter a polícia apoiando e não segurando. Então a gente sai daqui, tem uma lista e eu vou passar pro governador passar pro secretário de segurança e... vai mudar essa postura."

Assim, um dos produtos da reunião deveria ser uma lista estratégica de escolas nas quais os dirigentes preparariam pais e alunos para estas desocupações com apoio da Polícia Militar:

MULHER: "Nós teremos que ter, pra amanhã cedo, uma lista de escola... nas quais, para as quais nós prepararemos alunos... pais de alunos que queiram retomar essas escolas. E quem sabe a gente faça até um fortalecimento com gente daqui e gente da própria diretoria que são: a educação chegando pra reabrir essa escola pra terminar o ano letivo. Então nós vamos escolher, não serão todas, mas algumas listas."

Na semana que seguiu a essa reunião, a polícia de fato passou a agir de maneira mais aberta e sistemática que antes, quando foram vistos muitos casos de assédio moral, pressão psicológica e sabotagem aparentemente assistemáticos e com graus de violência variados, geralmente mais graves quando ocorridos durante a noite, longe dos olhos da mídia e do público. A partir da segunda-feira, dia 30/11, podemos observar exatamente o que foram estas ações de desocupação forçada, articuladas em conjunto pelas Secretarias da Educação e da Segurança Pública, se utilizando de pais e alunos como massa de manobra.

Já no domingo uma série de ocupações começa a postar avisos em suas páginas do Facebook: em alguns casos as diretorias das escolas e dirigentes regionais de ensino divulgariam a informação falsa de que os estudantes iriam desocupar as escolas espontaneamente e que naquela segunda-feira já seriam retomadas as aulas, de maneira a incentivar que pais e alunos comparecessem com esta expectativa à porta das ocupações:

> **[EE JOÃO GALEÃO CARVALHAL – FACEBOOK – 29/11/15]**
> "COMUNICADO: Muitos responsáveis e alunos têm ligado na diretoria de ensino, só que as respostas que eles passam para vocês são mentiras ou ameaças, para desmobilizar o movimento. O último posicionamento dado por eles é que nesta segunda-feira (30/11) as escolas irão voltar a ter aula normal sem ocupações ou com ocupação parcial das escolas. Mas não é verdade, é apenas uma manobra do governo para desmobilizar o movimento e criar conflito. AMANHA NÃO HAVERÁ AULA! A entrada dos alunos para a ocupação amanhã será a partir das 9h30. [...] Necessitamos da presença de todos que estejam a favor do movimento, amanhã às 7h00, em frente à escola. Ps. Inclusive pais."

> **[EE ANTÔNIO ADIB CHAMMAS – FACEBOOK – 29/11/15]**
> "Pessoal, amanhã NÃO vai ter aula! A escola continua ocupada contra o fechamento do noturno e contra o fechamento das escolas. O governador, a Rede Globo e as diretoras das escolas querem enganar as pessoas, colocar todos contra as escolas ocupadas e estão inventando muitas mentiras. Os filhos e filhas dessas pessoas não estudam na mesma escola que a gente e não estão preocupados com os alunos. Vamos nos unir cada vez mais e impedir tudo isso!!"

Em outros casos a divulgação seria da própria ação de "retomada" da escola, como naquela ocupação da Zona Sul em que houve uma quantidade excepcional de ataques com bombas caseiras durante as noites. A diretora desta escola postou em seu Facebook pessoal uma convocação para a desocupação da escola naquela segunda-feira:

[NÃO FECHEM MINHA ESCOLA – FACEBOOK – 30/11/15]

"Bom dia!!

Atenção Pais e Alunos da EE [...]!!!

Na próxima segunda-feira, dia 30/11 às 7h00 horas da manhã, haverá uma Mobilização para retomada de nossa escola.

Contamos com a presença dos pais, alunos e de todos que façam parte da comunidade da [escola]!

#querominhaescoladevolta!

#chegadepalhaçada!

#prejuízosinfinitos"

Em uma escola na Zona Norte foi convocada uma reunião para segunda-feira, dia 30/11, em uma paróquia da região, sob o pretexto de que seria uma reunião para discutir o fechamento das notas. Como de costume, a reunião foi usada para difamar a ocupação, segundo informações fornecidas pelos estudantes entrevistados pelos autores:

[ENTREVISTA]

ALUNO: "Nessa mesma reunião que foi convocada com os diretores aqui da escola, os nossos alunos – o pessoal da ocupação aqui – a gente foi catalogado como vagabundos, como vândalos que andam depredando essa escola, que... como vocês podem ver, que ela tá muito bem cuidada. Que andamos depredando a escola e que tamo tratando a escola como clube. Que a gente usa a piscina pra descansar, pra lazer e a gente usa também a quadra. E... os dois estão trancados. Essa piscina está sem possibilidade de uso..."

ENTREVISTADORA: "Quem que falou essas coisas?" [...]

ALUNO: "Foram professores... Professores, diretores, diretora dessa escola. E... quando um aluno nosso que estava presente nessa reunião foi responder e explicar a situação para os pais que estavam presentes, ele foi vaiado pela multidão, que era a grande maioria, né, a unânime maioria... E acabou que não pôde falar, não pôde explicar, não pôde falar o motivo de nós estarmos ocupando essa escola..."

Juntamente com as falsas acusações feitas sobre a ocupação, professores que apoiavam o movimento também foram agredidos verbalmente, e a coordenadora da escola estava distribuindo folhetos aos pais:

ALUNO: "Segunda-feira, segunda-feira! Fomos numa reunião ali na Igreja [...], aqui na [...], organizada pela coordenação da escola, né? E... falando... Fez uma publicação no Facebook para os pais, alunos e todos os professores da [escola], sobre o fechamento de notas. Mas... chegamos lá, tal, com um grupo de... seis pessoas... seis, é. E no começo a gente já foi ameaçado pelo... acho que pelo conselheiro tutelar, ele é conselheiro da escola, não sei se é tutelar, não sei. Ele já veio falar um monte de coisa pra gente, falou que se a gente tumultuasse no local ia ficar ruim pro nosso lado. E a gente foi na tranquilidade. Tinha muita pessoa contra a gente e... lá dentro, quando a gente chegou, foi muito mal visto, foi muito mal falado, foi chamado de vagabundo. A coordenadora, [...], ela tava distribuindo um folheto, acho que artigos, um negócio assim, pros pais. E a gente pediu um pra ela. Ela simplesmente pegou, assim, ofereceu: 'Vocês querem?'. E jogou no chão pra gente, tipo, na nossa frente. E..."
ENTREVISTADORA: "O que tem nesse folheto?"
ALUNO: "Então, tinha uns artigos de... acho que da lei, sei lá o que tinha, mano, a gente queria ver! Mas ela jogou no chão, eu falei nem quero mais ver esse negócio, nem faço mais questão. A gente foi xingado de tudo, vaiado, por umas... trinta pessoas no máximo. Fora o... que ela falou um monte de coisa dos professores que tão ajudando a gente também, difamou eles, falou que..."
ALUNA: "Ameaçaram de processo..."

O caso acima descrito não foi isolado: paróquias também foram utilizadas como locais para reuniões convocadas por diretorias de outras escolas ocupadas. Em uma reunião convocada pela diretoria de uma escola no Centro de São Paulo foi dito aos pais que, por conta da ocupação, os benefícios do Bolsa Família seriam suspensos. Já na Zona Leste, os estudantes da ocupação foram impedidos de participar da reunião convocada pela diretora, sendo barrados na porta.

Voltando à reunião na paróquia da Zona Norte, o mais relevante é que foi anunciado que as aulas seriam retomadas no próximo dia. Foi dito aos pais e alunos que compareceram. E que, se eles desejassem que as notas fossem fechadas, seria necessário desocupar a escola. Houve a convocação para que comparecessem na escola no período matutino. Na manhã seguinte, compareceram não apenas estes pais e alunos mal-informados pela diretoria da escola como também a Polícia Militar e a juventude do PSDB, em uma ação para desocupar a escola na base da força:

ALUNO: "E nessa reunião, eu esqueci de citar, eles disseram a todos que haveria aula, pra todos estarem aqui às seis e meia..."
ENTREVISTADOR: "Ah, eles falaram que ia ter aula!"
ALUNO: "... pra todos, pra todos, pra todos. Anunciaram pra todos que ia ter aula no dia seguinte. Mas a escola já tinha entrado em ocupação, em recesso na quinta-feira. Então..."
ENTREVISTADORA: "Eles falaram que ia ter aula pro pessoal aparecer...?"
ALUNO: "Pra obter massa!"
ALUNO: "Eles... alegaram que para fechamento de notas. [...] Mas a pauta não era de fechamento de nota."
ENTREVISTADOR: "Aí chegou o pessoal pra discutir fechamento de nota..."
ALUNO: "Isso. E chegaram e disseram: 'Se vocês querem notas fechadas, vamos desocupar a escola'... Foi a primeira coisa que disseram. Aí planejaram praticamente como ia desocupar. E chamaram a massa pra vir aqui. E na... no dia seguinte, às 5h da manhã, já chegavam as primeiras viaturas – as primeiras viaturas militares –, já chegavam as viaturas da tática também..." [...]
ALUNO: "E a gente já estava saindo de lá porque a gente foi colar cartaz. Então já lotou de polícia aqui. Sorte que o pessoal da Apeoesp e do Conselho Tutelar já estava aí presente também..."

ENTREVISTADORA: "Aí eles ficaram pedindo pra vocês abrirem?"

ALUNO: "Não. Eles negociaram com o pessoal da Apeoesp. E o pessoal da Apeoesp trouxe seguranças pra poder ser a nossa segurança também. Houve um militante do PSDB que tentou invadir a escola."

ENTREVISTADOR: "Militante do PSDB? Da juventude?"

ALUNO: "Da juventude. Ele tentou invadir a escola. Ele forçou aquele portão e quando ele foi retirado, ele se machucou no vão do portão, porque o portão é de 15 cm. Então ele alegou que os nossos seguranças agrediram ele. Mas ele se machucou no portão. Tanto que nós reforçamos aquele portão, pra que ninguém invada ali de madrugada. Por segurança, né? E... nesse dia, a partir das 7h da manhã, já tinha uma multidão reunida. O caseiro, ele ia abrir aqui o portão porque a ordem da diretora era que ia ter aula, então ele já ia abrir o portão, primeiro o portão, depois o estacionamento. Só que... eu tinha em mãos um decreto que quando a escola entra em ocupação, ela entra em recesso. Eu mostrei a ele. E ele não abriu o portão. Eu tinha em mãos um outro documento que... impedia que qualquer polícia, qualquer policial entre nessa escola. Então nós estávamos..."

ENTREVISTADORA: "E qual foi a reação dos pais quando eles descobriram que, por exemplo, que tava em recesso, então que o filho não podia...?"

ALUNO: "Não, a primeira reação foi de espanto. Porque muitos não sabiam. Mesmo estando em muito Facebook, estando já na mídia, muitos pais não têm acesso a isso..."

Em uma ocupação no Jardim Ângela, Zona Sul de São Paulo, ocorreu algo semelhante mas felizmente os pais que compareceram à falsa reunião convocada pela diretoria na frente no portão da escola estavam mais bem-informados:

[PÁGINA DA OCUPAÇÃO – FACEBOOK – 02/12/15]

"Antes de ontem dia 30/11 a diretoria de ensino [...] convocou pais de alunos para uma falsa reunião em frente [à escola] no dia 01/12, o que eles não explicavam para os pais é que haveria policiais ao redor da escola, cerca de oito viaturas incluindo uma viatura da força tática, cercaram as ruas em volta da escola esperando que a diretoria de ensino junto com a diretora [...] convencesse os pais presentes a entrar na escola, tirar os alunos lá de dentro e acabar com a ocupação, alegando falsas verdades do tipo, alunos repetirem se não voltasse as aulas, que nós ocupamos só porque não queríamos ter aula [...]. Felizmente conseguimos resistir a pressão da polícia, já que pais que compareceram não são mal-informados, sabem o que está acontecendo e não foram manipulados pela diretoria de ensino."

Em outras duas ocupações na Zona Sul também foi colocada em prática a desocupação forçada. Em uma escola no bairro do M'Boi Mirim, a ação foi bem-sucedida tanto por conta da ação da polícia quanto porque a diretoria conseguiu incentivar um grupo de mães da comunidade a entrarem em confronto com os alunos:

[PÁGINA DA OCUPAÇÃO – FACEBOOK – 30/11/15]
"Vergonha! Hoje eu presenciei uma das cenas mais medonhas da minha vida. Estava dormindo na escola, com meus companheiros, como temos feito desde 19/11, e fui acordado às pressas, dizendo que tinha um pessoal a fim de arrombar o portão. Chegando lá, pude ver que se tratava de mães, que não estavam muito a par da situação, muito bravas, e dizendo que de qualquer jeito a ocupação acabava ali, pois seus filhos não tinham onde ficar. Não tiro delas a razão, elas estão certas, mas o problema, e que por trás dessa mães desesperadas tinha 'lideranças comunitárias', a coordenadora e algumas professoras do período da tarde, incentivando o ódio das mães e dificultando o diálogo. Como de costume a polícia chegou, não teve diálogo, o policial disse: "Ou abre, ou a gente arromba", sem o que fazer, abrimos. Primeiro os policiais entraram, constataram que a escola estava intacta, e quando ele iria passar as ordens, ele viu que eu estava filmando. Na mesma hora ele prendeu a câmera, e me levou junto com um companheiro que entrou no meio pra impedir maiores danos. Agora, depois

de uma manobra suja da coordenadora e algumas professoras da tarde em cima da extrema necessidade das mães daqui da quebrada, elas tomaram a escola, que está aberta no momento com os cadeados apreendidos pela polícia, decretando o fim da ocupação. PS. No DP tudo correu bem, graças a uma amiga nossa que é advogada."

Em outra escola, localizada no Jardim Ângela, a ação também foi bem-sucedida, pois a diretora teria apresentado verbalmente a proposta de fechamento gradativo do Ensino Médio e, ao mesmo tempo, afirmado que, caso a ocupação prosseguisse, o Bolsa Família seria suspenso, assim como os pagamentos dos professores. Após a desocupação, os estudantes publicaram em sua página: "**Falaram tudo mas não escreveram. Nos pressionaram para desocuparmos a escola com ameaças que vimos serem infundadas.**" [página da ocupação – Facebook – 01/12/15].

Em um município no interior do estado, uma escola foi desocupada na terça-feira, dia 01/12, depois que os estudantes foram ameaçados por outros alunos, armados. As ameaças feitas por esse grupo armado eram de conhecimento da diretoria e da polícia que, segundo os estudantes, não tomaram providências a respeito:

[PÁGINA DA OCUPAÇÃO – FACEBOOK – 02/12/15]
"Como todos já sabem, desocupamos a escola ontem porque alguns alunos alienados pela diretoria fizeram ameaças contra a ocupação e estavam armados (e só pra deixar claro, a direção sabia das ameaças sim!), e infelizmente não podemos contar com as nossas excelentíssimas autoridades pra nos proteger pois os mesmos disseram que não ajudariam, e não queríamos que tudo saísse de uma ocupação pacífica e prezamos a segurança de todos que ali estavam."

Desta estratégia adotada pelo governo a partir daquela semana do dia 30/11, um dos casos que teve maior repercussão – tanto por conta da localização da escola quanto por causa do grau de violência utilizado – foi em uma ocupação no bairro da Bela Vista, na região do Centro de São Paulo. Na manhã do dia 01/12, os estudantes receberam a visita de Fernando Padula, que, do lado de fora do portão, conforme anunciado, tentou em vão convencê-los a desocupar a escola. Horas depois, outra visita do diretor da escola juntamente com policiais militares sem identificação e pais de alunos contrários ao movimento. A ação seguiu o padrão de tantas outras já descritas: reunião com pais em uma igreja da região, convocação para a comunidade comparecer na escola com promessas vazias e presença da polícia. Os estudantes descreveram o caso da seguinte forma:

[O MAL EDUCADO – FACEBOOK – 01/12/15]
"A ocupação Maria José foi invadida por pais, alunos e pela polícia hoje cedo.

A estratégia foi feita numa assembleia realizada ontem (30) na igreja católica da Achiropita com todos os pais contra o movimento. Tudo começou quando os muitos pais entraram por trás da escola com martelos, marretas e barras de ferro quebrando todos os cadeados. Logo após, abriram para a Polícia Militar e o diretor da escola que agiram brutalmente com os alunos chutando mesas, dando tapas, socos, enforcando e em seguida com bombas de gás lacrimogêneo. Diversos alunos foram ameaçados e agredidos.

Após o quebra-quebra, todos ocupantes se juntaram no pátio da escola, deram as mãos em roda e a polícia foi embora.

Isso é a prova de que ocupar é resistir!"

Segundo informações de estudantes entrevistados pelos autores, corroboradas por vídeos publicados pelo coletivo Jornalistas Livres no Facebook, o diretor da escola jogou cadeiras utilizadas para bloquear a porta em cima dos estudantes da ocupação e deu um tapa no rosto de uma aluna, enquanto policiais assistiam. Além disso, segundo a página da ocupação, havia pais de alunos com martelos e barras de ferro que depredaram o patrimônio também sob o olhar de policiais coniventes. A polícia lidou com a situação lançando bombas de gás dentro da escola. Na página do Facebook da ocupação foi postada uma foto da aluna agredida pelo diretor:

> **[EE MARIA JOSÉ – FACEBOOK – 01/12/15]**
> "Os olhos falam... Os olhos choram, lágrimas de desespero, de medo e pavor. Mas a esperança ainda está ali.
> Foi dado início a uma onda de repressão, onde os polícias (representantes do Estado) invadem escolas, aterrorizam jovens que estão em luta por uma educação de qualidade, e que são contra uma 'reorganização', que não foi debatida com os principais interessados, os alunos.
> A luta continua, 'não tem arrego'. Não precisamos usar de força física, os sprays de pimenta, nossas armas são outras.
> A aluna L., com canetas na mão, afrontou a polícia na manhã de ontem dizendo "MINHA ARMA É OUTRA!""

Como relatado, apesar da violência, a desocupação foi malsucedida, pois os estudantes que estavam na escola no momento da invasão adotaram a tática de sentar no chão pacificamente, porém se recusando a sair, enquanto a situação era filmada.

Outro caso que recebeu grande atenção foi o da EE Coronel Antônio Paiva de Sampaio, em Osasco. No dia 30/11, a ocupação sofreu um ataque de pessoas desconhecidas, o que resultou em: depredação (portas arrombadas e cadeiras, mesas e armários revirados, livros espalhados); furto de aparelhos eletrônicos (computadores, televisões e tablets); destruição de documentos, monitores, grades e vidros; princípio de incêndio no teto da biblioteca; e lixo, resto de comida, lâmpadas quebradas, pratos e talheres de plástico e papéis espalhados pelo chão. Algumas fontes entrevistadas pelos autores sugeriram que a ação teria sido promovida por agentes do tráfico na região, mas ninguém – nem os estudantes nem os apoiadores – pôde identificar com certeza os responsáveis.

Vários telejornais divulgaram as cenas da destruição por todos os ambientes da escola. Fernando Padula declarou ao Jornal

Nacional: "**Certamente isto aqui não é coisa de aluno.** Isso aqui é coisa de movimentos políticos e que visam fazer isso aqui: a destruição do patrimônio público".

Enquanto que, mais cedo, no Bom Dia SP (também da Rede Globo), após mostrar os danos à escola, o repórter diz que não se sabe quem fez "**esta bagunça**"; e o âncora acrescenta: "**De qualquer forma, a gente volta pra aquela...** que a gente já viu anteriormente, que é o vandalismo no meio do protesto, né?" A Globo não procurou entrevistar nenhum aluno ocupante. O máximo que fez foi pedir o depoimento da presidente da Apeoesp. Páginas como Não Fechem Minha Escola, Passa Palavra, O Mal Educado e Ubes relacionaram o ocorrido à declaração de "guerra" que veio a público com o áudio vazado. No documentário *Anjos rebeldes*, uma aluna da escola se contrapôs a quem passou a acusar os ocupantes da depredação: "**aí eu acho que não foi certo o que tão falando, porque quando os alunos tavam aqui dentro tavam limpando, organizando a escola, ela não estava bagunçada...**". Segue um outro relato do evento:

[UBES – SITE – 01/12/15]
"**Nesta segunda-feira, logo após a Diretoria de Ensino de Osasco convocar a comunidade escolar para uma reunião de incentivo à desocupação da unidade, pessoas não identificadas invadiram a ocupação. Segundo relato dos estudantes, às 15h, esse grupo entrou na escola, quebrando e furtando materiais.**

O advogado F. B. mora em Osasco e desde o início das ocupações na cidade tem prestado apoio aos estudantes no esclarecimento de dúvidas. Ele conta que recebeu o chamado dos secundaristas quando a PM iniciou o ataque com bombas no lado externo da unidade de ensino para amedrontar os ocupantes.

'Por volta das 18h recebi o pedido de ajuda dos estudantes que estavam amedrontados, quando eles saíram da unidade. Consegui entrar com mais duas advogadas às 20h, quando eles realizavam uma assembleia que decidiu pela retomada da ocupação, porém às 21h, sofreram um novo ataque', relata.

F. conta que pessoas armadas invadiram a escola pelas entradas laterais, quando a biblioteca começou a pegar fogo. 'Dois ou três alunos entraram para tentar apagar, mas um deles se feriu e outro desmaiou. Eu mesmo entrei para ajudar no socorro, enquanto a polícia ficou do lado de fora, inerte', conta."

Depois do vazamento do áudio e da escalada violenta das estratégias do governo, a perspectiva para o movimento não parecia das melhores. Por outro lado, a coragem e disposição dos estudantes em luta só tendia a aumentar, e a dimensão que as ocupações tinham tomado em todo o estado lhes dava mais confiança.

CAPÍTULO 3
O RECUO DO GOVERNADOR

3.1

"HOJE A AULA É NA RUA": UMA NOVA FORMA DE AÇÃO DIRETA

Professora: "Vocês são malucos?!"
Aluno: "Malucos não, professora. Ousados."
(diálogo em uma escola na Região Central de São Paulo)

Se o áudio divulgado pelos Jornalistas Livres não teve o impacto esperado na mídia, ele teve efeito entre os estudantes e apoiadores da luta, porque, ao mesmo tempo em que revelava o esquema de ações para desmobilizar as ocupações, indicava clara e inequivocamente a obstinação do governo em manter a proposta de "reorganização". Nas redes sociais, a notícia foi interpretada como uma declaração de guerra:

[COMANDO DAS ESCOLAS OCUPADAS – FACEBOOK – 29/11/15]
"VAZOU O ÁUDIO DO CHEFE DE GABINETE DA SECRETARIA

DE EDUCAÇÃO CHAMANDO UMA GUERRA CONTRA OS ESTUDANTES

Fernando Padula Novaes, chefe de gabinete do secretário Herman Jacobus Cornelis Voorwald chama uma guerra contra os estudantes que estão ocupando as escolas. O áudio revela o papel dos dirigentes e diretores puxa-sacos que estão criando atos artificiais contra as ocupações e espalhando boatos para dividir os estudantes. Não é esse tipo de política suja que vai derrotar o movimento! Vamos vencer essa guerra!"

Este era o clima geral quando, às 9h de segunda-feira, no último dia de novembro, o Comando se reuniu para discutir os rumos do movimento: o chefe de gabinete havia declarado guerra às ocupações, os diretores estavam aplicando táticas sujas para desacreditar o movimento com a opinião pública e o governador continuava não mostrando nenhuma disposição para o diálogo.

Os representantes do Comando, que combinaram de se encontrar na EE Godofredo Furtado, foram surpreendidos no caminho. Perto dali, cerca de 100 alunos da EE Fernão Dias Paes haviam inaugurado, por volta das 7h30, uma nova forma de ação. Como em uma sala de aula, dispuseram suas carteiras uma ao lado da outra por cima da faixa de pedestres no cruzamento da Av. Faria Lima com a Av. Rebouças (rememorando o capítulo 1, foi exatamente neste ponto da cidade em que a Poligremia realizou um ato em apoio à luta do MPL-SP contra o aumento da tarifa em 2011). Meia hora depois, um grupo de não mais do que vinte policiais militares chegou ao local e começou a arrancar as cadeiras dos manifestantes. O esforço de uma aluna em impedir que um policial apreendesse sua cadeira ilustrou a capa da *Folha de S. Paulo* do dia seguinte. Sem as cadeiras, os manifestantes fizeram um grande círculo de mãos dadas tomando todo o cruzamento. **"Geraldo a culpa é sua, hoje a aula é na rua!"** – gritavam em coro. O ato todo durou cerca de quatro horas e segurou durante esse tempo o trânsito da região, uma das mais movimentadas da cidade.

Dias antes, os estudantes já sentiam a necessidade da mudança de tática:

[EE ANTONIO MANOEL – ENTREVISTA – 30/11/15]
"A gente saiu em atos de rua. Atos de rua, atos de rua, atos de rua. Todas as regiões fizeram atos de rua. Ato de rua não deu certo, [...] virou o piso. Aí a gente tem que radicalizar a luta, o que a gente faz? Vamo ocupar as escolas, ocupar as escolas foi, tipo, medida radical, assim, ó. Que aí a gente ocupou as escolas e aí pipocou: 200 escolas ocupadas. Aí ocupar a escola, [...] tá ligado, virou o piso. O que a gente faz, pra além de ocupar as escolas? E é uma pergunta que a gente faz pra gente também, todo dia, o que a gente faz, qual vai ser o próximo passo pra gente radicalizar mais? Vamo pegar os pneus e tacar fogo? É foda..."

[EE DIADEMA – ENTREVISTA – 26/11/15]
ALUNA: "[...] a luta não para agora e a nossa intenção é não parar na ocupação, é outras formas de... de forçar o governo a um diálogo, já que... de boa vontade ele não quer ter."
ENTREVISTADORA: "Que outras formas vocês tão pensando?"
ALUNA: "Isso vai ser discutido no Comando. Não tá totalmente decidido ainda."

De fato, a nova tática já estava sendo gestada antes do vazamento do áudio e foi o assunto principal da reunião de 30/11. Depois do encontro, tanto o Comando como O Mal Educado lançaram no Facebook chamados para que outras escolas seguissem o exemplo dos alunos da EE Fernão Dias e ocupassem as ruas. Pela terceira vez um manual foi produzido para incentivar os alunos para a ação:

[O MAL EDUCADO – CARTILHA – 30/11/15]
"HOJE A AULA É NA RUA: E O PRIMEIRO ENSINAMENTO É COMO TRAVAR UMA AVENIDA
Já são dois meses de protestos, três semanas de escolas ocupadas e nenhuma resposta sequer decente do governo. Hoje de manhã, os estudantes da EE Fernão Dias ocupada resolveram travar o cruzamento, e sim teve, AULA NA RUA!

A partir do exemplo do Fernão, nossos artistas de plantão prepararam um pequeno manual sobre travamento de avenidas. O trancamento dessa manhã pode servir de exemplo para todas as escolas ocupadas! O governo declarou guerra, e nós vamos responder com aulas... na rua, é claro!

Divulgue e leve essa ideia pra sua ocupação!"

O manual, reproduzido no Anexo ao final do livro, explicitava o inconformismo dos estudantes com o descaso do governo e a sensação de urgência em avançar na luta por meio da mudança de tática:

[O MAL EDUCADO – CARTILHA – 30/11/15]
"Estamos entrando na 4a semana de ocupação e já são mais de 200 escolas sob domínio estudantil e o governo decidiu fingir que nada está acontecendo. Temos que tirar o conforto do Seu Geraldo. Se não dermos um passo radical podemos perder o tempo e a luta, ou eles vencem ou nós. Com 200 ocupações podemos fazer centenas de atos e trancamentos de rua pela cidade. Se o governo não recuar, São Paulo vai parar."

A ideia divulgada no panfleto virtual trazia semelhanças com a utilizada nos bem-sucedidos protestos contra o aumento das passagens em 2013: pretendia parar a cidade até que suas demandas fossem atendidas. Por outro lado, apresentava novidades significativas. Diferentemente da estratégia do Movimento Passe Livre, a ideia não era promover alguns grandes atos puxados por um comando central com legitimidade popular, mas ações descentralizadas organizadas por grupos de afinidade reduzidos, formados em torno das mais de 200 ocupações. A aposta era realizar "**centenas**" de pequenos atos planejados independente e localmente. Era uma manobra ousada que dependia de uma boa dose de coragem e ousadia por parte dos estudantes, mas que, ao mesmo tempo, despertava um forte sentimento de orgulho:

[EE ANA ROSA – FACEBOOK – 30/11/15]

"Hoje não foi um dia como os outros... talvez a repulsa e a revolta possam tomar conta de mim, mas isso não importa... Saí de casa, eram mais ou menos 8h... como de rotina. Peguei o ônibus, não qualquer um, mas um que carregava guerreiros. Quem tem coragem de se espremer, de se diminuir, de colocar sua cara à tapa todo dia de manhã. E quantos guerreiros há em um dia só... Hoje mesmo, eu vi... a coragem que nós estudantes temos. Sempre soube dela, mas hoje ela foi me apresentada de uma forma inesquecível de como lutar pelo direito de estudar, como lutar pelo direito de ir e vir. Lutar e não ser oprimido. Não é só a "reorganização", é lutar contra um estado que como um vampiro, nos suga o sangue, nos suga até acabar com nossas energias e esperanças... e assim acha que somos uma presa fácil. Mas eles só acham mesmo.

[...]

O Dia acaba, mas a luta não... Estamos preparados para a guerra, mas uma guerra justa. Guerra que já saímos ganhando, sabe por quê? Porque não aceitamos calados. Vocês não vão sugar nosso sangue."

No mesmo dia em que o manual começou a circular, os estudantes da EE Sílvio Xavier decidiriam também não "**aceitar calados**" e atender ao chamado. À noite, enquanto Alckmin falava na Rede TV! que a "reorganização" já estava feita e que a tendência era que o número de ocupações naturalmente diminuísse, os alunos escolheram nada menos do que a Marginal Tietê como palco para seu ato, que durou pelo menos meia hora.

Confirmando a informação antecipada por Padula aos dirigentes de ensino e pelo próprio governador em rede nacional, no dia seguinte foi divulgado o decreto nº 61.672 que formalizava o processo de "reorganização", sendo o seu primeiro e único ato normativo. Formalmente, o texto do decreto simplesmente autorizava "**as transferências dos integrantes dos Quadros de Pessoal [...] nos casos em que as escolas da rede estadual deixarem de atender 1 (um) ou mais segmentos, ou, quando passarem a atender novos segmentos.**"

Logo na manhã da terça-feira (01/12), por volta das 7h30, cerca de 40 alunos com 15 ou 20 cadeiras, algumas carteiras e uma grande faixa escrito "**Hoje a aula é na rua**" dispuseram-nas em círculo fechando duas das três faixas da Av. João Dias. O ato fora combinado no dia anterior pelo Subcomando Regional de escolas da Zona Sul. Ao vivo, o helicóptero da Rede Globo transmitia as imagens para o programa matinal Bom Dia São Paulo. Segundo a repórter, a situação dos manifestantes era tranquila, "**bem diferente do que o motorista enfrenta**". Nos dias que se seguiram, os protestos tomaram conta dos noticiários matinais da emissora, que até então pouco cobrira as ocupações das escolas, enfatizando sempre o trânsito e o transtorno causado aos motoristas, mas muitas vezes também explicando seu motivo. A tranquilidade da manifestação anunciada pela repórter naquela manhã, porém, não durou: foi interrompida bruscamente por golpes de cassetete e três detenções. A violência vivenciada pelos estudantes nessa ocasião se repetiria inúmeras vezes nos dias que se seguiram.

Durante a tarde, outras duas importantes vias foram palco de pequenos atos dos estudantes. A primeira foi a Avenida do Estado, que liga o Centro da capital paulista à cidade de Mauá, fechada por estudantes da EE Américo Brasiliense na altura de Santo André, para uma aula pública. A ação também foi reprimida pela polícia e inclusive o professor convidado foi detido. A segunda foi a Rodovia Régis Bitencourt, que chega em Curitiba, tomada pelos alunos da EE Domingos Mignoni, localizada em Taboão da Serra.

À noite, um ato maior tomou a Avenida Nove de Julho, bem no Centro da cidade. Alguns policiais da tropa de choque estavam no local:

[DEMOCRATIZE – FACEBOOK – 01/12/15]

REPÓRTER: "Até o momento a manifestação tá pacífica. Vai ser usado algum armamento não-letal para conter a manifestação?"

COMANDANTE: "Nada por enquanto."

REPÓRTER: "Por enquanto."

COMANDANTE: "O problema é que eu não consigo conversar com ninguém lá. Eles não têm diálogo, não conversam com ninguém. A gente pode ficar aqui a noite inteira, mas eu preciso conversar com alguém."

Pouco depois, os presentes foram violentamente reprimidos. Enquanto marchava em direção aos manifestantes, a tropa batia em seus escudos e atirava bombas de gás lacrimogêneo e de estilhaço (chamadas cinicamente de bombas de "efeito moral"). O som ritmado dos cassetetes se chocando contra os escudos e os estrondos frequentes da enorme quantidade de bombas usadas pela polícia amedrontaram não só quem participava da manifestação, mas todos os moradores do Centro velho da cidade. Um casal que passava pelos arredores relatou que ouviu as bombas e pensou **"nossa, estão atirando bombas nas crianças?"**, decidiram filmar a ação e acabaram sendo levados para a delegacia. No Facebook alguns alunos preferiram ironizar a situação, publicaram a foto de uma granada de "efeito moral" da marca Condor usada no ato e escreveram:

[EE SALIM FARAH MALUF – FACEBOOK – 02/12/15]
"Os estudantes pedem educação e ganham condor!
      Esse foi o diálogo oferecido pela Tropa de Choque no protesto pacífico desta terça-feira na Av. Nove de Julho."

Na quarta-feira, dia 02/12, um grupo de alunos da EE Alves Cruz fechou a Avenida Dr. Arnaldo (na Zona Oeste de São Paulo) e foram hostilizados por um motorista **"todo furioso [que] puxou pela janela e deu um tapa na cara de uma ESTUDANTE"**, aos olhos da polícia que **"não fez absolutamente nada além de mandar o cara embora"**. Neste ato pelo menos quatro pessoas foram agredidas e detidas pela polícia. Um estudante foi asfixiado com um cassetete pelo policial e arrastado antes de ser algemado e detido numa clara violação do Estatuto da Criança e do Adolescente. Ele próprio relatou o caso a dois meios de comunicação:

[EBC – SITE – 02/12/15]

"Tudo aconteceu num momento de confusão quando liberamos uma faixa para passagem de uma ambulância. Quando tentamos fechá-la novamente, a polícia não deixou. Eles foram algemar um menino no chão e eu tentei impedir [...] fui enforcado com o cassetete e arrastado até uma moto, onde me algemaram. Depois, fui encaminhado para a delegacia e fui intimidado. Dois outros jovens foram presos no mesmo momento que eu e os policiais e o delegado nos diziam que a gente ia se ferrar muito mais."

[JORNALISTAS LIVRES – SITE – 02/12/15]

"Na hora que fui preso, no camburão, estava me sentindo meio sozinho, mas deu pra ver que na luta tá todo mundo junto, ninguém está sozinho. Tá todo mundo unido até o final e ninguém vai parar por causa da repressão da polícia."

[CONJUR – SITE – 03/12/15]

"O artigo 178 do ECA impede que o menor de idade acusado de cometer ato infracional seja transportado em compartimento fechado de veículo policial, 'em condições atentatórias à sua dignidade, ou que impliquem risco à sua integridade física ou mental, sob pena de responsabilidade'. No entanto, nesta quinta, diversos adolescentes foram levados em camburões pela PM."

Na hora do almoço, estudantes da EE Etelvina e da EE Maria Zilda, em Paraisópolis (Zona Sul de São Paulo), montaram a sala de aula na Avenida Giovanni Gronchi. Com cartazes e faixas, eles entoavam o funk hino do movimento: **"Etelvina é escola de luta! Maria Zilda é escola de luta!"**.

No final do dia foi a vez do cruzamento da Henrique Schaumann com a Teodoro Sampaio, em Pinheiros (Zona Oeste de São Paulo), virar palco da ação dos secundaristas. Neste ato, os estudantes foram atacados com bombas de gás e, segundo o site Jornalistas Livres, os motoristas no local apoiaram os estudantes. Apesar das bombas, os estudantes não se intimidaram, se reagruparam e seguiram, acompanhados pela Força Tática da PM, até a Praça do Ciclista na Av. Paulista.

Mesmo com os protestos, Padula declarou novamente para o Jornal Hoje (da Rede Globo) que o governo não voltaria atrás na medida. Já o governador insistia em usar a suposta "**ação política no movimento**" para justificar suas ações:

[JORNAL DAS DEZ (GLOBO NEWS) – TELEVISÃO – 02/12/15]
"Estamos 24 horas abertos para receber estudantes, receber professores e pais de alunos. Agora não é razoável a obstrução de via pública. É nítido que há ação política no movimento."

Em uma charge, a quadrinista Laerte Coutinho ilustrou o momento. Um grupo de jovens estão sentados atentos às explicações de um senhor de terno e óculos que diz: "**Estudantes, o governo ouviu vocês. Agora ouçam o governo**", apontando para uma gigantesca e impávida estátua do bandeirante Fernão Dias, que dá nome à segunda escola ocupada, conhecido por ter expulsado de São Paulo os jesuítas contrários à escravização de índios. A propósito, desde os primeiros dias de ocupação os alunos da EE Fernão Dias, em protesto, colocaram um saco de lixo preto na cabeça da estátua do bandeirante.

Sorocaba e Santo André foram provavelmente as duas cidades com maior proporção de escolas ocupadas no estado, talvez porque nesses municípios as entidades estudantis regionais tiveram legitimidade e vontade política para se somar ao movimento espontâneo de ocupações de escolas. Em Sorocaba, onde 24 escolas estavam ocupadas, o Judiciário local acolheu o pedido pelo governo estadual de reintegração de posse, o que foi surpreendentemente confirmado na segunda instância (o caso foi remetido para outra Câmara de Direito Público do TJ-SP, diferente daquela na qual tinha sido realizada a audiência de conciliação). Em resposta à decisão judicial (e também a graves casos de ameaça e intimidação ocorridos em algumas ocupações durante o fim de semana), os estudantes, puxados pela Uses (União Sorocabana dos Estudantes Secundaristas) e pela Upes (União Paulista de Estudantes Secundaristas), inauguraram outra forma de ação: a ocupação de Diretorias Regionais de Ensino.

No dia seguinte, os estudantes de Santo André, esses puxados pela Umes local, seguiram os passos dos colegas do interior e também ocuparam sua Diretoria Regional de Ensino:

[UMES SANTO ANDRÉ – FACEBOOK – 02/12/15]
"Ocupar as Diretorias Regionais de Ensino é uma forma de acirrar essa luta contra o antiprojeto da reorganização, e dizer em alto e bom som: Não daremos sossego aos inimigos da educação pública. [...] Queremos a retirada do decreto e o fim deste antiprojeto de reorganização. Depois disto, falaremos e lutaremos pela Escola que queremos. Desconsiderar e ignorar a força dos estudantes é um grave erro dos presunçosos e maus administradores."

A estratégia de organização descentralizada, ao mesmo tempo em que permitia uma pluralidade de formas de ação, era uma aposta. Os estudantes poderiam ou não atender ao chamado de ocupar as ruas, bem como poderiam ou não ter atendido ao chamado de ocupar as escolas anteriormente. De maneira similar às ocupações dos colégios em que observamos um movimento crescente até atingir o ápice de intensidade no dia da prova do Saresp, a estratégia das **"aulas na rua"** atingiu seu clímax quatro dias depois da divulgação do manual dos trancamentos. Em um único dia (quinta-feira, dia 03/12) quase vinte pontos da cidade, dentre avenidas, cruzamentos e centros urbanos, foram tomados pelos estudantes. A extensa lista incluiu as avenidas Paulista, Autonomistas, Heitor Penteado, Tiradentes, 23 de Maio, Faria Lima e Francisco Morato, os cruzamentos da avenida São João com a Angélica e da Jacu Pêssego com a Radial Leste, ambas as marginais em diferentes pontos, o Largo 13, os centros de Diadema, de Itaquera e da Lapa, a estrada do M'Boi Mirim e os terminais João Dias e Santo Amaro.

Logo de manhã, os estudantes da EE Salim Farah Maluf fecharam a Jacu Pêssego na Zona Leste que terminou novamente com repressão violenta e duas detenções (incluindo a de uma menor) e outro grupo fechou a Av. dos Autonomistas em Osasco:

> **[EE FRANCISCA LISBOA PERALTA – FACEBOOK – 03/12/15]**
> "Protesto de estudantes contra fechamento de escolas na reorganização da rede de ensino estadual, na cidade de Osasco (SP), nesta quinta-feira. A avenida dos Autonomistas é ocupada por integrantes da União dos Estudantes de Osasco. Após interromper a avenida nos dois sentidos, os estudantes passaram pelo Viaduto Metálico, rumo ao centro da cidade. Alunos pedem a saída de Alckmin, e a melhoria na educação, deram uma aula de respeito [e] democracia, sendo uma manifestação pacífica! FOI DE PARAR O TRANSITO... OSASCO PAROU."

Enquanto isso, estudantes da EE Fidelino Figueiredo fechavam o cruzamento da Av. Angélica com a Av. São João na Santa Cecília (Região Central de São Paulo) e eram reprimidos pela polícia. Segundo sua página no Facebook, os **"polícias sequer se aproximaram para um diálogo, de longe, arremessaram diversas bombas de gás lacrimogêneo"**. Os estudantes insistiram, fecharam o próximo cruzamento da Av. São João e novamente foram reprimidos. Desta vez uma bomba **"atingiu um motociclista, fazendo com que sua moto pegasse fogo, colocando em risco a vida dos estudantes e de todos que passavam no local"**.

Os alunos da EE Alves Cruz ocupada fecharam a Av. Heitor Penteado enquanto, não muito longe dali, os da EE Miss Browne fechavam a Av. Pompeia (ambas na Zona Oeste de São Paulo). Quando eles decidiram se encontrar foram reprimidos pela polícia:

> **[EE ALVES CRUZ – FACEBOOK – 03/12/15]**
> "[...] foi tudo muito bem organizado, menos na parte quando fomos encontrar outra escola e a polícia atacou duas bombas em nós alunos e em todos que estavam na rua, na frente do posto de gasolina e no metrô Vila Madalena."

Na Marginal Pinheiros, os estudantes em ato lutaram para que suas cadeiras não fossem arrancadas. É notável a preocupação dos estudantes com o patrimônio público e o contraste com a marcante violência por parte da polícia:

[FACEBOOK PESSOAL – 03/12/15]
"Eu estava segurando a cadeira quando o policial veio com brutalidade pra cima de mim e tentou puxá-la. Um colega veio para perto de mim quando outro PM chegou e deu um soco na cara dele (?); Eu falei: Vocês estão batendo em criança que está lutando por educação. O policial respondeu gritando: CALA A BOCA E SOLTA ESSA PORRA!

(Me deu um chute).

Ele conseguiu pegar a cadeira de mim e eu falei: CUIDADO COM A CADEIRA, ELA É DA ESCOLA. (ELE JOGOU A CADEIRA LONGE)... Eu fui e levantei a cadeira.

Tem pessoas falando que EU estava desacatando o policial e depredando patrimônio público.

O cara bate numa adolescente, joga a cadeira da escola longe (amassando ela) e eu sou a errada da história?

Da licença né?!

Quem estava lá viu o que realmente aconteceu; a minha maior preocupação era devolver a cadeira pra escola intacta.

Quem jogou a cadeira? Quem estava depredando patrimônio público?"

[EE ANA ROSA – FACEBOOK – 03/12/15]
"Depois de hoje nunca mais serei a mesma. Talvez porque levei um real choque de realidade, quando o gás de efeito moral entrou, não queria mais sair, fiquei sem palavras, sem ação, sem reação... Se não fosse uma alma amiga me dar água, para molhar minha alma que foi seca pela brutalidade de um homem fardado. Logo após, eu não conseguia segurar minha revolta, vieram um turbilhão de sentimentos... turbilhão que foi calado novamente pelo homem fardado. As cadeiras eram jogadas, desprezadas como

algo abominável pelas pessoas furiosas pelo nosso ato... Eu podia olhar nos olhos de quem estava lá. Olhinhos que brilhavam determinação, olhos que reconheciam a cumplicidade de quem não foge à luta. Hostilizados, nós continuamos... não nos importamos se julgam isso que fazemos como errado... não é errado! Vejo meus amigos seguindo para a Marginal Pinheiros, infelizmente voltei... a preocupação tomou conta de quem toma conta da minha vida. Me dói saber que não fui, me preocupa, me deixa aflita. Mas sinto alívio em ver os outros indo. Voltei na escola e fui recebida com um abraço, 'ainda bem que você chegou bem', um suspiro aliviado, e um sorriso sincero."

Apesar da forte repressão, os estudantes não se intimidaram. Anunciaram novo encontro com o auxílio da página d'O Mal Educado:

[O MAL EDUCADO – FACEBOOK – 03/12/15]
"SEGUINTE: Fomos reprimidos e reprimidas hj e não vamos parar. ESCOLAS DE LUTA, dizem onde estão e vamos nos encontrar e fechar alguma rua juntos!
FERNÃO, ANA ROSA E ANDRONICO: Faria Lima com Rebouças"

Conforme anunciado, o grupo fechou novamente a Faria Lima na altura da Rebouças, mas em menos de quinze minutos foi dispersado por bombas de gás atiradas pela Polícia Militar. Era "**a terceira vez no dia que respiram bomba de gás mas continuam firmes na luta e com muita disposição**". Pouco depois, o grupo se reuniu e decidiu voltar a ocupar a via. Reocuparam e foram novamente atacados pela polícia. Repetiram esse processo por quase cinco km ao longo de toda a Faria Lima até a altura da Berrini onde três estudantes foram detidos:

[O MAL EDUCADO – FACEBOOK – 03/12/15]
"POLÍCIA REPRIME E PRENDE ILEGALMENTE TRÊS ESTUDANTES NA FARIA LIMA
Após reprimir a manifestação na Av. Faria Lima, em Pinheiros, a

Polícia Militar prendeu três estudantes, que estão sendo levados para a 14a DP. Uma prisão sem nenhuma justificativa – pois 'detenção para averiguação' é INCONSTITUCIONAL! Muitos alunos passaram mal com as agressões e o gás tóxico. Todo apoio é necessário! Tá aí a 'guerra' que o Alckmin declarou contra os alunos! Abaixo a repressão! Força, estudantes!"

Os demais seguiram em ato com suas cadeiras até um Distrito Policial nas proximidades, apenas para descobrir que não fora para lá que seus companheiros haviam sido levados. Seguiram até o local correto, próximo à EE Fernão Dias, onde foram de novo violentamente reprimidos e tiveram mais colegas detidos.

Além de corajosos, os secundaristas se mostravam incansáveis. De manhã, um grupo de alunos da Zona Sul fechou o Terminal João Dias e seguiu para a Marginal Pinheiros, onde se encontrou embaixo da Ponte Santo Dias com um segundo grupo que vinha lá da Estrada do M'Boi Mirim. Um manifestante, provavelmente professor, aproveitou o momento para homenagear o operário que dá nome à ponte. Santo Dias da Silva, integrante da Oposição Sindical Metalúrgica de São Paulo, foi assassinado por policiais em uma manifestação durante a ditadura militar enquanto tentava convencer a polícia a libertar um companheiro preso, e é considerado símbolo da resistência da Zona Sul. Semanas depois, em entrevista, uma secundarista que participou do ato ainda lembrava com clareza do momento "**mais bonito [daquele protesto]**", que ainda passaria pelo Terminal Santo Amaro antes de chegar ao Largo 13:

[COMANDO DAS ESCOLAS OCUPADAS – ENTREVISTA – 17/01/16]
"A gente se encontrou embaixo da Ponte Santo Dias né? Aí eu não sei quem... um professor acho, pegou o megafone e falou: 'a gente tá embaixo da Ponte Santo Dias que foi símbolo aqui da resistência aqui da Zona Sul'. Aí a gente ficou todo emocionado lá. [...] nossa, foi muito bonito. Foi muito bonito também porque a ponte ela faz aquele eco né? Aí, quando a gente entrou embaixo do túnel,

parece que tinha mil pessoas falando assim. Foi... Foi muito legal. A gente se encontrou, ficou pulando lá, se abraçando..."

Além do apelo midiático, em alguns casos, os atos serviram para divulgar a luta na vizinhança das escolas ocupadas. Em Diadema, durante o **"trancaço"** da Av. Fábio Eduardo Ramos Esquível, os estudantes "[conseguiram] **mobilizar muitos motoristas e [conversar] com boa parte deles sobre as ocupações escolares e também sobre a reorganização escolar"**. Dias depois, um grupo de alunos das escolas Virgília Rodrigues Alves de Carvalho Pinto, João XXIII e Emygdio de Barros pararam a Rodovia Raposo Tavares, distribuíram panfletos em que pedem desculpas aos "**trabalhadores**" por "**atrapalhar seus compromissos**", mas que essa era uma das formas que eles tinham para "**chamar a atenção do governo**" para suas demandas.

O sentimento entre os motoristas era ambíguo. Alguns se incomodavam com o trânsito – houve casos de motoristas que agrediram os estudantes (e até mesmo ameaças com armas) – e outros apoiavam os estudantes. Além da já relatada agressão de um motorista aos estudantes que fechavam a Dr. Arnaldo, uma aluna do EE Ana Rosa, em um texto para o *El País*, descreveu a seguinte situação:

[EL PAIS BRASIL – SITE – 11/12/15]

"[...] para mim, o pior mesmo foi quando vi que uma pequena parte da população tentou reprimir os nossos protestos. Aconteceu, por exemplo, na manifestação do dia 3 de dezembro. Pessoas rasgaram nossos cartazes e tentaram nos tirar da rua à força. Ônibus, motos e carros ficavam avançando na nossa direção – parecia que queriam e que iam passar por cima da gente. Fiquei bem triste. Mas, logo pensei: a única explicação para essas pessoas reagirem dessa maneira é a falta de informação. Elas não sabem o que está realmente acontecendo nas escolas, são manipuladas pela tevê, enganadas pelos políticos... Só pode ser por isso. E pensar assim me deu força pra seguir na luta, porque só quem sabe o que realmente está rolando nas escolas ocupadas somos nós, estudantes, professores, funcionários e apoiadores. Gente que está acompanhando essa história de perto, de verdade. Por isso, nossa missão é explicar."

A maior parte da população, porém, parecia estar efetivamente a favor da causa dos estudantes. Um motorista parado no trânsito da M'Boi Mirim chegou a dar a seguinte declaração:

[JORNALISTAS LIVRES – FACEBOOK (VÍDEO) – 03/12/15]
"Tá certo! Tem que parar mesmo. Tem que protestar. Tá certinho! Tem que parar a cidade pros nossos governadores tomarem vergonha na cara né?"

Os estudantes tinham consciência de que os trancamentos não eram só uma volta às ruas e uma maior visibilidade pública, como também uma oportunidade de interagir com a população, uma aula de cidadania:

[EE DOMINGOS MIGNONI – FACEBOOK – 01/12/15]
"Nos disseram uma vez que em uma luta se conquista muitas coisas, porém também se perdem outras. Nós, alunos, perdemos a crença de que a sociedade ainda se importa conosco, quando saímos para uma manifestação (que por sinal foi maravilhosa) e nos deparamos com a ignorância do ser humano, que muitas vezes nos tapa os olhos para a verdade dolorosa. Hoje, a hora da vez foi a manifestação fora da escola, sabem por quê? Porque o Alckmin precisa nos ouvir, porque a Secretária de Educação precisa nos ouvir, porque nossos pais precisam nos ouvir, mas além disso tudo a própria população precisa nos ouvir! Está na hora de até mesmo os adultos entenderem que a importância da vida vai muito além do seu próprio problema, e sim no que todos ao seu redor sofrem! Estamos aqui para exercer a cidadania, [devolvê-la à] população, e se for preciso ensinamos a todos como nossos professores fizeram e ainda fazem conosco!"

O fato é que, mesmo com a interrupção do fluxo de carros em tantos pontos da cidade, em sua maior parte nos horários de pico, o trânsito total da cidade no dia 03/12 não foi significativamente alterado. Segundo dados do site Maplink, no pico da manhã, por volta das 8h, foram registrados 372 km de congestionamentos, pouco mais do que 365 da semana posterior, porém menos do que os 420 da semana anterior. Já no pico da tarde, por volta das 18h, foram registrados 639 km, ponto também intermediário entre os 625 e 673 km das semanas anterior e posterior. Ou seja, em termos totais, o congestionamento gerado pelos atos, mesmo em seu dia mais intenso, não foi maior do que a flutuação natural do trânsito na capital.

Conforme os estudantes ficavam mais corajosos, mais preocupavam pais e professores que os apoiavam. Durante os dias de trancamento, um grupo de alunos veio à escola para buscar cadeiras para um ato. Uma das professoras nem tentou dissuadi-los, esforçando-se apenas em convencê-los de mudar o local. Era insensato, dizia a professora, fechar uma rua exatamente em frente à "sede" da ROTA, um batalhão da Polícia Militar. Não deixou os estudantes saírem antes de prometerem que procurariam outro local para o ato. Minutos depois, dois ou três alunos chegaram procurando seus colegas. Perguntaram se eles haviam ido para a Avenida Tiradentes como combinado e, satisfeita, a professora lhes informou que os havia convencido a procurar outro local, mas que ela ligaria para verificar onde estavam. "**Estamos na Tiradentes**", disse o garoto do outro lado da linha, "**Como vocês estão na Tiradentes?!? Vocês são malucos?!**", retrucou a docente desesperada; "**Malucos não, professora. Ousados**", corrigiu o aluno. Resignada, ela passou a informação aos demais, que partiram para encontrar os amigos aos gritos de preocupação da docente: "**Vocês vão de chinelo!?!**".

A preocupação da professora tinha fundamento. A violência despropositada que a polícia usava contra os atos era notória. Quase todos terminaram com ações truculentas por parte dos representantes do Estado. Dezenas de estudantes foram detidos e, no caso mais grave, uma manifestante universitária que participava dos atos junto com os secundaristas foi revistada por homens e sofreu assédio sexual por parte dos policiais:

[NÓS, MULHERES DA PERIFERIA – SITE – 06/12/15]

ENTREVISTADORA: "Sobre a repressão que você sofreu, você se considera mais atingida por ser uma mulher negra?"

MANIFESTANTE: "Sim, sim! Existe uma disposição do Estado para tratar as pessoas pretas e pobres de outra forma. Se eu fosse uma estudante da Universidade de São Paulo e branca, a polícia nunca ia me apalpar e dizer que ia cortar minhas tranças e me chamar de 'macaca'. Existe uma disposição do Estado, uma disposição racista de dar esse outro tratamento. Poxa, eu ainda fui passar por uma CDP (Centro de Detenção Provisória) e em alguns momentos ainda fui bem tratada, mas tinha gente lá fora me esperando e me observando. E quem não tem?"

Outro caso chocante foi de um rapaz algemado e carregado seminu de cabeça para baixo por quatro policiais: dois seguravam seus braços e dois suas pernas, enquanto ele suplicava em desespero com o rosto vermelho. Enquanto filmavam a cena, duas pessoas denunciavam: "**Ele está sem roupa! Trate-o como um humano, pelo menos!**".

Os abusos da polícia foram condenados por diversas ONGs, como a Anistia Internacional, que avaliou que as "**denúncias de agressões e invasões nas escolas ocupadas, imagens e relatos de violência física, uso de bombas de efeito moral e gás lacrimogênio e prisões de manifestantes nos atos de rua mostram que o governo não está dialogando com os movimentos**". Além disso, em abril de 2016, o Comitê de Mães e Pais em Luta – um grupo de "**Mães e Pais unidos em apoio aos estudantes em luta, em defesa de uma educação pública, gratuita e de qualidade**", como diz a descrição de sua página no Facebook criada no começo de dezembro de 2015 – e a ONG Artigo 19 enviaram à Comissão Interamericana de Direitos Humanos (CIDH), da Organização dos Estados Americanos (OEA), um extenso dossiê das violências e arbitrariedades cometidas pelas autoridades paulistas, policiais e governamentais, contra os estudantes. Uma audiência foi marcada com uma comissão formada por uma advogada e três estudantes cujo dinheiro para as passagens e estadia foi arrecadado por meio de uma campanha que contou com pequenas doações de cerca de 300 apoiadores do movimento.

A inesperada virada tática de realizar a ação direta de trancar ruas e avenidas, ainda mantendo as ocupações de escolas, foi crucial para o movimento. No começo de dezembro, a forma ocupação já teria "**virado o piso**", como disse o estudante da EE Antonio Manoel citado no início desta seção, e seria difícil fazer frente ao padrão repressivo e autoritário subterrâneo da burocracia estatal sem uma mudança significativa de postura. A aposta – catalisada pelo setor mais autonomista do movimento, mas com uma adesão espontânea de outros estudantes – era arriscada e trazia ainda mais evidência pública para a luta dos estudantes. Para barrar a "reorganização", eles precisariam, além disso, do apoio tanto da população quanto de determinadas instituições.

3.2

"APENAS UMA TRILHA SONORA": A LUTA GANHA O APOIO DE ARTISTAS E DA SOCIEDADE CIVIL

"E esses meninos tão sendo uma luz pra gente, sabe?
Esses meninos são maravilhosos..."
(Criolo)

No começo de novembro, foi publicada uma pesquisa do Datafolha (cujos dados haviam sido coletados no fim de outubro) indicando que mais da metade (59%) dos paulistas eram contrários à "reorganização" escolar. Mesmo que naquele momento a opinião pública já se posicionasse majoritariamente contra o projeto, não havia uma mobilização expressiva da sociedade civil acompanhando o movimento dos estudantes, centrado até então nas manifestações de rua. Este cenário mudou com a virada tática das ocupações: uma parcela da sociedade civil passou a apoiar cada vez mais os estudantes em luta, tanto na própria dinâmica cotidiana das ocupações (através das doações de mantimentos, assistência jurídica e promoção de atividades culturais e educativas) quanto na internet.

O apoio nas redes sociais foi expressivo. Participantes e apoiadores do movimento souberam aproveitar o potencial de diversas plataformas distintas. O WhatsApp foi o mais importante canal de comunicação entre os próprios ocupantes. As páginas do coletivo O Mal Educado e a Não Fechem Minha Escola eram certamente as principais referências no Facebook. Mais tarde, a página do Comando das Escolas Ocupadas passou a ser uma espécie de canal oficial de comunicados dos estudantes. No Twitter, o perfil #OcupaEscola e o perfil do Centro de Mídia Independente (CMI) de São Paulo eram provavelmente as principais referências: o primeiro cumpria a função de informar em tempo real aos apoiadores a situação e as necessidades das diversas ocupações, já o segundo teve papel importante nas manifestações, cobrindo-as ao vivo e transmitindo online via streaming de vídeo.

Apoiadores não doaram apenas bens de consumo para as ocupações: muitas pessoas se dispuseram a doar seu conhecimento, seu tempo e sua força de trabalho. Em meados de novembro, um coletivo chamado Hub Livre se dispôs a organizar um canal de doação de aulas para as escolas ocupadas. A ideia da campanha, justamente chamada #DoeUmaAula, era alimentar, por meio de um formulário online, um banco de dados de aulas e oficinas oferecidas por voluntários. Essa base seria compartilhada com as escolas para que pudessem contatar os professores e oficineiros e organizar as atividades. A iniciativa circulou pela internet e em três horas já contava com quase 700 propostas e, dois dias depois, esse número beirava os 2.500. As escolas receberam apresentações de teatro, aulas preparatórias para o vestibular, aulas de história, de artes, de matemática, oficinas de grafite e centenas de debates sobre os mais variados temas.

Conforme aumentavam as denúncias de abusos policiais e das diretorias, porém, era difícil se manter conectado a todos os muitos casos ocorridos pelo estado. Durante o segundo dia do

Saresp, em um momento de pico das denúncias, a ONG Minha Sampa lançou a campanha #DeGuardaPelasEscolas. O projeto permitia a qualquer interessado cadastrar seu número de celular para receber uma mensagem (SMS) caso alguma escola próxima estivesse sendo desocupada à força pela polícia, sofrendo abusos ou violência. Quase 4.000 pessoas aderiram à campanha e cadastraram seus números para se tornarem "guardiões" das escolas.

Quando a ocupação da EE Maria José foi invadida por um grupo de pais e policiais, junto com o diretor da escola, um SMS foi disparado para os moradores da região. Uma "guardiã" recebeu o SMS e encaminhou a mensagem para um grupo de apoiadores no Facebook (Sociedade Civil Pró Escolas Ocupadas). Algumas pessoas se deslocaram para a escola para presenciar e registrar a ação truculenta da polícia e da diretoria, e advogados e jornalistas foram acionados. A estratégia de mídia cruzada foi muito bem-sucedida.

Outra iniciativa, que não apenas divulgou ou viabilizou apoio ao movimento, mas que também procurou amplificar a voz dos estudantes, foi o #OcupaEstudante. A ideia era oferecer espaços nos veículos de comunicação para alunos que participaram das ocupações. Um mês antes, em novembro, uma iniciativa parecida, #AgoraÉQueSãoElas, promoveu a ocupação de mulheres em colunas de jornais, em blogs e revistas. A iniciativa de dezembro contou com a adesão de veículos de mídia como Carta Capital, Brasil Post, Revista Fórum, Le Monde Diplomatique e Outras Palavras, além de blogs como Blogueiras Feministas e Periferia em Movimento. Através destes veículos, os protagonistas do movimento tiveram a oportunidade de contar com as suas próprias palavras a experiência das ocupações e da luta contra a "reorganização" escolar. Infelizmente, estudantes de ocupações de fora da Zona Oeste da capital foram muito sub-representados na campanha. Dos 12 textos que foram identificados, oito eram de ocupantes da Zona Oeste, sendo cinco (praticamente metade do total) de uma única escola: EE Ciridião Manuel Buarque, localizada no Alto da Lapa.

Além de todas estas iniciativas possibilitadas ou potencializadas pela internet, dois manifestos circularam na rede nos primeiros dias de dezembro. O primeiro, assinado por cerca de duzentos "intelectuais, artistas e figuras públicas", tais como Marilena Chauí, Fábio Konder Comparato, Guilherme Boulos, Gregório Duvivier e Luciana Genro, reivindicava a "suspensão imediata da 'guerra' contra os estudantes adolescentes bem como desse projeto de reorganização". O segundo manifesto foi assinado por 25 organizações, em sua maioria ligadas à educação, como o Instituto Paulo Freire, o Conselho de Representantes dos Conselhos de Escola, o Fórum Paulista de Educação Infantil e o Fórum de Educação de Jovens e Adultos do Estado de São Paulo. O texto seguia o tom de um manifesto da Congregação da Faculdade de Educação da USP aprovado ainda em novembro que concluía insistindo que "quaisquer mudanças na organização da educação do Estado só devem ser implementadas após debates amplos e consulta, por meio de audiências públicas, à comunidade escolar e acadêmica especializada".

Se o posicionamento favorável aos estudantes vindo de intelectuais e organizações ligadas à defesa da escola pública não eram surpresas, também houve o apoio político inesperado de outros atores. As torcidas organizadas do Corinthians e do São Paulo – Gaviões da Fiel, Independente e Dragões da Real – declararam publicamente apoio, oferecendo ajuda e defendendo a legitimidade do movimento:

> **[GAVIÕES DA FIEL – SITE – 03/12/15]**
>
> "Os Gaviões da Fiel Torcida, entendendo seu papel histórico além das arquibancadas, como movimento social que também é, vem a público declarar seu total apoio à juventude estudantil que hoje ocupa centenas de escolas por todo o estado, em protesto contrário à reorganização imposta pelo governo estadual."

Além deste apoio de organizações da sociedade civil e iniciativas de uma rede de indivíduos apoiadores na internet, também foi instrumental nesta fase da luta contra a "reorganização" o apoio de certo setor da classe média paulistana, em especial figuras públicas e artistas. Enquanto coletivos culturais das periferias participaram do movimento mais no dia a dia das ocupações, promovendo uma série de atividades culturais e dando suporte no local, artistas e produtores culturais de classe média entraram em cena principalmente nesta fase final da luta, já no final de novembro. Estes atores tiveram grande peso no processo que aos poucos foi emparedando o governo, pelo seu alcance com o grande público e espaço na mídia, levando a pauta do movimento a um circuito mais *mainstream*.

Desde o início do movimento, a ocupação da EE Fernão Dias tornou-se uma espécie de ponto de concentração deste apoio. Uma das figuras proeminentes deste setor foi a cartunista Laerte, que estudou na EE Fernão Dias. A relação com ex-alunos conhecidos e moradores da região (bairro de Pinheiros na Zona Oeste) contribuiu para que o foco das notícias se mantivesse neste colégio mesmo depois de dezenas de ocupações. Logo nos primeiros dias de ocupação, a escola recebeu a visita do ator Pascoal da Conceição, que interpretava o famoso Dr. Abobrinha no programa infantil Castelo Rá-Tim-Bum. Mais tarde ele, Laerte e o ator e colunista Gregorio Duvivier, do Porta dos Fundos, participaram de uma roda de conversa na qual o colunista argumentou que o principal desafio dos estudantes era não se deixar silenciar e disputar a "batalha das palavras" (a expressão "fechar escolas", por exemplo, inexistia no discurso dos representantes do governo e na mídia impressa, e quando aparecia, vinha quase sempre entre aspas). O cantor e compositor Chico César também visitou a escola e, antes de fazer uma pequena apresentação, declarou:

[O MAL EDUCADO – FACEBOOK – 23/11/15]

"[Os estudantes estão ensinando que] as instituições existem para cuidar das pessoas, elas tem que representar a vontade, o desejo, as necessidades e as demandas da população. Elas não podem vir de cima para baixo, como foi essa decisão de 'reorganizar' a educação em São Paulo, fechando escolas."

Não foi só a EE Fernão Dias que recebeu visitas de famosos: o músico Tico Santa Cruz, da Banda Detonautas, visitou a escola ocupada Caetano de Campos, no Centro da capital paulista, e comentou que aquilo se tratava de um **"movimento histórico"**. Mais tarde, quando a EE Coronel Antônio Paiva de Sampaio, em Osasco, foi invadida e depredada, o músico denunciou a cobertura da Rede Globo:

> **[TICO SANTA CRUZ – FACEBOOK – 01/12/15]**
> **"[O Telejornal insinuou] que foram estudantes que promoveram a ação, sem investigar ou mesmo questionar se essa atividade não tenha sido orquestrada por terceiros para tirar a legitimidade das ocupações"**

A decisão de trancar as vias públicas, apesar de polêmica, não afastou os apoiadores, muito pelo contrário. No começo de dezembro, conforme aumentava a exposição dos alunos na mídia, aumentou também o apoio da sociedade civil, inclusive de artistas que defenderam publicamente a ação dos estudantes.

Dentre os famosos, a atriz Leandra Leal postou uma foto do ato na Faria Lima e criticou a forma como a "reorganização" estava sendo conduzida, e a comediante Monica Iozzi ironizou a forma marginalizadora como os jornais tratavam as manifestações:

> **[LEANDRA LEAL – INSTAGRAM – 02/12/15]**
> **"é inaceitável que uma tentativa de mudança abrupta seja feita sem diálogo e com truculência por parte do estado".**

> **[MÔNICA IOZZI – TWITTER – 29/11/15]**
> **"Como os jornais marginalizam as manifestações. Daqui a pouco vão começar a chamar os estudantes que ocuparam as escolas de SP de terroristas".**

Em uma das manifestações de apoio de artistas que mais circulou na internet, o cantor e compositor Criolo deu, emocionado, uma entrevista para a Revista Trip dizendo que a luta dos estudantes era pelo básico do que lhes pertence, a escola, e pediu para encerrar a entrevista, gravada em vídeo, já com a voz embargada de choro:

[REVISTA TRIP – SITE – 02/12/15]
"Olha, falta palavras viu? Mas é muito gritante o modo como a gente é tratado. cara... É muita revolta. E esses meninos... Eles é que tão dando força pra nós, os adultos. Eles são maravilhosos, cara. É tanto desperdício você sucatear as escolas, é tanto desperdício você tratar mal o professor, sabe? O professor não poder levar dignidade através do seu trabalho, da sua entrega, da sua família, é muito duro. Este ano foi muito duro pro Brasil. Tanta coisa horrorosa, errada. E esses meninos tão sendo uma luz pra gente, sabe? Esses meninos são maravilhosos... Não quero falar mais não..."

A aproximação com uma espécie de *mainstream* da produção cultural paulistana com relação ao movimento das ocupações atingiria seu ápice nos dias 6 e 7 de dezembro, com a Virada das Ocupações. O evento foi, para uma parcela dos estudantes, uma espécie de comemoração do recuo do governador em relação ao projeto de "reorganização" da rede. Os shows foram organizados pela ONG Minha Sampa e tiveram participação de cerca de 2 mil voluntários e 800 artistas. De acordo com os organizadores, mais de 20 mil pessoas assistiram às apresentações que ocorreram simultaneamente em dez escolas ocupadas. Durante a semana que precedeu o evento, os artistas confirmados foram anunciados, mas os locais dos shows em que cada um se apresentaria não foram divulgados até momentos antes de cada apresentação, por motivos de segurança.

O palco principal foi montado do lado da EE Alves Cruz na Praça Horácio Sabino (na Zona Oeste de São Paulo). Criolo abriu os shows e pediu para que fossem respeitados os cartazes que os alunos haviam colocado nas escadas em frente ao palco, dizendo que aquela era a mensagem importante e que eles fariam "**apenas a trilha sonora.**" Alguns dos cartazes diziam: "**Governador fala a verdade educação nunca foi prioridade!**", "**Tira a minha escola** eu tiro o seu sossego", "Ocupar e resistir", "As bi, as gay, as trava e as sapatão, tão tudo organizada pela educação". Seu show foi todo marcado por um misto de mensagens de luta e humildade. O artista abriu dizendo:

[YOUTUBE – 07/12/15]
"Os adulto falam muito e as crianças vem e falam: 'Jão, tá tudo errado!'. Porque a gente não quer guerra com ninguém. A gente veio na maior humildade dizer: 'Vocês vão tirar até as escolas mesmo tio?'"

O palco principal ainda recebeu shows de Maria Gadú, Bárbara Eugênia, Vanguart, Céu, Paulo Miklos, Tiê e Arnaldo Antunes, entre outros. Não é possível citar todos os artistas que passaram pela Virada, mas para mencionar alguns: Karina Buhr cantou na EE Caetano de Campos e Léo Cavalcanti na EE Plínio Negrão. A EE Emygdio de Barros e a EE Diadema também receberam shows no primeiro dia.

No dia seguinte, Luana Hansen e a pequena e impressionante MC Soffia tocaram na EE Ciridião Manuel Buarque. Ali perto, na EE Romeu de Moraes, o ponto alto foi o show do Emicida, mas a escola ainda recebeu muitos outros shows, como o do rapper Rael, de Yzalú e Arthur Freestyle. Na EE Caetano de Campos os shows continuaram com presença de Tico Santa Cruz, Xis, Tulipa Ruiz e Cachorro Grande, entre tantos outros. A EE Gavião Peixoto recebeu apresentações de Paulo Miklos e Maria Gadú (que já haviam tocado no palco principal), Daniel Black, Chico César, Vespas Mandarinas, Fresno e Pitty. A cantora baiana, em vídeo gravado pelo Minha Sampa, exaltou o papel das meninas na linha de frente da luta contra a "reorganização". Junto com Paulo Miklos, a cantora protagonizou um dos muitos momentos memoráveis da noite tocando a música dos Titãs que denuncia a atuação seletiva da polícia no Brasil, situação vivenciada na pele pelos alunos: "**Polícia para quem precisa de polícia!**". Especialmente para a Virada das Ocupações, Daniel Black compôs a música "Trono do Estudar":

"Ninguém tira o trono do estudar
Ninguém é o dono do que a vida dá
E nem me colocando numa jaula
Porque sala de aula essa jaula vai virar"

A música foi apresentada para os estudantes na EE Gavião Peixoto em dueto entre Black e Maria Gadú. Posteriormente a gravação em estúdio teve a participação de quase vinte músicos dentre os quais Chico Buarque, Zélia Duncan, Tiê, Tetê Espindola, Dado Villa-Lobos, Paulo Miklos e Fernando Anitelli, e foi um sucesso quase instantâneo nas redes com mais de 200 mil visualizações no Youtube, coroando o processo de *"mainstreamização"* da luta contra a "reorganização". A música hino das ocupações, porém, continuou sendo, sem dúvida, o contagiante funk do MC Foice e Martelo, "Escola de Luta", grito de guerra obrigatório em todos os atos.

Também no dia 07/12 foi organizado um encontro de cozinheiros para confecção de comida para as escolas ocupadas. Os voluntários receberam doações e prepararam marmitas em um café na região de Pinheiros chamado House of Food. O mutirão, como foi chamado o evento, contou com o apoio daqueles que doaram os alimentos, daqueles que ajudaram no preparo das comidas e daqueles que ajudaram a entregar as marmitas nas escolas atendidas.

Enquanto os voluntários preparavam as marmitas, não muito longe dali, a escola Fernão Dias recebeu a visita da renomada *chef* de cozinha Paola Carosella. Paola ficou famosa entre os brasileiros como jurada no programa MasterChef, da Rede Bandeirantes. Em sua visita à escola, a cozinheira preparou escarola refogada junto com os alunos.

Na primeira semana de dezembro, o movimento chegou ao grande público pela mídia por duas vias: as denúncias dos telejornais sobre os transtornos causados pelos trancamentos e o apoio de personalidades públicas aos estudantes. Como ficaria claro, este apoio refletia um sentimento mais amplo da maior parte da sociedade. Nas palavras de uma estudante convidada a escrever durante a campanha #OcupaEstudante:

[EE MANUEL CIRIDIÃO BUARQUE – BRASIL POST – 09/12/15]

"[...] grande parte da população está a nosso favor – e consegue de fato nos entender e ajudar, independente de qual seja a forma. Entendem que não estamos fazendo nada mais, nada menos do que cobrando os nossos direitos, uma vez que as informações (poucas, muito poucas) foram cuspidas sobre nós."

Se os estudantes comprovaram possuir uma profunda disposição de lutar contra a "reorganização" escolar desde setembro, diferentes atores da sociedade civil demonstraram entre meados de novembro e início de dezembro uma ampla disposição em apoiar a mobilização estudantil das mais diversas formas. A partir do momento em que foi forjada uma aliança entre o movimento dos estudantes e uma intrincada rede de grupos e indivíduos, a luta para barrar a "reorganização" se fortaleceu.

Da perspectiva do governo estadual, as coisas pioraram no dia 04/12, quando veio a público uma nova pesquisa Datafolha. Além de 55% dos paulistas se declararem a favor das ocupações, a avaliação positiva do governador Geraldo Alckmin despencou. Em um ano (de outubro de 2014 para novembro de 2015), a porcentagem de paulistas que consideravam o governo do tucano como ótimo ou bom caiu de 48% para 28%, e aqueles que avaliam como ruim ou péssimo chegaram a 30%.

Observando os dados desagregados (comparando esta pesquisa de novembro com o último levantamento, de fevereiro do mesmo ano), nota-se que, com relação ao sexo, a maior queda do ótimo/bom se concentrou nas mulheres: queda de 13% (e uma mais suave para os homens: 6%). Já com relação à idade, as variações mais intensas foram nas pessoas mais velhas (diminuição do ótimo/bom de 13% para pessoas de 45 a 59 anos e de 14% para aquelas com mais de 60 anos). Quanto menor a escolaridade, maior foi a queda da aprovação de Alckmin: ótimo/bom caiu 13% para quem tem o Ensino Fundamental, 10% no Ensino Médio e 5% no Ensino Superior. Por fim, com relação à renda familiar, vemos que a queda da aprovação do governador foi mais forte nas menores faixas de renda: diminuição do ótimo/bom de 16% nas famílias com até dois salários mínimos e 10% nas famílias com renda entre dois e cinco salários mínimos (já nas famílias que ganham mais de dez salários mínimos, a aprovação chegou a subir 3% – dentro, contudo, da margem de erro da pesquisa).

Mulheres mais velhas, com menos escolaridade e menos renda; uma hipótese bastante plausível é que as responsáveis pela queda da popularidade de Alckmin seriam as mães e as avós dos estudantes das escolas públicas. Não era apenas uma fração da classe média, composta por artistas, universitários e intelectuais que se dispunha a apoiar o movimento dos estudantes. Era também a opinião pública da população em geral que começava a se voltar contra Geraldo Alckmin.

SOCIOLOGIA

Sociologia em movimento

3.3

CERCO INSTITUCIONAL

"A postura do Estado, portanto, continua a mesma, seguindo em rota de colisão com princípios caros e basais do Estado Democrático de Direito."
(ação civil pública proposta por Ministério Público e Defensoria Pública)

Além dos trancamentos de ruas e do amplo apoio da sociedade civil às ocupações, um terceiro fator foi determinante no desdobramento do processo político: a atuação institucional do Ministério Público e da Defensoria Pública estaduais de São Paulo.

Em meados de novembro, dois casos de protestos contra o fechamento de escolas foram bem-sucedidos. O primeiro caso é o da EE Braz Cubas, em Santos. Ainda em outubro, a Defensoria Pública e a Ordem dos Advogados do Brasil da cidade entraram na Justiça para requisitar a manutenção das atividades desta escola, argumentando que a medida tornaria mais precário o ensino público, e seria "**arbitrária e autoritária**", além de apontar que a unidade "**passou por reforma para atender deficientes e cadeirantes**". Em 10/11, o juiz da Vara da Infância e Juventude negou o pedido, argumentando que o Executivo teria esta prerrogativa, porém um desembargador do Tribunal de Justiça de São Paulo reverteu a decisão seis dias depois, suspendendo o fechamento da escola. Antes desta decisão, a SEE havia anunciado em reunião da Diretoria de Ensino de Piracicaba que outra escola, a EE Augusto Melega, não iria mais fechar. Na semana anterior, cerca de 100 pessoas (pais e alunos) haviam protestado em defesa desta escola rural: as unidades de ensino mais próximas estavam entre 5 e 8 km de distância. Neste caso, não foi preciso judicializar o caso, visto o flagrante desrespeito à regra do próprio governo estadual de um limite máximo de 1,5 km.

Com a suspensão do fechamento da EE Augusto Melega em Piracicaba (definitiva e sem judicialização) e da EE Braz Cubas em Santos (provisória, na Justiça), a lista de escolas a serem fechadas diminuiu de 94 para 92. Conforme o mês de novembro vai se aproximando do fim, diferentes promotores do Ministério Público entraram na Justiça com ações civis públicas "regionais", visando reverter ou paralisar a "reorganização" escolar.

A primeira destas ações foi em Agudos (interior do estado): o promotor de justiça da cidade entrou com ação requerendo que o Judiciário obrigasse o Executivo a não fechar a EE Padre João Batista de Aquino, argumentando que seria um desrespeito ao direito à educação de estudantes "**portadores de necessidades especiais**", o que foi substanciado pelo depoimento de duas mães com filhos deficientes. Não se tratou de caso isolado. O fato é que a "reorganização", enquanto plano concebido burocraticamente, nunca atentou para especificidades como as destes estudantes. O promotor também argumentou que a gestão democrática do ensino público – prevista pela Constituição Federal e pela a Lei de Diretrizes e Bases da Educação Nacional (LDB) – estava sendo violada, "**já que não houve nenhum debate verdadeiro com as instâncias necessárias ou ponderação quanto o que isso representaria para as famílias e jovens envolvidos**".

Na semana seguinte, o promotor de Justiça da Infância e Juventude de Presidente Prudente também entrou na Justiça com uma ação civil pública similar, tendo em vista a suspensão da "reorganização" nesta cidade. O principal argumento foi relativo à falta de transparência e diálogo e seu **viés autoritário, com o total menosprezo da população atendida**". A importância do caso de Presidente Prudente foi trazer uma prova cabal da ausência de participação de pais e estudantes, pois um ofício encaminhado pela dirigente regional de ensino à Promotoria descrevia todo o roteiro burocrático da "reorganização", comprovando que "**não houve consulta prévia aos interessados**", além de que todas as escolas envolvidas no projeto confirmaram que as reuniões com pais de alunos só foram promovidas para informar as mudanças. Assim, a ação argumenta que o ato da "reorganização" seria ilegal, pois os direitos de participação de pais e responsáveis na definição das propostas educacionais estariam sendo violados, além de ser uma afronta ao adolescente como sujeito de direitos (paradigma estabelecido pela Constituição e pelo ECA, o Estatuto da Criança e do Adolescente).

Já no início de dezembro, um juiz da Vara da Infância e da Juventude de Guarulhos decidiu em ação proposta por uma promotora que o Estado devia se abster de efetuar a "reorganização" nas Diretorias de Ensino desta cidade. O juiz se posicionou contra as escolas de ciclos únicos mobilizando a LDB, que estabelece os "**ideais de solidariedade humana**" como norteadores da atividade educacional e o "**apreço à tolerância**" como princípio informador do sistema educacional. Com escolas de ciclo único, crianças e adolescentes veriam "**diminuídas as oportunidades escolares de convívio e interação**". Além disso, o juiz listou outras possíveis consequências: salas com maior número de alunos; custo não desprezível do transporte; e dificuldades logísticas de famílias com apenas um responsável para conduzir os filhos às escolas. A "reorganização" também poderia obrigar irmãos que estudam em ciclos distintos a frequentar escolas diversas, o que atentaria contra o objetivo estabelecido pela LDB de formar o cidadão mediante "o fortalecimento dos vínculos de família". Por fim, reivindicando o ECA, se os estudantes se mantivessem na mesma unidade escolar, isto contribuiria para a construção da sua identidade e aprimoraria seu "senso de pertencimento". A multa, caso o governo descumprisse a decisão do juiz e mantivesse a "reorganização" na cidade de Guarulhos, seria de 200 milhões de reais.

Finalmente, no dia 03/12, promotores do MP e defensoras públicas entraram conjuntamente com uma ação civil pública no Tribunal de Justiça contra a "reorganização escolar" no estado de São Paulo inteiro. A avaliação era de que a situação havia atingido uma "**gravidade ímpar**" nas ruas (com as cenas de violência policial) e todos os outros instrumentos haviam se esgotado: com o áudio vazado, percebeu-se que a intenção da Secretaria era implementar a "reorganização" de qualquer maneira, inclusive contando com a aproximação do fim do ano. Segundo o Promotor de Justiça do Geduc, João Paulo Faustinoni, o fato da judicialização da questão da "reorganização" no estado como um todo ter acontecido apenas no início de dezembro foi positivo, pois permitiu que a luta dos estudantes trouxesse o projeto do governo para a discussão pública:

[MINISTÉRIO PÚBLICO – ENTREVISTA – 03/02/16]
"Porque judicializar por judicializar é relativamente simples. Poderia ter feito desde o primeiro dia. Agora saber o que de fato é melhor dentro de um processo que tinha sua riqueza de discussão, de gente indo pra dentro da escola pública, artista, gente doando aula, coisas acontecendo e talvez o que foi mais surpreendente pra mim, pessoalmente, que eu venho acompanhando e fazendo visitas às escolas desde 2011, foi essa sensação de que os alunos se sentiam... enfim, desejosos daquela escola, de uma escola melhor, mas daquela escola que era deles, né? Porque a sensação que a gente tem às vezes, a impressão é que você vai nas escolas públicas e ninguém tá aí com nada, que pra eles tanto fez como tanto faz e de repente você percebe que não é bem isso. [...] quando se chega com um projeto desse tamanho de remanejar compulsoriamente milhares de alunos e tal, a gente

testemunhou algumas manifestações emocionadas. Na audiência de conciliação tinha um grupo da escola Castro Alves [Zona Norte de São Paulo], acho... 'Ah, é uma segunda casa, a gente não quer sair de lá', sabe? De relação aluno/professor. Então tudo isso a gente não podia desconsiderar como uma força que pudesse... resultar em alguma coisa melhor, de verdade. Porque a judicialização no começo poderia, de duas uma: [ou] determinar interrupção da reorganização e aí interromper toda e qualquer discussão sobre ela, que estava sendo feito. Você talvez não tivesse boa parte da mobilização que houve e da discussão que houve sobre a escola pública, e como se faz gestão democrática, como se implementa política pública educacional. Ou pior: poderia ter perdido e aí, uma decisão judicial: 'Pode ter'. Então... sem escuta social, sem identificar todos os interesses, acho que não era o caminho adequado."

A ação civil pública teve como objeto não o mérito da política pública em si, mas o desrespeito ao processo democrático para a **"adoção de ações administrativas que atingem direitos de milhares de crianças e adolescentes"**. Neste sentido, a ação segue arrolando: [1] a violação de princípios e normas constitucionais e legais; [2] o desrespeito ao princípio de publicidade; [3] a violação ao princípio da legalidade; e [4] o princípio da Proibição do Retrocesso (fundamentado em tratados internacionais). Acompanhar alguns dos argumentos traduz os absurdos da "reorganização" escolar em termos jurídicos.

Em primeiro lugar, a ação argumenta que, ao se basear apenas em **"decisões tomadas no interior do aparato técnico da Pasta"**, a "reorganização" seria uma violação aos **"princípios da gestão democrática do ensino público, da descentralização e da participação comunitária"**, conforme determinado na Constituição (art. 206, VI). Como prova disto, aquele mesmo roteiro burocrático da "reorganização" fornecido pela Diretoria de Ensino de Presidente Prudente é citado.

Em segundo lugar, para o MP e a Defensoria a "reorganização" era inconstitucional também pelo desrespeito à publicidade

– um dos princípios da administração pública determinados pela Constituição (art. 37). A ação argumenta que o projeto foi construído apenas "**no interior da máquina pública**", e "**No Estado Democrático de Direito não é dado aos poderes constituídos e à administração pública o poder de surpreender a população**". Supostas boas intenções e uma suposta "**eficiência autoritária**" não seriam aceitáveis como justificativa para o fato de que a SEE nunca havia sequer mencionado a "reorganização" publicamente, nem mesmo na proposta do governo para o Plano Estadual de Educação, enviado à Assembleia Legislativa em agosto de 2015, um mês antes do secretário anunciá-la em entrevista ao jornal matutino da Rede Globo. Além disso, o princípio da publicidade também havia sido desrespeitado no próprio Decreto 61.672, pois este não fazia referência nenhuma a informações sobre as escolas que seriam atingidas nem esclarecimentos de motivos, apenas disciplinando a transferência de funcionários.

Por fim, com relação à violação do princípio da legalidade, o MP e a Defensoria chamaram a atenção para o fato de que a Constituição estabelece que "**ninguém será obrigado a fazer ou deixar de fazer alguma coisa senão em virtude de lei**" (art. 5º, II). Por isso mesmo, o "**remanejamento compulsório de mais de trezentos mil alunos**" era uma "**medida que afronta a legalidade**" pois nenhuma lei anterior a autorizava, sem uma "**justificativa cabal dos benefícios daí advindos e sem sequer a escuta dos interessados**".

Se não havia qualquer ato normativo que regulasse a "reorganização", o Decreto publicado em 30/11 agravou a situação. A ação defende que nenhuma obrigação pode ser imposta pelo poder público aos administrados por meio de decreto, regulamento, portaria ou resolução, somente por lei. A conclusão é que a "reorganização" escolar afronta princípio constitucional pois "**Não há como se impor por decreto [...] a transferência involuntária de milhares de alunos de suas escolas**". Como será visto na última seção deste capítulo, o fato deste decreto ser o único ato normativo da "reorganização" resultará em grande confusão quanto às consequências da sua revogação.

Além do pedido de que o governo sustasse os efeitos da "reorganização" em todo o estado de São Paulo, garantindo que todos os alunos permanecessem matriculados nas mesmas escolas, a ação pedia que a administração estadual fosse compelida a estabelecer no ano seguinte uma "**agenda oficial de discussão e deliberações**" sobre a qualidade da educação com as comunidades escolares, incluindo "**audiências públicas amplas**". Tudo isto sob a pena de "**multa diária no valor de 100 mil reais pelo não cumprimento do determinado nos itens anteriores**".

Esta atuação do MP (do Geduc, mas também de promotorias regionais antes disso) e da Defensoria, entrando na Justiça com ações civis públicas que pediam a suspensão da "reorganização", por afrontar princípios constitucionais e a própria legalidade, principalmente a gestão democrática do ensino público e o direito de pais, responsáveis, crianças e adolescentes de participarem do processo decisório da política pública, passou a criar uma espécie de cerco institucional ao Executivo estadual. Houve uma tomada de posição do Poder Judiciário paulista, tanto nos municípios citados (Santos, Agudos e Guarulhos – Presidente Prudente não teve decisão antes do pronunciamento público de Alckmin) quanto no Tribunal de Justiça de São Paulo, o que foi mais um elemento determinante para o que viria a seguir.

3.4

ENFIM O GOVERNO RECUA

"'Entre a indiferença egoísta e o protesto violento,
há sempre uma alternativa: o diálogo'. [Alckmin]
disse isso, virou as costas e foi embora."
(página da ocupação da EE Egídio Damy)

Na manhã do dia 04/12, a Rádio Jovem Pan anunciou que o governador faria um pronunciamento revogando o decreto assinado dias atrás que formalizava o processo de "reorganização" da rede pública. Nas redes sociais, a recepção à perspectiva de que haveria tal pronunciamento foi ambígua. Muitos comemoraram a vitória enquanto outros viam com cautela o que desconfiavam ser uma manobra para desmobilizar o movimento.

Os desconfiados tinham suas razões. O decreto havia sido assinado no auge da crise não fazia nem três dias e, dois dias antes, o chefe de gabinete da Secretaria anunciara, em declaração ao Jornal Hoje (da Rede Globo), que não cogitava voltar atrás na medida. O governador, por sua vez, procurava ignorar a todo custo o assunto e, quando não havia jeito, insistia na declaração de que havia política misturada no movimento. A única ação do governo que indicou minimamente que a crise começava a incomodar foi a mudança de interlocutor sobre o assunto. Desde o dia 03/12, quem respondia em nome do governo sobre o assunto deixara de ser o secretário da educação, Herman Voorwald, e passara a ser o chefe da Casa Civil, Edson Aparecido.

Por outro lado, nos quatro primeiros dias do mês, o movimento se fortalecera bastante. A estratégia mancomunada entre diretores de ensino e o chefe de gabinete havia vazado nas redes sociais e, apesar dos vergonhosos esforços de vários diretores, fracassara em desmobilizar os estudantes. No fim de novembro a Secretaria de Educação chegou a anunciar que, por meio do diálogo, 38 escolas teriam sido desocupadas. A informação chegou a ser divulgada no SPTV, mas já no dia seguinte foi desmentida pela imprensa escrita. A *Folha de S. Paulo* apurou que pelo menos 29 das 38 escolas mencionadas nunca haviam sido sequer ocupadas. Com exceção da desocupação da EE Nanci Cristina (em Poá, município da Grande São Paulo) descrita no site da Secretaria da Educação e onde os autores passaram no dia 24/11, não foram encontradas evidências de outras escolas que tenham sido desocupadas por meio de negociação com o governo.

Os inúmeros trancamentos mostraram a força, a organização e a disposição dos estudantes em radicalizar o movimento para conquistar suas reivindicações. Apesar de polêmica, a ação dos estudantes mais atraiu apoiadores do que os afastou. Como já mencionado, o movimento recebeu dezenas de declarações de apoio e ajuda concreta de diversos atores da sociedade civil. A impressão era de que o movimento conquistara não apenas parte da sociedade acostumada a participar de mobilizações populares, mas uma fração bem mais ampla da população.

Tal impressão foi confirmada pela já mencionada pesquisa do Datafolha publicada exatamente no dia do anúncio da revogação do decreto. A capa da *Folha de S. Paulo* daquela sexta-feira não exagerou na manchete: "**Popularidade de Alckmin despenca**". A coincidência entre o dia do anúncio da revogação do decreto e da publicação da pesquisa de opinião sugere uma relação direta de causa e efeito. Porém, apesar dos resultados terem sido tornados públicos no dia 04/12, ela havia sido realizada entre os dias 25 e 26/11 e estava pronta no dia 27. O jornal justificou, em e-mail aos autores, esse curioso atraso de quase dez dias "**em razão de duas coberturas relevantes durante aquela primeira semana de dezembro: o rompimento da barragem da Samarco, em Minas Gerais, e o surto de microcefalia no Nordeste**".

O fato é que entre a conclusão da pesquisa e sua publicação muitos eventos essenciais ocorreram: o áudio da conversa entre dirigentes de ensino e Padula veio a público; o governador assinou o decreto autorizando a transferência de quadros entre escolas; os estudantes radicalizaram sua atuação promovendo trancamentos em dezenas de vias e ocupações de Diretorias de Ensino; e a Defensoria e o Ministério Público aumentaram a pressão contra o projeto de "reorganização". Nenhum destes fatores pode explicar o resultado da pesquisa que foi feita antes deles. Além disso, não há como saber em que momento o governador tomou conhecimento do resultado da pesquisa. Teria sido antes do dia 30/11, quando ele assinou o decreto oficializando o processo de "reorganização"? Ou foi no dia 02/12, quando visitou a redação do jornal? Ou no dia 04/12, quando a matéria foi publicada?

De qualquer maneira, na sexta-feira, dia 4, o governo se via cercado por um movimento cuja força ficara evidenciada no dia anterior com o trancamento de mais de uma dezena das mais importantes vias da cidade, uma massa de apoiadores que legitimavam o movimento e faziam com que sua popularidade despencasse, e a Defensoria e o Ministério Público que pressionavam judicialmente pela revogação do projeto que levaria ao fechamento de quase uma centena de escolas. Foi diante desse quadro que o governador veio a público por volta das 14h no Palácio dos Bandeirantes declarar a suspensão do projeto de "reorganização" por um ano:

"[...] nós decidimos adiar a reorganização e rediscuti-la escola por escola com a comunidade, com os estudantes e em especial com os pais dos alunos. Nós já temos hoje no estado de São Paulo 1.500 escolas de ciclo único. São escolas onde separa alunos do ciclo um, crianças de 6 a 11 anos de idade, escolas de ciclo 2, de 11 a 14 anos e escolas de Ensino Médio, que são os alunos de 14 a 17. Essas escolas de ciclo único, que já são hoje 1.500, elas tem resultado melhor no Idesp. Geralmente quase 15% acima da média. São mais focadas e não mistura criança de 6 anos com aluno de 17 anos de idade. Por isso a nossa convicção dos benefícios que a reorganização trás para a escola pública de São Paulo.

[...]

Nós entendemos que devemos aprofundar o diálogo. Diálogo que estamos fazendo há meses. Acreditamos nos benefícios da reorganização. Isso fecha o ciclo que permite também ajudarmos no ciclo infantil. Só na cidade de São Paulo faltam mais de 150 mil vagas de creche, fora a pré-escola. Vamos dialogar escola por escola. O ano de 2016 que ia ser o ano de implantação, será o ano de aprofundarmos este diálogo. Os alunos continuarão matriculados. Continuarão nas escolas que eles já estudam. Não terá então nenhuma mudança. Os alunos continuarão nas escolas que eles já estudam. E nós começaremos a aprofundar esse debate, diálogo, escola por escola especialmente com estudantes e pais de alunos. Me permitam aqui ler uma frase que eu gosto muito do Papa Francisco que diz o seguinte: 'Sempre que perguntado entre a indiferença egoísta e o protesto violento, há uma opção sempre possível: o diálogo'."

Depois do apelo para o diálogo, Alckmin encerrou o pronunciamento, ironicamente sem responder perguntas dos jornalistas presentes. Se aos presentes foi negada a possibilidade de fazer perguntas, pior ainda foi a situação de jornalistas de mídias alternativas, que foram impedidos inclusive de acompanhar a coletiva de imprensa.

Na *Folha de S. Paulo* do dia seguinte o pronunciamento estava com destaque na capa, associando o recuo à queda de popularidade verificada na pesquisa anunciada no dia anterior. A tese defendida na matéria completa, porém, era de que a radicalização dos protestos e a ação da Polícia Militar forçaram a medida. A matéria cita um auxiliar do governador que preferiu não se identificar:

[FOLHA DE SÃO PAULO – JORNAL – 05/12/15]
"Estamos disputando espaço com o impeachment da Dilma. Não tem condições de continuar assim."

De fato, no começo de dezembro os temas disputaram as capas do jornal. Na semana do dia 7 a 13/12, quando o assunto já não estava mais tão quente, 10% das cartas de leitores que o jornal recebeu eram sobre Eduardo Cunha que liderava na Câmara dos Deputados o movimento pelo impeachment de Dilma Rousseff, 8% eram sobre a "reorganização" escolar e 3% sobre a carta que Michel Temer escrevera queixando-se à presidenta.

Horas depois do pronunciamento, o então secretário da educação, Herman Voorwald, pediu para deixar o cargo. Dois dias antes, através do site oficial da Secretaria, Herman atribuíra a crise a uma **"série de boatos"** insistindo na tese de que o problema teria sido a falha de comunicação

[SECRETARIA DA EDUCAÇÃO – SITE – 03/12/15]
"Não era esperado que uma série de boatos ganhasse tamanho destaque e, assim, confundissem parte da população. Também surpreendeu que uma movimentação política, de um sindicato dirigido por militantes partidários e de entidades que nada têm a ver com educação, se infiltrassem em um protesto estudantil e recebessem apoio de muitos que sempre defenderam um ensino público melhor no Brasil."

No dia 26/11, depois de recusar durante a audiência de conciliação no TJ-SP a proposta do governo de adiar a "reorganização" alguns poucos dias, o Comando das Escolas Ocupadas soltou um comunicado oficial expressando que os estudantes não aceitariam negociações a portas fechadas e que, se o governador quisesse negociar, ele deveria fazê-lo em um pronunciamento público. Assim, o anúncio da suspensão da "reorganização" em um pronunciamento público representava uma derrota maiúscula do governo. Em mais de 20 anos sob controle tucano, pouquíssimas vezes um governador de São Paulo voltara atrás em uma decisão por conta de pressão de um movimento social. Duas exceções notórias foram a suspensão dos decretos de José Serra que limitavam a autonomia universitária em 2007, e a revogação do aumento das passagens de trem e metrô, em junho de 2013.

O pronunciamento, apesar de claramente representar um recuo atípico por parte do governo, não deixava de ser ambíguo. Falava em adiamento e não em revogação da "reorganização" e não tinha nenhum caráter oficial. A fala do governador não indicava que ele reconsideraria a política pública na sua totalidade, mas simplesmente que a suspenderia por algum tempo. Por isso, não era claro como seria a recepção da notícia pelos estudantes.

3.5

A REAÇÃO DOS ESTUDANTES E OS PROCESSOS DE DESOCUPAÇÃO

"Essa garra toda teve resultados, o que significa que temos o poder sim em nossas mãos [...]"
(página da ocupação EE Asa Branca)

"O fato de estarmos desocupando não significa que estamos deixando a luta e sim que estamos preparando NOVOS MÉTODOS PARA NOVAS METAS!"
(página da ocupação EE Fidelino Figueiredo)

Durante o dia 04/12, estudantes foram se posicionando em relação ao pronunciamento de Alckmin de que a "reorganização" estava suspensa até 2017. A maioria recebeu a notícia com cautela e, neste primeiro momento, o consenso foi de não desocupar as escolas.

A página Não Fechem Minha Escola comemorou o recuo, mas ressaltou que **"imediatamente, nossa postura deve ser a de não desocupar as escolas e não desarticular nossa mobilização"**, pois seria **"preciso aguardar um parecer jurídico oficial que ateste que Alckmin não está manobrando o movimento e a publicação no Diário Oficial"**. A posição d'O Mal Educado também foi de manutenção das ocupações, dizendo que o pronunciamento "não foi nada esclarecedor" e que "parece mais uma manobra do governo", além de ressaltar a necessidade de "aguardar a decisão e pronunciamento do Comando das Escolas Ocupadas sobre os próximos passos da luta, pois a luta é dos estudantes secundaristas que ocuparam as suas escolas e travaram avenidas por todo Estado de SP".

Mesmo as entidades estudantis tiveram, neste momento, uma posição cautelosa e também recomendaram manutenção das ocupações. A presidente da Ubes, por exemplo, deu a seguinte declaração aos Jornalistas Livres: "Se o Alckmin acha que vai passar o tapete em nós, [...] respondemos a ele: só vamos sair de nossas escolas e para toda essa mobilização se houver certeza de que a reorganização não vai passar".

À noite, ocorreram simultaneamente duas reuniões de estudantes. Uma na EE Caetano de Campos – organizada pela Ubes – e outra na EE Alves Cruz – organizada pelo Comando das Escolas Ocupadas.

A assembleia organizada pela entidade estudantil aprovou uma carta com o mesmo tom da declaração de sua presidente, anunciando que não desocupariam as escolas até o governador "revogar oficialmente a sua proposta de reorganização e de fechamento das nossas escolas". Já os representantes do Comando das Escolas Ocupadas convocaram uma "coletiva de imprensa" na qual anunciaram em um jogral que o governo não havia dado "uma resposta concreta", exigindo "uma oficialização da proposta do governo deixando clara sua intenção". Além disso, também exigiram que "nenhuma punição ou criminalização seja aplicada aos pais, alunos, funcionários, professores e apoiadores", e falaram da necessidade da "oficialização de um cronograma de audiências públicas para debater de forma clara e verdadeira a necessária reforma do ensino com toda a sociedade".

A posição da grande maioria das páginas das próprias ocupações no Facebook foi semelhante, considerando o anúncio da suspensão da "reorganização" no ano de 2016 uma "vitória parcial" ou "o começo da vitória". Apesar do clima de comemoração, a desconfiança da maioria foi motivada pelo fato de não haver nenhum "documento oficial" ou "garantia" da suspensão. Muitos temiam que o anúncio fosse um "golpe" ou "manobra" com o objetivo de desmobilizar os estudantes e incentivar as desocupações. Duas postagens, de uma ocupação no bairro da Casa Verde (Zona Norte de São Paulo) e outra no Capão Redondo (Zona Sul), transmitem bem a percepção da maioria das ocupações no dia 04/12:

> **[EE CAPITÃO PEDRO MONTEIRO DO AMARAL –**
> **FACEBOOK (GRÊMIO) – 04/12/15]**
> "Hoje foi um dia de festa, se assim podemos dizer. Nossa luta valeu a pena, nossas ocupações botaram sim pressão no governador Geraldo Alckmin e ele recuou! Porém, como sabemos é difícil lidar, já que o Alckmin não deu seu braço a torcer ao dizer que abriria uma 'renegociação' com a comunidade e os estudantes secundaristas. Não queremos que suspendam a reorganização, queremos que desliguem esse plano já que não favorecerá a ninguém, fechar Escolas e superlotar salas. Quanto a nossa ocupação: Iremos realizar uma reunião para decidir se continuará. Os resultados da reunião diremos aqui na página."

> **[EE MIGUEL MUNHOZ FILHO – FACEBOOK (GRÊMIO) – 05/12/15]**
> "Conseguimos / em partes ! A reorganização não foi 'cancelada' e sim suspendido por um tempo, tempo no qual o Sr. Governador vai usar para 'chavecar' muitos pais e alunos que essa (des) reorganização escolar é boa. [...] AINDA NÃO É HORA DE DESOCUPAR AS ESCOLAS, NADA OFICIAL FOI ENTREGUE SOBRE ESSE SUSPENDIMENTO. Mas depois de tudo isso que passamos podemos dizer. A revolução foi feita."

No dia seguinte, 05/12, porém, a publicação do Decreto nº 6.192/2015 no Diário Oficial, revogando o decreto anterior, levou a uma impressão mais ou menos generalizada de que a própria "reorganização" havia sim sido revogada ou cancelada como queriam os estudantes, se não definitivamente, pelo menos durante 2016 – e agora com uma garantia de um "documento oficial" e não apenas um pronunciamento do governador.

A página Não Fechem Minha Escola recebeu a notícia da revogação do decreto de maneira extremamente positiva, falando em **"consolidação de uma vitória monstruosa"**, embora tenha se abstido de fazer um chamado geral à desocupação, dizendo que o momento era **"de cada escola de maneira autônoma se reunir e definir os próximos passos do movimento"**.

As entidades estudantis também repercutiram a notícia positivamente: **"Decreto revogando a desorganização"** (Umes–SP); **"E agora é oficial: Reorganização de Escolas foi revogada!"** (Upes–SP); **"É oficialmente revogado o decreto da reorganização das escolas estaduais paulistas!"** (Ubes); **"Vitória! [...] O decreto revogado [...] era o único que tratava acerca da reorganização"** (Anel). Já a Umes de Santo André foi além e publicou uma nota não apenas comemorando como também informando que, nas escolas onde tinham **"grande influência"**, iria realizar assembleias com os estudantes defendendo a desocupação imediata pois, se as ocupações continuassem, **"brevemente teriam que recuar em função do desgaste causado pelo isolamento e a insistência geraria descrédito"** do movimento perante a sociedade [Umes Santo André – Facebook – 08/12/15].

O Comando das Escolas Ocupadas, por sua vez, não interpretou a revogação do decreto enquanto revogação da "reorganização escolar" em si e realizou um breve pronunciamento em 06/12 na EE Diadema, ao final de um Encontro Estadual que havia organizado, reiterando sua posição e exigindo **"[...] que o projeto da reorganização escolar seja permanentemente cancelado, e que o governador Geraldo Alckmin faça um pronunciamento claro e concreto através de uma audiência pública amplamente convocada"**.

Nos dias que seguiram à revogação do decreto, houve uma primeira onda de desocupações no estado: até o dia 07/12 cerca de 1/4 das escolas já haviam sido desocupadas, e no dia 11/12, após exatamente uma semana do pronunciamento do Alckmin, metade das escolas tinham sido desocupadas.

O setor autonomista do movimento atribuiu isso justamente à influência de entidades favoráveis às desocupações. O Comando – que neste meio tempo mudou de nome: "das Escolas Ocupadas" para "das Escolas em Luta" – chegou a denunciar o que viram como uma medida por cima da vontade dos estudantes e contrária a seus interesses, pois, diferentemente do que havia sido interpretado por estas entidades, a revogação do Decreto não significava o fim da "reorganização":

[COMANDO DAS ESCOLAS EM LUTA – FACEBOOK – 16/12/15]

"Nota de denúncia às recentes ações da Apeoesp e Ubes, Umes e Upes.

[...]

Saímos às ruas e ocupamos as escolas e, depois de mais de três meses ininterruptos de luta, o Governador revogou no Diário Oficial o decreto n. 61. 672. Esse decreto, porém, não esclarece nada sobre o real cancelamento da reorganização, deixando os estudantes mais confusos do que convictos de sua vitória contra o plano educacional do governo. Sabendo disso o comando das escolas em luta anunciou continuar nas ocupações para assim mostrar que não estávamos satisfeitos com a medida. Apesar de a Dirigente da Ubes, Camila Lanes, ter dito que iriam manter as ocupações, muitas escolas que estavam sob influência dessa entidade foram desocupadas. Além disso há muitos relatos, principalmente nas zonas mais periféricas de São Paulo, de que pessoas que se dizem da Apeoesp estão coagindo os ocupantes com ameaças e chantagens para que eles devolvam as escolas ao Estado.

O Comando das Escolas em Luta foi criado para garantir a articulação da luta de todas as escolas, e para impedir que qualquer negociação com o Estado fosse feita através das entidades burocráticas que se alinham com os poderosos sem passar pelos estudantes. Entendemos que quando essas entidades passam por cima da nossa vontade e não constroem a linha política tirada pelo Comando de não desocupar isso significa um desrespeito ao movimento secundarista. [...]"

O fato, porém, era que muitas escolas estavam sendo desocupadas de maneira espontânea. Isto era inevitável uma vez que, na realidade, a confusão de diagnósticos que marcou o movimento no início do mês de dezembro não se deve apenas ao seu caráter heterogêneo e pulverizado, mas à própria maneira de operar do governo, que age de maneira "extraoficial" e nada transparente – o que é refletido no debate sobre se a revogação do decreto significava ou não a revogação da "reorganização".

Logo após a publicação no Diário Oficial, o coletivo Advogados Ativistas divulgou uma interpretação do que seria o real significado da revogação do Decreto 6.192/2015, que nada teria a ver com revogação da política de "reorganização escolar" e não apresentaria nenhuma garantia:

[ADVOGADOS ATIVISTAS – FACEBOOK – 09/12/15]
"Fato é que a 'Política de Reorganização Escolar' NÃO EXISTE. Não existe nenhuma Lei que estabeleça o plano defendido por Geraldo Alckmin. Não existem indicadores monitorados, não existem escolas-piloto e o Decreto que foi revogado – e usado como baluarte de recuo do governo para suposta tentativa de diálogo – na realidade não trazia nenhum detalhe sobre qualquer aspecto educacional, mas apenas autorizava a transferência de professores e funcionários entre escolas. [...]"

[ADVOGADOS ATIVISTAS – FACEBOOK – 15/12/15]
"[...] A verdadeira revogação do projeto de reorganização significa a imediata revogação de todos os atos presentes e futuros que se destinem a dar continuidade na implementação do projeto no estado, o que não ocorreu."

É difícil determinar o que seria uma garantia de "revogação da reorganização escolar". Se o decreto revogado era o único ato normativo que dava alguma realidade jurídica para a "reorganização", por outro lado ele também não trazia nenhuma determinação a respeito do fechamento de escolas, salas e períodos. Estas ações nunca foram elevadas ao nível jurídico, sendo decisões administrativas "corriqueiras", de modo que não haveria como revogá-las "oficialmente" para além de uma promessa do governador. Por isso, uma das argumentações da ação civil pública apresentada por MP e Defensoria era justamente que o projeto da Secretaria atentava contra os princípios da legalidade e da publicidade.

As notas dos Advogados Ativistas, céticas com relação ao recuo do governador, foram compartilhadas pelo Comando e utilizadas como base por aqueles que defendiam a manutenção das ocupações mesmo após a revogação do decreto, mas estas acabaram por ser as posições minoritárias frente à onda de desocupações e, no dia 17/12 – apenas um dia após a nota de denúncia às entidades estudantis e quando o número de ocupações restantes já não somava mais de 25 –, o Comando finalmente decidiu sugerir a desocupação conjunta das escolas restantes, pelo que julgou ser uma necessidade de mudança na tática de luta:

[COMANDO DAS ESCOLAS EM LUTA – FACEBOOK – 17/12/15]
"[...] O conjunto das nossas reivindicações não foi atendido e não cederemos até que seja. Analisamos, porém, que as ocupações já cumpriram sua função e que é hora de mudar de tática. Reiteramos ainda que as ocupações em si não são o movimento secundarista, mas uma das táticas utilizadas por este. Se desocupamos, não é de forma alguma por não haver outra opção, mas justamente por haverem outras, que no momento julgamos mais efetivas.

Mudamos de tática agora assim como inicialmente decidimos sair das ruas e ocupar nossas escolas, e o movimento continua.

É necessário nesse momento manter a união das escolas em luta, e por isso acreditamos que a melhor forma de mostrar a nossa força é fazendo uma desocupação em conjunto no período das 12h de sexta-feira às 12h de segunda-feira. Lembrando que buscamos em primeiro plano a unidade do movimento, mas que a decisão cabe aos ocupantes de cada escola, e que independente dela, haverá apoio das demais.

É importante que fique claro que estamos saindo das escolas, mas não estamos saindo da luta. E que essa escolha de maneira nenhuma significa ceder às pressões do governo do Estado e das entidades burocráticas. [...]"

Em meio a este cenário, o mês de dezembro viu mais duas iniciativas de grande impacto puxadas pelo Comando: dois grandes atos que focavam menos na pauta da "reorganização" e mais em promover uma aglomeração dos secundaristas e seus apoiadores da sociedade civil em geral, como forma de demonstrar a força do movimento independentemente das desocupações.

O primeiro grande ato em apoio à luta dos estudantes de São Paulo foi realizado dia 09/12, partindo às 17h do vão-livre do MASP com poucas pessoas, mas crescendo conforme avançava, até que, na altura da Avenida Nove de Julho, já contava com quase 10 mil pessoas. Dentre os presentes se misturavam milhares de secundaristas, estudantes universitários e apoiadores. A presença dos policiais era notoriamente pequena, principalmente se comparada ao que se observou nos trancamentos da semana anterior, e tudo correu tranquilo, ao menos até a Praça da República. A situação mudou quando um grupo grande de manifestantes se deslocou para a frente da Secretaria de Educação, onde uma equipe de policiais armados da Tropa de Choque estava posicionada e agiu na dispersão do ato com bombas de gás e de estilhaço. Bombas também foram jogadas pela polícia na Rua Xavier de Toledo, impedindo o acesso ao Metrô Anhangabaú e dificultando a volta para casa dos manifestantes. Dez pessoas foram detidas, sendo seis menores de idade.

A Secretaria de Segurança Pública, em nota à imprensa, justificou a operação, que teria sido iniciada "**após diversos manifestantes iniciarem depredação ao patrimônio público**" e "**agressões contra policiais**". Além disso, a Secretaria justificou a ação alegando que a presença de *black blocs*, integrantes da Apeoesp e manifestantes "**vestidos com camisetas da Juventude Comunista**" atestaria a "**motivação política e criminosa**" do ato [Secretaria da Segurança Pública – site – 09/12/15].

A ONG Artigo 19 denunciou a ação da polícia, e especialmente a nota da Secretaria à imprensa, como ferindo as liberdades de associação política e de expressão:

> **[ARTIGO 19 – SITE – 11/12/15]**
>
> "Afirmar que ideologias políticas e filiações a sindicatos ou entidades representativas ensejam comportamentos 'criminosos' é uma postura que [...] pode de maneira preocupante encorajar perseguições e intolerâncias à diversidade de ideologias [...]. As liberdades de associação política, ideológica, bem como a liberdade de expressão são direitos que precisam ser assegurados e protegidos pelas instituições públicas do nosso país."

O segundo grande ato realizou-se apenas no dia 21/12, com a presença massiva da Polícia Militar desde o início. O destino escolhido foi a Secretaria de Segurança Pública, como forma de protesto contra a infeliz nota emitida depois do ato anterior e, apesar da tensão, não ocorreu nenhum incidente notável. Depois do ato dispersar, porém, um grupo de estudantes que voltavam de metrô para suas casas ou ocupações foram violentamente agredidos pelos seguranças ao tentarem passar pelas catracas sem pagar a tarifa, prática comum ao final de protestos.

Porém, apesar das desocupações espontâneas e da perda de protagonismo do Comando, seria equivocado pensar que a maioria dos estudantes saiu das ocupações inteiramente satisfeito e com o diagnóstico de uma vitória indiscutível. Os estudantes de maneira nenhuma davam a luta por encerrada e os anúncios de desocupação vinham juntos com o reconhecimento da necessidade de continuidade do movimento e de que todos os estudantes permanecessem em alerta quanto à questão da "reorganização" durante o ano de 2016.

Conforme diminuía o número de escolas ocupadas, também era inevitável que o movimento perdesse momentaneamente o fôlego e os custos da manutenção de uma ocupação subissem, com diminuição do apoio, das doações de alimentos, segurança, oferta de atividades culturais etc. Isto fez com que muitos estudantes optassem pela desocupação mesmo sem total confiança na vitória. A página da EE Asa Branca, ocupação em Itapecerica da Serra, declarou, por exemplo, no dia da sua desocupação (09/12): "[...] isso **NÃO foi uma desistência, ou arrego, isso foi maturidade, isso foi ser justo com nós mesmos [...]**".

Em alguns casos, em especial das últimas escolas a desocuparem, já no final de dezembro, tratou-se de uma percepção da necessidade de mudança de estratégia na luta contra a "reorganização", ainda em curso:

> **[EE FIDELINO FIGUEIREDO – FACEBOOK – 24/12/15]**
> "Ontem, 23/12, desocupamos nossa escola, E.E. Professor Fidelino de Figueiredo, mas isso não significa que a luta acabou, a reorganização NÃO FOI CANCELADA, simplesmente foi suspendida. O fato de estarmos desocupando não significa que estamos deixando a luta e sim que estamos preparando NOVOS MÉTODOS PARA NOVAS METAS! A experiência de conviver todos os dias, 24hrs, com colegas e amigos de escola foi sensacional, aprendi e amadureci muito dentro da mini sociedade que construímos, todos têm um lugar muito especial no meu coração e essa convivência me deixou ainda mais forte e preparada para o que der e vier! NÃO TEM ARREGO!"

Algumas ocupações, para contornar a falta de garantias da suspensão da "reorganização", passaram a exigir que as diretorias e dirigentes de ensino assinassem documentos garantindo que não seriam fechados nenhum ciclo ou sala de aula na escola. Na semana que seguiu à revogação do decreto, a Secretaria enviou ofícios às escolas ocupadas, dizendo que, já que o "projeto de reorganização das Escolas" tinha sido suspenso, as escolas deveriam ser desocupadas. Então alguns estudantes responderam com cartas pedindo a garantia da suspensão por escrito. A eficácia desta estratégia naturalmente variou, pois algumas Diretorias Regionais de Ensino foram mais flexíveis que outras e, além disso, as ocupações que tinham mais acesso à assistência jurídica tiveram mais facilidade para elaborar os documentos necessários. O importante aqui é compreender que a maioria das escolas desocupadas mediante a assinatura destas garantias não o fez por estarem de acordo com o governo na postura de segmentar o movimento e negociar "escola por escola", mas meramente como uma resposta imediata à situação complicada em que se encontravam, de reconhecer que o momento era de desocupação ao mesmo tempo que ainda tinham (com razão) insegurança quanto à suspensão da "reorganização".

Conforme chegava o final do ano, ocorreram casos em que foi utilizada a violência para tentar forçar desocupações. Por exemplo, em uma escola na Vila Sônia, Zona Oeste da capital:

[EE ANDRONICO DE MELLO - FACEBOOK - 21/12/15]
"A polícia invadiu a escola com fuzis, forçando todos os alunos a desocuparem a escola. Não houve resistência e a escola está vazia.
Não conseguimos tirar fotos, arrancaram todos os cartazes e possivelmente depredaram o local pra culpar os alunos"

Um outro caso, que viralizou nas redes sociais por conta de sua gravidade, envolveu o diretor de uma escola no extremo Leste de São Paulo, o qual tentava invadir a escola pela terceira vez: os alunos foram **"surpreendidos pelo diretor [...] e um grupo de pessoas e alguns funcionários portando MADEIRAS para nos intimidarem!"**. Em seguida **"o digníssimo diretor da escola [...] AGREDIU um aluno que estava filmando a truculência com uma CORRENTADA NO ROSTO!"** [página da ocupação - Facebook - 15/12/15]. Além da agressão do diretor, um professor - apoiador da ocupação - recebeu um soco no rosto do mediador da escola, ficando com a boca ensanguentada. Conforme houve repercussão em diferentes sites (UOL, Estadão, G1) e os ocupantes lançaram petições no site Avaaz para pedir a exoneração dos agressores, **"pois violência dentro de uma instituição de ensino é inaceitável"** (sempre reivindicando o ECA), a Secretaria de Educação afastou o diretor, porém apenas temporariamente. O caso marcou um momento memorável da cultura política autoritária da burocracia da Secretaria de Educação, que prevaleceu durante toda a luta contra a "reorganização escolar", a ponto de um diretor de escola pública considerar que tais atitudes sejam aceitáveis ou mesmo concebíveis para um funcionário público e um educador ou responsável pela educação de crianças e adolescentes.

Mesmo com toda a violência, os ocupantes resistiram e não saíram de sua escola, que era uma das poucas localizadas em um distrito periférico que ainda permanecia ocupada. A enorme maioria das outras, que se recusaram a responder ao chamado de desocupação conjunta lançado pelo Comando, se localizavam principalmente na Região Centro-Oeste de São Paulo. Logo antes do Ano Novo, esta escola no extremo Leste foi abordada por PMs, que alegaram estar ali por denúncia de que os alunos teriam feito um baile funk na escola no domingo anterior (um dia que foi utilizado para a organização de um mutirão de limpeza). Os policiais ameaçaram arrombar os cadeados do portão da escola. Com receio da agressividade demonstrada, os estudantes abriram a escola. Mais uma vez, como em diversas outras ocasiões, um estudante foi intimidado ao tentar gravar a ação dos policiais. Ao final da desocupação forçada (sem qualquer mandado de reintegração de posse), uma aluna foi detida e conduzida à delegacia, onde tentaram interrogá-la sem a presença da mãe, de advogado ou de conselheiro tutelar. Os estudantes terminaram seu relato na página da ocupação afirmando: **"A escola foi arbitrariamente desocupada, mas a luta não acabou"** [página da ocupação – Facebook – 30/12/15].

Seja pela violência, seja pela avaliação autônoma, foi-se tornando cada vez mais claro que era chegado o momento de realizar a desocupação das escolas. Isto não era, porém, sinônimo de desmobilização, muito pelo contrário: a disposição dos estudantes para lutar permanecia viva.

"A LUTA CONTINUA": ALGUMAS REFLEXÕES SOBRE O FUTURO DO MOVIMENTO DOS ESTUDANTES

Mesmo quando comemoravam uma vitória com relação à "reorganização", a descoberta de sua própria força e capacidade enquanto sujeitos criou, nos estudantes, o desejo e a disposição de se engajar na luta pelo direito a uma educação pública de qualidade de forma mais ampla e contínua. Uma ocupação na Zona Sul, por exemplo, fez a seguinte postagem:

[EE PLINIO NEGRÃO – FACEBOOK – 15/12/15]

"[...] Desocupamos! Vamos descansar? É difícil descansar e se conformar com as condições em que se encontra a Educação [...].

Vivemos tanto tempo numa caixinha, pelo qual não saímos dela para realmente perceber que algo está muito errado, que as escolas públicas têm sim condições para serem escolas boas e de qualidades. [...] Pois somos acostumados a ouvir: 'escola pública é uma merda'; 'o estado é uma merda'. Sim, é mesmo. Por isso não devemos deixar isso assim. [...] Por isso temos que nos unir, lutar não só pelo FIM DA REORGANIZAÇÃO mas sim pelo futuro da Educação. Sem mais delongas."

Em outro exemplo da mesma disposição, de uma escola em Santo André, os ocupantes (em sua maioria alunos do terceiro ano do Ensino Médio) declaravam que estavam "**passando a bola para alunos dos primeiros e segundos anos [...], podendo haver cobranças no que se foi feito no acordo de melhorias e colocando em pauta o que aparecer, aquilo que for necessário [...]**" [EE Clotilde Peluso – Facebook – 17/12/15].

Como visto, a experiência das ocupações incentivou os estudantes a levantarem novas pautas com relação à escola e, inclusive, em alguns casos eles decidiram "emendar" a luta contra a "reorganização" com outras reivindicações locais. No litoral do estado, enquanto na EE Colônia dos Pescadores (em Caraguatatuba) os estudantes decidiram desocupar depois de conseguirem, no mínimo, a garantia por escrito de que ali permaneceria o EJA e o Ensino Médio no período noturno (e que se fosse fechado deixaria a Zona Sul inteira da cidade sem nenhuma oferta de vagas neste período, forçando muitos adolescentes a deixarem de estudar), na EE Aurelina Ferreira (em Ubatuba) os estudantes elaboraram uma carta de reivindicações pedindo, além do não fechamento de salas, reparos no telhado da escola, papel higiênico no banheiro, ventiladores nas salas e fim da superlotação, entre outras coisas [Informar Ubatuba – site – 11/12/15]. Outros casos semelhantes ocorreram tanto em outras cidades do interior do estado quanto na capital, com reivindicações semelhantes às citadas acima – relativas ao estado dos banheiros (ausência de porta, papel higiênico etc.), goteiras nas salas de aula e infiltrações, falta de ventiladores, carteiras quebradas, desmoronamento de telhados e mato alto, entre outras coisas – sendo as mais frequentes. A falta de acesso dos alunos às bibliotecas (que em geral encontravam-se trancadas) e a falta de materiais pedagógicos também foi muito citada. Além disso, os estudantes também passaram a levantar questões relativas a conduta e práticas de diretores, vice-diretores, coordenadores, professores etc., e à participação da comunidade escolar na gestão, inclusive nas decisões sobre uso das verbas destinadas à escola. Na maioria dos casos, os ocupantes simplesmente pediam às direções que cumprissem a legislação que garante gestão participativa nas escolas públicas.

A reivindicação de "grêmios livres" foi recorrente. A prática de restrição das competências e iniciativas dos grêmios ou de interferências e vetos nas eleições é comum na gestão da rede estadual. Em uma escola na Zona Norte de São Paulo, por exemplo, os autores ficaram sabendo, ao entrevistarem os estudantes, que a diretora havia suspendido o grêmio porque, supostamente, as eleições estavam "**causando muitas brigas**" decorrentes da inclusão dos direitos dos alunos LGBT no debate.

Em outros casos, foram as práticas discriminatórias e preconceituosas das gestões que motivaram a continuidade da ocupação. Em uma escola em Piracicaba, os estudantes incluíram na sua carta de reivindicações (além de grêmio livre, transparência nos gastos e outras coisas) os seguintes pontos:

[EE PEDRO MORAES CAVALCANTI – FACEBOOK – 12/12/15]
"Quando a escola receber algum tipo de reclamação ou relato sobre caso de preconceito dentro do ambiente escolar, deverá conversar ou punir o(s) opressor(es) de forma acadêmica com o objetivo de conscientizá-lo(s) e, principalmente, jamais culpar a vítima e fazê-la crer que está errada ou estava pedindo para agir de tal forma.

[...] Nenhum professor ou professora deve obrigar os/as estudantes a realizar atos ou orações pertencentes à religião de qualquer membro da escola (ex.: rezar ou orar para qualquer divindade)."

Talvez os casos mais notáveis de continuidade da ocupação em protesto contra as gestões escolares tenham sido a EE Carlos Gomes em Campinas e duas escolas na Zona Leste de São Paulo, EE Arthur Chagas e EE Sapopemba.

Em Campinas, os estudantes condicionaram o fim da ocupação ao afastamento da diretora e iniciaram a campanha #ForaMirian, pedindo para que alunos e ex-alunos mandassem para a página da ocupação relatos de atitudes arbitrárias ou autoritárias da mesma. Os ocupantes publicaram uma carta aberta com as justificativas, mencionando que o afastamento da diretora era necessário para o **"funcionamento democrático da escola"**, uma vez que o grêmio **"não teve espaço durante a [sua] administração [...] mesmo com diversas tentativas de articulação dos estudantes"**, além da troca de gestão ser **"a garantia de que todos os alunos integrantes do movimento de ocupação e apoiadores não sofram nenhum tipo de perseguição ou retaliação"** [EE Carlos Gomes – Facebook – 06/12/15]. Em acordo com a Diretoria Regional de Ensino, a diretora acabou por se afastar do cargo voluntariamente, embora tenha negado as acusações.

Na EE Arthur Chagas, a diretora também se afastou voluntariamente após os estudantes se recusarem a desocupar em protesto contra a negligência da gestão em consertar problemas graves no espaço físico da escola e por conta dos materiais descobertos durante a ocupação e aos quais os alunos tinham o acesso negado. As reivindicações foram atendidas e além de reformas na escola foi iniciada uma investigação na Diretoria de Ensino sobre a ocultação dos materiais, enquanto os estudantes prometeram **"[...] acompanhar todo o processo de investigação e apuração das denúncias, as reformas e as negligências"**. Na EE Sapopemba, os estudantes também exigiram a abertura de uma investigação semelhante e redigiram um grande dossiê com todos os pontos problemáticos da gestão: desde a ocultação de materiais e a falta de estrutura do prédio até a interferência no grêmio, ilegitimidade do Conselho Escolar e da APM e o desrespeito à diversidade sexual e religiosa, além da discriminação com os alunos do noturno.

Apesar do fato de que os estudantes buscaram documentar extensamente as desocupações e os resultados das perícias realizadas na presença de advogados, representantes do Estado e terceiros (mostrando que estavam devolvendo o espaço escolar em iguais ou melhores condições), a Secretaria e seus funcionários dificultaram o processo em diversos casos, iniciando uma onda de retaliações.

O governo divulgou para a grande imprensa, no dia 29/12, a estimativa de um suposto prejuízo de R$ 1 milhão causado pelas ocupações **"devido a furto e depredação"**. Os valores foram calculados com base em informações enviadas pelas diretorias de 72 escolas à Secretaria, sem maiores investigações. Em janeiro, dia 12/01, um novo balanço apontava um prejuízo de R$ 2 milhões em 115 prédios, divulgou o *Estado de S. Paulo*. Segundo o jornal, tratam-se de **"registros de furto, perdas de merenda e depredações"**, e o governador teria afirmado que os **"estudantes poderiam ser responsabilizados por atos de vandalismo nos colégios ocupados"**.

Além disso, houve retaliações por meio de ações locais: na EE Stela Machado, em Bauru, a diretora decidiu adiar o começo da reposição em três dias, pois a escola "não estaria em condições" de reiniciar as aulas por conta de depredação. Segundo o *Estado de S. Paulo* (11/12), a dirigente regional de ensino registrou um boletim de ocorrência por conta de **"gavetas arrombadas, portas pichadas e computadores danificados, além do sumiço de alimentos da merenda"**. Os estudantes negaram o fato postando na página da ocupação fotos e vídeos da escola e dois documentos: um em que o promotor de justiça que acompanhou a perícia na desocupação testemunhou que não havia constatado **"qualquer sinal de depredação do patrimônio público"** no momento em que ela foi devolvida, e outro da subsede de Bauru do Conselho Regional de Psicologia, que também acompanhou o ato da desocupação e atestou as condições adequadas da escola [EE Stela Machado – Facebook – 10/12/15]. Segundo os estudantes, a intenção da diretoria era de atrasar a reposição das aulas para colocar os outros alunos contra os envolvidos na ocupação.

Em outras escolas em Campinas (EE Carlos Gomes), na Zona Norte (EE Gavião Peixoto) e Região Central (EE Caetano de Campos) de São Paulo também houve tentativa de responsabilização dos estudantes por supostos danos através de registro de boletins de ocorrência por parte da diretoria, para citar alguns casos que tiveram denúncias nas redes sociais. Em Campinas, um boletim de ocorrência relacionado a vandalismo foi registrado e, enquanto para a dirigente de ensino os atos teriam sido praticados "**por alguém ligado ao movimento estudantil porque a pessoa conhecia a escola**", um diretor da Apeoesp alegou que "**a destruição foi feita pela própria diretora para incriminar o movimento estudantil**" [Correio Popular – site – 28/12/15].

Talvez o caso mais grave de responsabilização e criminalização de prejuízos tenha sido o da EE Salvador Allende. A unidade foi desocupada no sábado dia 12/12 e horas depois foi alvo de vandalismo: foram destruídas portas, a cozinha revirada e 20 computadores foram roubados. A *Folha de S. Paulo* repercutiu acriticamente a versão da Secretaria de Educação, [Folha de S. Paulo – site – 14/12/15] e horas depois a versão foi desmentida, quando quatro adolescentes e um adulto foram pegos em flagrante: "**Diretores estiveram na delegacia e informaram que nenhum dos detidos é aluno da escola**" [G1 – site – 14/12/15]. A Rede Globo (no programa SPTV) também não fez nenhum trabalho jornalístico e transmitiu uma matéria na qual diretor e a vice-diretora da escola afirmavam que os estudantes que participaram da ocupação foram os responsáveis. Os mesmos publicaram um esclarecimento, dizendo que "**a ocupação só terminou porque os estudantes estavam com muito medo e já não tinham forças para barrar as invasões por pessoas desconhecidas que saquearam a escola e assaltaram os estudantes**" [EE Salvador Allende – Facebook – 14/12/15].

Outra forma de retaliação, mais indireta, foram boicotes a legados das ocupações. Em uma escola em Sorocaba, ocupantes limparam uma estante que estava suja e abandonada, utilizando-a para colocar jogos que a escola já tinha e livros que eles próprios trouxeram de suas casas; com a desocupação, a direção "**jogou** tudo fora e deixou num canto juntando poeira novamente" [página da ocupação – Facebook – 11/12/15]. Já em uma escola na Zona Sul de São Paulo, os livros novos ainda lacrados, que tinham sido descobertos durante a ocupação e organizados em uma sala reservada, desapareceram, para a surpresa e indignação dos alunos, que publicaram em sua página: **"tentamos descobrir o porquê da retirada e para onde seriam levados mas não obtivemos respostas"** [página da ocupação – Facebook – 22/01/15]. Em uma escola recém-desocupada, na Zona Oeste de São Paulo, os alunos permaneceram mobilizados com atividades organizadas autonomamente (grafite nos muros, mutirão de capinagem do mato, palestras e oficinas), mas segundo eles a direção boicotou as iniciativas **"impedindo a participação de professores, não nos deixando avisar o restante dos alunos sobre"** [página da ocupação – Facebook – 21/01/15] e até mesmo abrindo os portões durante o período das atividades, permitindo a saída dos alunos para que a escola ficasse esvaziada no lugar de ser apropriada ativamente por seus alunos. Prova disso é também que, em mais de uma escola desocupada, uma das primeiras iniciativas da direção foi apagar os grafites feitos durante as ocupações.

Foram registradas também ocorrências de ataques verbais a alunos que haviam participado das ocupações. Em uma escola na Zona Leste de São Paulo, os estudantes denunciaram que **"professores [estavam] dando discursos [...] contra a ocupação"** e chamando alunos de **"desocupados"** durante suas aulas de reposição, desqualificando a ocupação (que teria sido mantida por **"3 ou 4 alunos"** e que teriam sido **"incitados por outros movimentos"**). Já em uma escola da Região Central da capital, os estudantes relataram **"Casos isolados de professores menosprezando e sendo hostis com alunos da ocupação, inspetores filmando os corredores e salas de aula com o discurso 'Agora é minha vez de dar a resposta'".**

Em uma escola na Zona Oeste de São Paulo, também na reposição, um estudante gravou uma professora incitando, na sala de aula, violência contra os ex-ocupantes. Conforme o vídeo passou a ser muito compartilhado na internet, a direção e a professora convocaram a mãe do aluno, fazendo **"uma cena GIGANTESCA"** para pressioná-la, se utilizando de mentiras e argumentos religiosos [página da ocupação – Facebook – 15/01/15]. Diante de ameaças de ser processado pelo direito de imagem, feitas pela professora, o estudante pediu aos colegas para retirar o vídeo das redes sociais. Além disso, os alunos também denunciaram ter recebido uma lista de **"danos causados pelos ocupantes"** com **"preços abusivos"** [página da ocupação – Facebook – 16/01/15].

Mais um assédio ocorreu com estudantes de uma ETEC na Zona Norte de São Paulo; conforme a unidade permanecia ocupada em meados de dezembro, a diretora decidiu que haveria aulas de "reposição" em um prédio da ETEC no Centro da cidade. Chegando no local, todos os estudantes tiveram sua entrada controlada e suas mochilas revistadas por pais, responsáveis e funcionários terceirizados. Os alunos ocupantes também foram filmados por pais durante as aulas. Uma aluna que estava presente escreveu em seu Facebook: **"Esse foi primeiro e maravilhoso dia de reposição, assédio e humilhação"** [Revista Fórum – site – 15/12/15].

Estas são algumas denúncias registradas pelas páginas das ocupações no Facebook e pela imprensa, mas é possível (e provável) que tenham havido outros casos de perseguições e retaliações a estudantes que se envolveram nas ocupações durante o período de reposição de aulas e no início do novo ano letivo.

NOVOS DESAFIOS

Na virada de 2015 para 2016, quando os estudantes paulistas desocupavam suas escolas, a ocupação enquanto tática de luta transbordou o estado de São Paulo e passou a ser adotada por estudantes de redes públicas estaduais em novos contextos políticos.

Inspirados pelo movimento paulista, já em dezembro, estudantes goianos começavam a ocupar escolas e em janeiro o número de ocupações chegou a 27. O movimento lutava contra um projeto ainda mais grave do que o da "reorganização" escolar: o governo estadual (PSDB) planejava entregar parte da gestão das unidades escolares, particularmente a contratação de professores e funcionários, a Organizações Sociais (OSs). Algumas semanas após a primeira ocupação, um grupo de secundaristas paulistas viajou ainda em dezembro para Goiás para contribuir com a experiência das ocupações de São Paulo. Em janeiro, houve divulgação na internet das atividades realizadas nas ocupações e dos muitos abusos – policiais e de pessoas contrárias ao movimento – cometidos contra os estudantes goianos. Mesmo sem um apoio similar ao que a sociedade civil paulista e paulistana deu ao movimento dos estudantes, a mobilização dos alunos goianos ganhou o respaldo do Ministério Público e, eventualmente, o governo estadual adiou o processo de terceirização, após ter ficado claro que as OSs não tinham a capacidade técnica mínima para assumir a gestão das escolas. As escolas começaram a ser desocupadas já em fevereiro.

Da mesma forma, após um período de protestos de rua, um movimento de ocupações de escolas se espalhou pelo estado do Rio de Janeiro em apoio à greve dos professores estaduais, começando em março e intensificando-se em abril. No momento em que escrevemos são cerca de 70 escolas ocupadas. A especificidade do Rio de Janeiro em relação aos casos paulista e goiano é a ausência de um grande pacote governamental que atentasse contra o direito à educação pública. Enquanto os professores se mobilizam em torno da pauta salarial, os estudantes estão dedicados a denunciar os efeitos catastróficos da profunda crise fiscal pela qual passa o governo estadual carioca (PMDB), fruto de isenções fiscais bilionárias e da piora do cenário econômico brasileiro. Reivindicações locais de cada escola (a maioria ligada a questões de infraestrutura dos espaços e falta de material) se complementam com uma ampla defesa da escola pública de qualidade e da sua gestão democrática.

Em outros estados ocorreram ocupações isoladas – em Minas Gerais, Espírito Santo, Pará e Paraná –, sem formar um movimento, ao menos até o momento de encerramento da redação deste livro.

Recentemente, no final de abril e em maio, iniciaram-se movimentos de ocupações no Ceará e no Rio Grande do Sul. No primeiro caso, o movimento conta com mais de 50 escolas ocupadas.

A motivação dos estudantes não se concentra em uma pauta específica e se aproxima do caso do Rio de Janeiro, com ataques ao estado precário das escolas em geral e aos cortes no orçamento da educação. Já no Rio Grande do Sul, iniciou-se um movimento que ultrapassou mais de uma centena de escolas ocupadas em apenas uma semana – uma velocidade superior ao que se viu em São Paulo. Os estudantes se mobilizam em nome de melhoras na infraestrutura escolar e para barrar projetos de lei, um que "dispõe sobre a qualificação de entidades como organizações sociais" e o outro que institui o "Programa Escola sem Partido". Em ambos os estados, os professores estão em greve, tendo no Nordeste os professores precedido os estudantes, enquanto que no Sul as ocupações começaram primeiro.

Já para os estudantes paulistas, mesmo com toda sua disposição em dar continuidade à mobilização, isto passou a ser uma tarefa mais árdua a partir de janeiro. O recuo do governo, apesar da desconfiança de tantos, exigia uma renovação das táticas de luta. Como visto, estudantes mobilizados se voltaram para os muitos problemas locais específicos de cada escola mas vários secundaristas também acabaram se apegando a uma pauta externa: a luta contra o aumento da passagem.

Ainda antes da virada do ano, o governador de São Paulo e o prefeito da capital anunciaram o aumento das tarifas de metrô/trem e ônibus, respectivamente. O valor subiria de R$ 3,50 para R$ 3,80, o que seria justificado, segundo os gestores, pela inflação do período. No mesmo dia do anúncio, as páginas de Facebook do G.A.S., d'O Mal Educado, do Não Fechem Minha Escola e do Comando convocaram os estudantes a lutar contra esse "**golpe contra os estudantes e trabalhadores**" [Comando das Escolas em Luta – Facebook – 31/12/15]. Se, por um lado, a pauta fugira bastante do tema principal (educação), por outro existia clareza entre os estudantes de que as lutas pelo transporte público e pela escola pública se inseriam em uma agenda de lutas por direitos:

[EE JOSÉ LINS DO REGO – FACEBOOK – 09/01/16]

"O aumento da passagem, é, entre outras coisas, uma medida que tira o nosso direito à cidade. Nós, jovens de periferia sabemos muito bem o quão difícil é sair dos nossos extremos e fazer algum rolê no centro pq o transporte além de precário é extremamente caro. Devemos lutar por um transporte público de qualidade e gratuito.

Terça-feira vamos unir forças em um segundo grande ato contra o aumento da tarifa de ônibus.

A JUVENTUDE DIZ NÃO AO AUMENTO DA TARIFA!"

O chamado para que os estudantes comparecessem aos atos organizados pelo Movimento Passe Livre de São Paulo tiveram ressonância. Em todos os atos da campanha contra o aumento de 2016 houve presença de um número considerável de secundaristas (na casa das dezenas) e em muitos casos esses foram alvos preferenciais da violência policial.

Conforme a intensidade das manifestações contra o aumento das tarifas diminuía, os estudantes voltaram a se dedicar exclusivamente às questões que emergiam a partir do cotidiano de suas escolas. Assim, houve algum esforço de coordenar a luta em basicamente três pautas centrais: a denúncia de que a "reorganização" não havia sido efetivamente suspensa e estava sendo feita de maneira "silenciosa"; a promoção de grêmios livres; e a questão da merenda escolar.

Estas pautas inserem-se em um novo contexto político da educação pública em São Paulo. O governador Geraldo Alckmin buscou readequar suas estratégias para fazer frente àquela mobilização estudantil até então inédita, a começar pela escolha de um novo secretário da Educação, feita diante da resistência do Tribunal de Justiça de São Paulo, da Defensoria Pública e do Ministério Público que o governo havia enfrentado.

O juiz Luis Felipe Ferrari Bedendi (o mesmo que havia mudado de posição em meados de novembro com relação ao pedido de reintegração de posse das duas primeiras escolas ocupadas) foi responsável por julgar a ação civil pública apresentada conjuntamente pelo MP e pela Defensoria em primeira instância e, em sua decisão (datada de 16/12) suspendeu "**todos os efeitos da chamada reorganização escolar**". O governo tentou argumentar que a ação civil teria perdido seu objeto tendo em vista que a "reorganização" escolar já teria sido suspensa, com o decreto revogando o anterior publicado no Diário Oficial. O juiz, porém, acolheu os pedidos do MP e da Defensoria, em especial a "**necessidade de implementação de agenda de debates e participação popular ao longo de 2016**". Para ele, o principal ponto era que "**não se primou pela participação democrática na implementação de projeto de tão grande intensidade**", algo problemático pois "**a condução do governo, num Estado Democrático, pressupõe a participação do povo**" e a gestão democrática do ensino público é um princípio constitucional (artigo 206, inciso VI) regulamentado pela Lei de Diretrizes e Bases, a LDB (artigo 14).

Um mês depois (14/01), o desembargador Marcos Pimentel Tamassia, da 1ª Câmara de Direito Público, negou em seu relatório o recurso com o qual havia entrado o governo estadual, mantendo a suspensão de "**todos os efeitos**" da "reorganização". No recurso, o governo Alckmin tentou argumentar que "**a suspensão imposta em primeiro grau teria imposto medidas desnecessárias. Entre elas, o estabelecimento de agenda oficial de discussão e deliberações a respeito da política pública, com a participação de grêmios estudantis e conselhos de escola, entre outros**" [Conjur – site – 14/01/16]. Em seu relatório, o desembargador responde de maneira irônica: "**Francamente, a oitiva dos Dirigentes de Ensino, que nada mais são que a própria Administração estadual, não se traduz em legitimação do objeto pela discussão em sociedade, em especial pelos atores mais interessados na organização escolar**" [decisão judicial – 14/01/16].

Com isto, a justiça reafirmou a impossibilidade de uma gestão democrática que se restrinja à burocracia da Secretaria da Educação e não inclua amplamente a comunidade escolar, como reivindicavam sistematicamente os estudantes desde setembro de 2015.

Já no dia 22/01, foi anunciado o novo secretário da educação: o desembargador aposentado José Renato Nalini. Na grande imprensa, ele foi apresentado como um conciliador (afeito ao diálogo), com experiência educacional (por ter sido professor universitário) e **"um homem da cultura"** (nos dizeres de Alckmin, por ser membro da Academia Paulista de Letras). Na realidade, a escolha de seu nome parece ser duplamente estratégica: por um lado, ele deveria encabeçar uma série de iniciativas que mantenham a "reorganização escolar" no horizonte, mas com uma espécie de verniz de gestão democrática; por outro, Nalini foi durante 2014-15 o presidente do Tribunal de Justiça de São Paulo e trazê-lo para a Secretaria de Educação parece ter sido uma tentativa de reaproximação do Executivo ao Judiciário paulista, tendo em vista as derrotas sofridas.

Ex-comentarista do Jornal da Cultura, Nalini publicou um artigo muito revelador, de opinião política e pessoal, no site institucional da Secretaria de Educação: **"A sociedade órfã"**. O novo secretário não esconde sua visão sobre o papel do Estado que, segundo ele, deve ser mínimo, restrito a certas **"missões elementares"**, nas quais o direito social à educação pública, embora assegurado constitucionalmente, não estaria contemplado:

> **[SECRETARIA DE EDUCAÇÃO – SITE – 05/04/16]**
> **"Muito ajuda o Estado que não atrapalha. Que permite o desenvolvimento pleno da iniciativa privada. Apenas controlando excessos, garantindo igualdade de oportunidades e só respondendo por missões elementares e básicas. Segurança e Justiça, como emblemáticas. Tudo o mais, deveria ser providenciado pelos particulares."**

Enquanto Herman, um engenheiro de formação, tinha uma "justificativa pedagógica" para o corte de gastos (a "reorganização" implicaria melhores índices de desempenho), Nalini passa a professar uma justificativa moral para o ajuste fiscal, aliando conservadorismo e ultraliberalismo, chegando até mesmo a sugerir que as mães dos alunos deveriam se encarregar da merenda dos filhos para que o Estado gastasse menos:

[O ESTADO DE S. PAULO – SITE – 15/03/16]
"Nada como as mães para acompanhar como é que está a merenda do seu filho. Eu sonho com uma escola em que houvesse uma horta, houvesse um galinheiro, e que a merenda fosse feita e elaborada pelas mães. Há comida feita com mais amor do que pelas mães? [...] O Estado economizaria, a merenda seria muito melhor e sobraria recurso para remunerar melhor o nosso pessoal."

A gestão Nalini começou com o secretário afirmando que não conhecia o plano da "reorganização", que iria se inteirar somente a partir da sua posse, no final de janeiro. Porém, rapidamente, em questão de poucos dias, o novo secretário adotou um discurso favorável ao projeto:

[G1 – SITE – 04/02/16]
"A reorganização me parece uma ideia sensata"

[O ESTADO DE S. PAULO – SITE – 04/02/16]
"estamos contratando jovens youtubers para que nos ajudem também a transmitir a ideia [da reorganização] e para chamar a juventude a participar do debate."

As informações são aparentemente desencontradas: promete-se uma nova era de diálogo, mas novamente a "reorganização" escolar não está em discussão nos seus fundamentos; e a "**participação da juventude no debate**" reaparece como mera recepção da ideia (a ser transmitida por meio de publicidade paga na forma de "**jovens youtubers**") e os estudantes voltam a ser reduzidos a receptores passivos aos quais a questão deve ser explicada, mesmo depois dos meses que passaram afirmando à sociedade sua condição de sujeitos.

Como prova de que o governo Alckmin não havia desistido da "reorganização", a Apeoesp começou a sistematizar informações sobre o que passou a ser chamado de "reorganização disfarçada" ou "reorganização silenciosa": em vez de fechar escolas (como estava previsto no pacote anunciado em setembro do ano passado), a prática passou a ser fechar salas. No último balanço ao qual foi possível ter acesso, do dia 25 de fevereiro, o sindicato apurou que 1.363 salas de aula em todo o estado de São Paulo haviam sido fechadas. Desta vez, nem foi preciso editar um decreto ou qualquer outro ato normativo; seriam atos administrativos rotineiros, que passam ao largo da **"agenda de debates e participação popular"**, referida na decisão liminar do juiz acerca da ação civil pública apresentada pelo MP e pela Defensoria e reivindicada pelos estudantes.

Outra demonstração de que o governo estadual permanece alheio e impermeável às reivindicações estudantis por participação democrática e educação pública de qualidade foi a publicação, já no início de janeiro (antes de Nalini assumir, portanto), da Resolução SE 2, que permitiu a ampliação da lotação das salas de aula em 10% "excepcionalmente, **quando a demanda, devidamente justificada, assim o exigir**" [Diretoria de Ensino da Região de Mogi das Cruzes – site – 08/01/16]. Deste modo, os "**referenciais numéricos**" (note-se que não se fala nem em "média" nem em "teto" ou "limite máximo") das turmas podem passar de 30 para 33 alunos no Ensino Fundamental I, de 35 para 38 no Ensino Fundamental II, de 40 para 44 no Ensino Médio e de 45 para 49 na Educação de Jovens e Adultos. A superlotação das salas foi uma das principais motivações dos alunos para lutar contra a "reorganização". Com salas sendo fechadas e a superlotação oficializada, o mesmo projeto é executado por outros meios, apesar da decisão judicial pela suspensão de "**todos os efeitos da chamada reorganização escolar**".

A "reorganização silenciosa" foi tema de uma reunião do Comando, em que foi deliberada uma comissão especial de estudantes para lidar com o problema e trazer a discussão da pauta para o âmbito das escolas, através dos subcomandos regionais:

[COMANDO DAS ESCOLAS EM LUTA – FACEBOOK – 14/02/16]

"No dia 14/02 aconteceu uma reunião do Comando das Escolas de Luta e nessa reunião foi debatida a questão dos fechamentos

de sala, que nada mais é do que uma forma do governo do Geraldo Alckmin (PSDB) continuar efetuando cortes na educação e dessa forma fazer com que o projeto de reorganização passe e o ajuste fiscal aconteça. Os estudantes não ficaram parados quanto a isso, já são mais de MIL salas fechadas de acordo com um levantamento da Apeoesp além de várias intimações recebidas por estudantes que participaram da luta ou foram presos em atos, então foi deliberado na reunião de domingo que uma comissão ficará responsável por digitar um jornal de agitação sobre o assunto e distribuir esse jornal regionalmente a partir dos subcomandos, ficará a cargo de cada subcomando fazer a agitação pelo jornal e chamar uma assembleia local com os estudantes para articular atos regionais que também ficaram a cargo dos subcomandos.

A Luta Continua, Nenhuma Sala a Menos!"

A luta contra o fechamento de salas seria o prolongamento "natural" da mobilização do ano anterior, haja vista o diagnóstico de que se trataria da continuidade disfarçada do projeto anterior. Porém, justamente o seu caráter silencioso é a chave para compreender as dificuldades em avançar nesta frente de reivindicação. Mesmo que a "reorganização" proposta em 2015 tivesse suas obscuridades, em comparação com a situação presente, aquela foi de um pacote governamental com ampla visibilidade pública. No caso de sua continuidade disfarçada encaminhada pelo governo em 2016, apenas a Apeoesp (com a coleta de dados pelas suas subsedes) foi capaz de sistematizar o fechamento de salas para denunciar o que se passava, o que não teve repercussão midiática. Até o momento, os estudantes organizados (seja nos comandos, seja em outros espaços) não conseguiram transformar o fechamento de salas em uma bandeira que mobilize a sua base da mesma maneira como ocorreu no ano passado.

A segunda pauta que emergiu do cotidiano escolar foram os grêmios estudantis. Embora tenha sido levantada espontaneamente pelos estudantes das ocupações desde o fim de 2015, esta pauta acabou sendo bastante condicionada pelo projeto "A escola que queremos", um dos pilares do "verniz democrático" da nova gestão da Secretaria de Educação. Este projeto prevê uma série de encontros (presenciais e virtuais) em que o secretário se disporia a "ouvir" os alunos e "dar voz" às suas demandas, além de haver uma iniciativa da Secretaria de incentivar a criação de grêmios estudantis.

Uma pesquisa requisitada à Secretaria pelo Ministério Público (por meio do Geduc) em 2015 constatou que há grêmios em 3.500 escolas estaduais (sobrando 1.500 sem grêmios) e que, mesmo nas unidades que possuem, nem sempre o funcionamento do grêmio é plenamente satisfatório e democrático. Oficialmente, o discurso da Secretaria pós-ocupações passou a ser que os grêmios são um direito dos estudantes e contribuem positivamente para a comunidade escolar por meio da gestão participativa. No dia 23/02, portanto, é anunciada uma data unificada de eleições, nos dias 13 e 14/04.

De forma previsível, a realidade da implementação desses grêmios difere do discurso oficial, continuando a existir aquelas mesmas interferências e censuras por parte das diretorias no processo que deveria ser democrático e organizado exclusivamente pelos estudantes. Em fevereiro, após o anúncio das datas das eleições unificadas pelo governo, a página O Mal Educado fez uma denúncia que indicava pouca mudança com relação à conduta das diretorias anterior ao projeto "A escola que queremos":

[O MAL EDUCADO – FACEBOOK – 19/02/16]
"Hoje os alunos da Escola [...] em Mauá na região do ABC PAULISTA foram com o desejo de uma comissão pró grêmio na direção da escola e foram totalmente mal-recebidos e proibidos de organizar o grêmio na escola. A mesma informou que ela mesma vai fazer o grêmio, que foge da lei de livre grêmio que dá o aluno o direito de criar, participar e monitorar todo o processo. A escola não possui grêmio há anos, e pelo o que vimos hoje já sabemos o motivo, a direção não dá espaço pra construir um ambiente escolar com o aluno. No último ano a escola foi a primeira ocupada na cidade e

os alunos ocupandos vem sofrendo repressões, além disso foram fechadas só no período noturno cinco salas e muitos alunos estão tentando se matricular e está sendo negado a matrícula."

No primeiro dia da votação unificada convocada unilateralmente pela Secretaria, o coletivo O Mal Educado fez uma postagem procurando alertar os estudantes sobre as armadilhas colocadas pela nova estratégia "participativa" da Secretaria de Educação. Para o coletivo, se por um lado as diretorias permanecem autoritárias, como atestado pelo caso citado acima, por outro lado este autoritarismo parece estar sendo sofisticado, o que coloca grandes desafios aos estudantes que pretendam se engajar em uma eventual luta por grêmios:

[O MAL EDUCADO – SITE – 13/04/16]
"O grêmio é dos estudantes, o Estado não tem que ter nada a ver com isso!

Nos dias 13 e 14 de abril, o governo pretende realizar eleições de grêmio na maioria das escolas da rede estadual. Segundo o secretário da Educação, José Renato Nalini, essa medida faz parte da política de 'abertura' e 'diálogo' anunciada pelo governador Geraldo Alckmin no dia em que houve a suspensão do projeto de reorganização do ensino.

Duas perguntas podem surgir: Por que o secretário está preocupado em formar grêmios? Isso não seria ruim para o governo?

Para responder a essas questões devemos antes entender qual a situação atual dos grêmios na rede estadual. Segundo a Secretaria da Educação, das 5 mil escolas estaduais, 70% delas (3,5 mil) possuem grêmios. Por que então esses grêmios não tiveram um papel decisivo durante a luta contra a reorganização? Por que não foram o pólo aglutinador, capaz de unir e organizar os alunos para o combate? Porque a maioria desses grêmios não foi uma iniciativa dos próprios estudantes, não foi o resultado da compreensão de que eles devem se unir para lutar pelos seus interesses. No geral esses grêmios foram iniciativas das direções ou de professores, que simplesmente ditavam como o grêmio deveria funcionar passando por cima de qualquer opinião que os estudantes pudessem ter. Em muitos casos não havia sequer eleição, os diretores ou professores simplesmente escolhiam alguns alunos e formavam o grêmio. Quando havia eleição, o processo era viciado: ou a direção formava uma chapa para impedir que o grêmio caísse nas mãos de alunos 'indesejados', ou então eram criadas regras absurdas que excluíam os 'indesejados', como exigir 'notas boas' para fazer parte do grêmio. Os grêmios acabavam sendo meras marionetes do governo, realizando funções de 'auxiliares gerais' das direções (limpando salas, fiscalizando os colegas, etc). Consequentemente os alunos não se sentiam representados por esses grêmios, não viam neles uma ferramenta de luta contra as direções e o governo.

Após o processo de luta contra a reorganização do ensino no final do ano passado, os estudantes começaram a debater a importância dos grêmios e a necessidade de estarem organizados dentro das suas escolas. Mas não foram só os estudantes que pensaram nisso: o governo também se apressou em reconhecer que os grêmios existentes são 'pouco representativos' e 'pouco atuantes', e se comprometeu a fazer de 2016 o 'ano do diálogo' [...].

Em entrevistas recentes, o novo secretário tem falado muito sobre a necessidade de 'dar mais voz aos estudantes'. As perseguições que muitos secundaristas têm sofrido por terem participado das ocupações no ano passado não estão em contradição com essa afirmação do secretário. É que para 'ouvir' os estudantes, ele precisa silenciar, perseguir e anular os estudantes mais 'radicais'. [...]

Assim, a formação de grêmios é peça importantíssima na estratégia do governo, pois o grêmio servirá como interlocutor entre os alunos e o governo. Isso não quer dizer que o governo queira grêmios independentes e combativos, longe disso. Mas também não serve mais aquele grêmio que descrevemos no início: esvaziado, pouco atuante e sem nenhuma legitimidade entre os alunos. O que o governo precisa é de grêmios atuantes dentro da escola, mas organicamente atrelados à direção escolar.

[...] Ou seja, a política só poderá ser feita junto com a direção, e nunca contra ela. É exatamente isso que o secretário afirmou em entrevista ao jornal *Folha de São Paulo*: 'O grêmio tem de ser parceiro da diretoria, atuar na gestão da administração da escola e influenciar até a aplicação da verba destinada à escola, elegendo prioridades'. Atrelamento político entre alunos e direção, eis a chave da estratégia [...].

Atrelamento que é construído em cada passo da formação do grêmio: na elaboração do estatuto; na definição do calendário eleitoral; na exigência de um 'presidente' para o grêmio; na obrigação de formar chapas mesmo onde não há divergências entre os alunos (criando uma falsa divisão entre eles); nas 'reuniões de negociação' que só servem para impedir qualquer movimentação dos alunos; nas tarefas dadas aos grêmios como 'obrigações' ou 'deveres', etc. Assim, os estudantes se habituam aos procedimentos da democracia burguesa e ao invés de lutarem contra o ajuste e contra os cortes, passam a negociar com o governo o que vai ser ajustado e onde vai ser o corte."

Apesar deste diagnóstico, o coletivo não descarta os grêmios enquanto pauta da luta estudantil, mesmo porque esta pauta surgiu organicamente de muitas ocupações, que viram na luta por um grêmio representativo dos interesses dos estudantes um caminho de auto-organização. A questão passa a ser, portanto, "lutar para garantir a independência dos grêmios", a fim de "que os próprios estudantes ditem as regras, explorem os seus limites e indiquem os objetivos do movimento".

Para fazer frente ao "verniz democrático" do discurso oficial da Secretaria e ao aparelhamento dos grêmios pela burocracia autoritária das escolas, a pauta foi batizada pelos estudantes organizados, já em fevereiro, como uma luta por "grêmios livres" ou "grêmios de luta" e mais uma vez foi lançado um manual, desta vez pelo Subcomando Regional da Zona Oeste, chamado "Como fazer um grêmio de luta". Em março, o Subcomando Oeste chamou também para um boicote das eleições organizadas pela Secretaria:

[SUBCOMANDO DAS ESCOLAS EM LUTA DA REGIÃO OESTE – FACEBOOK – 23/03/16]

"[...] os poderosos estão com medo da nossa própria organização e por isso estão tentando eles mesmos nos organizarem. [...] Se formos lutar neste ano, que seja do nosso jeito. Os estudantes da E.E. Virgília, na Zona Oeste, já mostraram como devemos fazer: paralisar a aula e fazer uma assembleia geral dos estudantes para decidir sobre o grêmio. Para mostrar que o movimento é nosso, devemos dizer NÃO às medidas do Governo e boicotar as eleições de abril, fazendo assembleias e decidindo nós mesmos sobre a nossa luta"

O caso mencionado é da EE Virgília Rodrigues Alves de Carvalho Pinto, localizada no Butantã. No dia em que a Secretaria anunciou a data das eleições para grêmios, os estudantes decidiram parar as aulas e fazer uma assembleia para debater entre eles o modelo e a forma de organização que desejavam para o grêmio. Nesta assembleia, rejeitaram a forma pré-determinada pelo governo, de chapas e democracia representativa, em favor de um grêmio aberto a todos (sem chapas) e horizontal (funcionando pela democracia direta). Este exemplo foi apontado tanto pelo Subcomando quanto pelo O Mal Educado como caminho para a luta por grêmios livres e autônomos.

Mesmo com o manual e a proposta de paralisação das aulas para organizar assembleias e viabilizar grêmios livres, esta pauta parece não ter avançado, o que é curioso considerando que grande parte das ocupações levantaram as questões dos grêmios em suas reivindicações internas às escolas.

Em 2016, as escolas estaduais começaram o ano com merendas ainda piores do que já eram, com a alimentação se reduzindo à merenda seca, inexistente ou até mesmo estragada. A merenda parece ter sido a pauta que mais envolveu os estudantes depois da luta contra a "reorganização", se concentrando tanto na denúncia da "máfia da merenda" quanto na crítica ao corte de gastos. A questão da máfia ganhou mais destaque quando diversos órgãos da imprensa noticiaram que o presidente da Assembleia Legislativa do Estado de São Paulo (Alesp), Fernando Capez (PSDB), e o chefe de gabinete da Secretaria de Educação, Fernando Padula, foram citados em grampos da Operação Alba Branca (da Polícia Civil e do MPE-SP), que investiga o esquema de corrupção com fraudes e superfaturamentos na licitação da merenda escolar. No fim de janeiro, Nalini nomeou em seu lugar o promotor de justiça Antônio Carlos Ozório Nunes como chefe de gabinete.

Ao menos em duas oportunidades, nos dias 16/02 e 01/03, os estudantes compareceram a seções da Alesp, cuja pauta seria a "CPI da merenda". No dia 17/02, após marcar presença na Alesp e conversar com deputados, o Comando das Escolas em Luta chamou os estudantes para pressioná-los, anunciando que para que a CPI fosse criada era preciso ainda dez votos e que era necessário ajuda: **"já existe uma comissão para que vá nos gabinetes desses deputados, porém ainda é muito pequena. Precisamos da ajuda de todos os secundaristas para isso!!** [Comando das Escolas em Luta – Facebook – 17/02/16]. Já no dia 01/03, os estudantes foram expulsos da Alesp pela Polícia Militar, que havia sido chamada pelo deputado Coronel Telhada (PSDB). Houve uso da força e dois secundaristas foram encaminhados a uma DP para assinarem boletins de ocorrência de "resistência à prisão".

Com sua habilidade ímpar de mobilização via redes sociais, os estudantes passaram a denunciar a precarização da merenda escolar no Facebook, no Twitter e no Instagram aproveitando o melhor que cada plataforma pode oferecer. No Facebook e Instagram postavam fotos das merendas do dia em diferentes escolas, sob o nome de "diário da merenda": uma foto de cinco bolachas de água e sal e uma caneca de suco, um prato de cuscuz, um único pedaço de torta, uma barra de cereais e um pacote com duas ou três bolachas e assim por diante. Já no Twitter, eles lançaram o slogan **"Quem vai punir o ladrão de merenda?"**, que chegou ao ápice de sua popularidade depois que uma faixa com esses dizeres, produzida pela torcida organizada Gaviões da Fiel, foi exibida em um jogo do Corinthians. As ações em torno da merenda não se restringiram, porém, a pressões na Alesp ou campanhas em redes sociais. Durante o mês de março, os estudantes organizaram atos e trancamentos de avenidas na capital.

Novas ocupações foram realizadas na virada de abril para maio, agora em torno da pauta da merenda – alguns setores do movimento declarando #NãoVaiTerCorte e uma outra parcela reivindicando #CPIdaMerenda. Foram ocupados: o Centro Paula Souza (que administra as escolas técnicas estaduais), dezoito ETECs, nove Escolas Estaduais e quatro Diretorias, além da Alesp. A ocupação da Alesp parece ter sido iniciativa predominantemente das entidades estudantis (em especial Ubes e Upes), enquanto que nos outros casos viu-se mais a presença dos estudantes organizados autonomamente, que chegaram a realizar "Assembleias Gerais das ETECs e Estaduais".

Assim como o autoritarismo da Secretaria de Educação passa por um processo de sofisticação, descrito acima, as respostas repressivas estão sendo aperfeiçoadas ou então inovadas no enfrentamento deste novo ciclo de ocupações em São Paulo.

De um lado, como indica recente caso de vazamento de uma série de e-mails trocados entre diretores, professores e pais de alunos, a burocracia permanece recorrendo a práticas subterrâneas, incitando confrontos no interior das comunidades e utilizando pais e alunos como massa de manobra. Nestes e-mails, repetem-se as tentativas de organização de grupos para comparecerem em frente às ocupações e forçarem a saída dos estudantes, o que é estimulado pelas diretorias por meio de desinformação e terrorismo psicológico.

Uma troca de e-mails entre o diretor da Etesp e um professor trata abertamente do incentivo ao confronto físico entre alunos. Os dois discutem um comunicado oficial da superintendência de administração das ETECs (Centro Paula Souza), que recomenda não adotar tal procedimento. Enquanto o diretor afirma que o comunicado **"não pode incentivar o confronto"**, também menciona que foi confidenciado para os diretores que, **"se os alunos do noturno desejarem assistir aula, que entrem em confronto com** os manifestantes garantindo o direito às aulas, mas que os professores e a equipe de gestão procurem não se envolver, deverá ser entre alunos", utilizando de exemplo um ocorrido na ETEC Basilides de Godoy, em que "os alunos do noturno derrubaram o portão e passaram por cima literalmente dos manifestantes". O professor responde questionando que o comunicado oficial passado pelo Centro Paula Souza diferia das orientações recebidas verbalmente: "A informação que você nos passou é que o Centro Paula Souza apoiava o confronto entre alunos que desejavam assistir as aulas e professores contra alunos que realizavam a ocupação no prédio" [Democratize – site – 12/05/15].

Outras trocas de e-mail vazadas também levantam a possibilidade de cortes na água e luz das escolas para incentivar desocupação, a articulação interna da Associação de Pais e Mestres para desocupar escolas, possivelmente se utilizando do Facebook para falar sobre as "consequências da perda de aulas", entre outras táticas muito semelhantes ao que foi visto na repressão às ocupações de 2015 contra a "reorganização". Além disso, também procura-se saber da existência e identificar professores que apoiam os alunos "radicais".

De outro lado, a repressão por meio da Polícia Militar também foi renovada: a partir de pedido de parecer jurídico do então secretário da segurança Alexandre de Moraes (e agora ministro da justiça no governo Temer) à Procuradoria Geral do Estado, o governo Alckmin concluiu que não precisaria mais recorrer ao Judiciário para a reintegração de posse de prédios públicos ocupados e, na sexta-feira 13/05, a Polícia Militar desocupou à força a Etesp e três Diretorias de Ensino ilegalmente, sem mandado judicial, além de deter os ocupantes, na sua maioria menores de idade.

A estratégia estatal foi uma resposta à tentativa do Judiciário de impor limites ao uso de armas pela PM na reintegração de posse do Centro Paula Souza. A Assembleia das ETECs e EEs sugeriu, tendo em vista "a brusca mudança no momento político atual e a nova ofensiva repressiva", que os alunos desocupassem suas escolas, para pensar em novas táticas de luta e convocando para um ato no dia 18/05.

Houve vitórias parciais deste ciclo mais curto de ocupações: a CPI da Merenda está prestes a ser aprovada e houve a promessa de que os alunos de escolas técnicas que estudam em período integral teriam direito a marmitas no 2º semestre de 2016.

Apesar destas vitórias, o movimento dos estudantes paulistas parece ter grandes desafios à sua frente. Em uma primeira abordagem, a jornada de 2015 parece trazer saldos organizacionais relevantes: depois de diversas transformações pelas quais passaram o Comando das Escolas em Luta e outros Subcomandos dele derivados, os secundaristas estão se organizando de maneira autônoma principalmente por regiões ou cidades, além de estarem surgindo outros coletivos de ex-ocupantes e grêmios comprometidos com a continuidade da luta em um nível micro, no interior de cada escola.

Também foram formadas algumas chapas constituídas principalmente por ex-ocupantes para disputar as eleições de grêmios estudantis e surgiram ou foram fortalecidos coletivos autônomos que são continuidades das ocupações. Assim como foi formado um Bloco das Secundaristas para o ato do 08/03, Dia Internacional das Mulheres, na Av. Paulista. Muitas páginas de Facebook que eram das ocupações permanecem ativas, tendo algumas delas atualizado seu nome para Escola de Luta em vez de Ocupação. E, por fim, imagina-se que os inúmeros grupos de WhatsApp no mínimo tenham adensado a rede de relações pessoais e políticas, de troca de informações e de articulação entre os estudantes.

Embora este quadro possa significar um avanço em termos organizativos, a continuidade da mobilização estudantil ainda terá de levar em conta as mudanças na conjuntura, decorrentes do reposicionamento do governo estadual, com a nova gestão da Secretaria de Educação se voltando simultaneamente para a "inclusão" da voz dos estudantes e para seu silenciamento. Além do endurecimento na repressão policial, ao que tudo indica cada vez mais livre de amarras judiciais.

Será preciso agora acompanhar como os estudantes passarão a articular as *formas de organização* conquistadas e popularizadas durante as ocupações (a maioria inspirada pelo princípio da horizontalidade) e as *táticas de luta* (por meio das quais os estudantes demonstraram maturidade, flexibilidade e inventividade) com as *pautas internas* que brotem organicamente do cotidiano escolar (como o fechamento de salas, os grêmios livres, a merenda e tantas outras possíveis). No momento presente, o movimento como um todo parece estar investindo na reflexão sobre estas questões, sem ter adotado uma direção única imediatamente após o fim das ocupações pela merenda.

Além disso, há o desafio da *transmissão da memória* das experiências passadas de luta para as gerações mais novas (um desafio nada desprezível se for considerado que muitos ocupantes de 2015 eram terceiranistas). Será a partir da articulação entre estes elementos que o movimento dos estudantes poderá fazer frente ao Estado e continuar a atuar na defesa da escola pública.

GRÁFICO
NÚMERO DE ESCOLAS
OCUPADAS

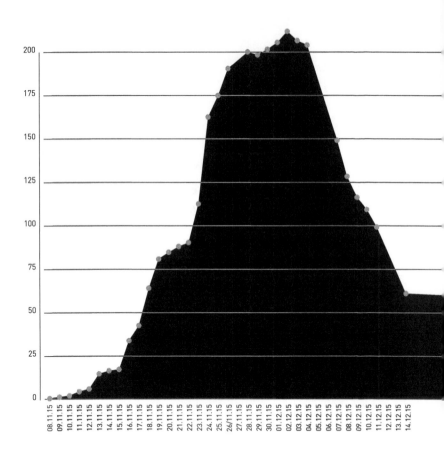

FONTE: elaboração própria a partir dos Boletins de Atualização da Apeoesp

ANEXOS

COMO OCUPAR UM COLÉGIO?
Manual escrito por estudantes secundaristas da Argentina e Chile

A luta dos estudantes não começou agora, e está longe de terminar. Em 2006 e 2011, o Chile viveu a "Revolta dos Pinguins", um movimento imenso de estudantes secundaristas que exigia uma educação pública gratuita e de qualidade. Durante meses, as escolas do país inteiro foram ocupadas pelos alunos – que entravam, tomavam o prédio, montavam acampamentos, e ali ficavam dia e noite como forma de protesto, até as reivindicações serem atendidas.

As ocupações começaram nas escolas onde as turmas estavam mais engajadas na luta, mas o exemplo serviu de inspiração para estudantes de mais lugares, e rapidamente quase todos os colégios do Chile foram tomadas pelos alunos.

Essas ocupações serviam para por medo no governo e chamar atenção da mídia, mas também para aumentar a força e a organização do movimento secundarista. Nos pátios, os alunos faziam assembleias regulares para discutir os rumos da luta. Essas assembleias eram coordenadas em toda cidade, permitindo que fossem feitas manifestações simultâneas e também grandes atos unificados.

Já pensou se fizéssemos igual em São Paulo? Para aprendermos com nossos companheiros de outros países, traduzimos alguns trechos do manual sobre *"Como ocupar um colégio?"*, escrito por estudantes da Argentina durante seu movimento.

http://gremiolivre.wordpress.com

1. PLANO DE AÇÃO

O objetivo deste texto é explicar o plano de ação escolhido para a luta dos estudantes secundaristas da cidade. Nossa estratégia deve nos permitir vencer a luta por uma educação pública, gratuita e de qualidade. As ocupações massivas de colégios são uma das ferramentas dentro desta estratégia. Para ganhar, todos devem saber porquê brigamos, quando devemos atacar, quando é preciso recuar e quando é preciso dispersar. Se nunca atacamos, não seremos ouvidos, mas se também não dispersarmos no momento certo, vamos nos isolar e desgastar, e não conseguiremos o que queremos.

Começaremos com ocupações rápidas, que nos permitam usar nossas forças da forma mais efetiva possível. Não devemos nos desgastar no início da luta, além disso devemos deixar claro que não ocupamos as escolas porque queremos. Uma ocupação é sempre o último recurso, depois que todos os canais de diálogo e as outras formas de luta tiverem se esgotado. Não é nenhuma festa ter que dormir todos os dias no colégio, suportando as mentiras do governo e dos meios de comunicação que nos apresentam como vagabundos que não querem estudar. É por isso que ocupações devem ser relativamente curtas (por volta de uma semana), para abrir um canal de diálogo, e ver se o governo está disposto a atender nossas demandas.

Se depois das primeiras ocupações e das tentativas de negociação o governo insistir em suas políticas contra a educação pública, teremos que medir nossas forças novamente. Se sentirmos que somos mais fortes, que conseguimos convencer mais estudantes de que eles devem estar dispostos a ocupar seus colégios, então estará dada a possibilidade para um novo levante dos estudantes com dezenas de ocupações em toda a cidade. No entanto, se vemos que não temos forças suficientes para ocupar as escolas, seria um erro ir para o tudo ou nada. A ocupação não é um fim em si mesma, é só uma ferramenta a mais dentro de um plano de luta maior. O nosso objetivo final é frear o avanço governamental sobre a nossa educação, não ocupar por ocupar. Por isso, se não temos condições para ocupar, temos que encontrar outras maneiras para defender nossa educação, com travamentos de ruas, marchas, jornadas culturais, debates abertos com nossos pais, etc.

2. ORGANIZAÇÃO DA OCUPAÇÃO

Com esse texto não queremos nada mais que tentar deixar mais fácil o caminho para os companheiros que estão começando suas lutas agora. Textos como esse são os que nos fizeram falta durante os momentos de luta para evitar que conflitos dentro dos grêmios nos distraíssem dos problemas que são realmente importantes em um período de ocupação.

Não existe fórmula secreta nem perfeita para ocupar um colégio. Simplesmente é necessário seguir alguns princípios básicos, ter clareza sobre como se organizar e ajeitar o que foi planejado à conjuntura geral, à correlação de forças, etc.

Uma vez decidida e votada a ocupação do colégio pela totalidade dos estudantes, é primordial e "obrigatório" que se discuta como se organizará todo o processo de ocupação, para garantir que todas as tarefas sejam cumpridas no prazo e da forma proposta, sempre respeitando a democracia direta.

Para que se respeite a democracia e se garanta o cumprimento das tarefas, é preciso dividi-las de alguma maneira. O mais prático e recomendável é que a assembleia geral nomeie comissões para cada tema específico, que fiquem responsáveis de supervisionar e cumprir as tarefas designadas para elas.

As seguintes comissões são básicas e não devem faltar em nenhum processo de ocupação:

COMIDA - É a comissão encarregada de garantir comida para quem dormirá no colégio. Ou seja, ela deve se assegurar para que haja pelo menos jantar e café da manhã. Pode cuidar do almoço, mas como esse é um horário em que há mais pessoas entrando e saindo do colégio, é mais fácil conseguir alimentos do que nos horários em que o colégio fica fechado.

SEGURANÇA - É uma das comissões mais importantes. É a encarregada de cuidar do patrimônio da escola e dos ocupantes. Também é a encarregada de evitar qualquer tipo de briga ou descontrole entre os estudantes. Ela deve fazer as seguintes tarefas:

• Fechar os principais acessos à escola e garantir que sempre tenha alguém os vigiando;

• Impedir que qualquer pessoa não autorizada pela assembleia entre na ocupação (depende do que for decidido coletivamente: professores, autoridades, jornalistas, pais, alunos de outras escolas, alunos que possam representar uma ameaça, etc.) exceto durante a realização de atividades abertas. Durante todo o dia deve haver um grupo considerável de companheiros na entrada principal – no mínimo três – que anotem em uma lista quem entrou e saiu e o horário em que essas pessoas entraram e saíram. Com isso, há um controle que garante um número constante de pessoas na ocupação. Ao encerrar a ocupação, essa lista deve ser destruída, para que não caia em mãos de autoridades que possam chegar a utilizá-la contra os estudantes, fazendo "listas negras", punindo, expulsando, etc;

- Geralmente as autoridades são avisadas da possível ocupação da escola e podem chegar a "entrincheirar-se" (ficar esperando os alunos lá) na diretoria, secretaria, etc. Isso deve ser evitado a todo custo, tendo em conta que nesses espaços é que estão os documentos dos estudantes nos quais as autoridades podem efetuar as sanções/advertências/suspensões/expulsões e fazê-las constar em ata;
- Evitar o uso de álcool, drogas, armas ou qualquer outro elemento proibido pela assembleia. Isso pode ser garantido evitando a entrada desses materiais, proibindo seu uso dentro da ocupação ou até descartando esses materiais;

Essa comissão não tem outra tarefa além de cumprir o que foi deliberado pela assembleia em relação ao tema da segurança. Em relação a casos de violência (tanto internos quanto externos) não se deve tomar uma posição de entrar na briga. Ao contrário, utilizando métodos fraternais, deve-se tentar acalmar os ânimos o máximo possível.

IMPRENSA - É encarregada de divulgar a ocupação para os meios de comunicação, outras escolas/universidades e para quem se considerar necessário. No caso dos meios de comunicação, deve-se chamar os meios selecionados, informando-os da ocupação e pedindo um número de celular para mandar uma nota (por mais bobo que isso pareça, ajuda bastante na difusão das razões da ocupação e da luta em si).

Assim que for feita a ocupação, essa comissão deve também redigir um comunicado no qual se explique suas razões e os motivos que os levaram a este ponto. O comunicado deve ser difundido por todos os meios possíveis (email, Facebook, meios de comunicação, etc). É primordial ressaltar que o comunicado deve se ater ao que foi decidido na assembleia, sem a interferência de interesses pessoais ou partidários.

Outra ferramenta de divulgação da ocupação são os cartazes, para colar na fachada da escola com as reivindicações da luta que está sendo feita ali.

INFORMAÇÃO - É a encarregada de difundir a informação dentro da ocupação. Ou seja, deve divulgar as resoluções tomadas pela assembleia para todos os estudantes, assim como informes dos meios de comunicação sobre o processo de ocupação. Dessa forma todos tem acesso à informação, igualando o nível de discussão de todos os companheiros e possibilitando um processo realmente democrático e igualitário. Deve também informar os horários e salas das atividades caso essas sejam atividades que todos possam participar.

LIMPEZA - É a encarregada de limpar o estabelecimento (varrer, lavar, etc.). Deve utilizar os utensílios que os funcionários emprestem ou, caso não possam emprestá-los, devem consegui-los em suas casas ou onde for possível. É importante não só limpar, mas também evitar que os companheiros sujem o espaço, para reduzir o esforço coletivo de limpar grandes estabelecimentos, além de que um espaço muito sujo prejudica a imagem do movimento. Como é uma tarefa que a maioria não quer fazer, o melhor é incentivar a rotatividade de integrantes nessa comissão.

RELAÇÕES EXTERNAS - É um tema importante, sobretudo para evitar que organizações, grupos ou partidos se apropriem da luta, passando por cima da decisão dos estudantes. É necessário proibir práticas que só tenham como objetivo "ganhar ibope" à custa do movimento ou o movimento pode perder sua legitimidade e se esvaziar ao tentarem impor uma bandeira externa.

Para falar com os meios de comunicação, a assembleia deve eleger um ou dois delegados revogáveis (de preferência com mais de 18 anos, para evitar inconvenientes com a lei) que possam comunicar apenas o decidido pela assembleia, sem emitir opiniões pessoais ou de seus grupos.

Para falar com as autoridades (da escola ou externas, como a polícia) devem ser eleitos também um ou dois delegados revogáveis. Esses, depois da discussão, devem transmitir tudo o que foi discutido para a assembleia. Se não o fizerem devem ser trocados. Todas as propostas que surgirem por parte das autoridades devem ser discutidas em assembleia antes de tomar qualquer decisão.

É desejável gravar as reuniões com as autoridades para evitar qualquer tipo de agressão ou ameaça. Devem ser escolhidos também um ou dois delegados para ir às assembleias das escolas vizinhas para dar informações sobre a ocupação, trazendo depois informes das outras escolas para a ocupação.

ASSEMBLEIAS - A assembleia é o órgão mais importante durante uma ocupação. As decisões mais importantes devem passar por ela e ser discutidas nela. É importante que se incentive a participação de todos os estudantes e não só dos mais experientes. Isso pode ser alcançado decidindo com antecedência um conjunto de temas para serem discutidos, para que dessa forma os companheiros com menos experiência tenham mais tempo para elaborar suas posições.

Se esse conjunto de assuntos é extenso e os debates são chatos e longos, o melhor é colocar um limite de tempo (3 a 5 minutos) para cada intervenção/fala. Devem ter dois moderadores: um que controle o tempo da intervenção/fala e avise quando o tempo terminou ou se a discussão está fugindo do tema e um outro que faça uma lista de quem deseja falar e anote as decisões tiradas na assembleia. Outra pessoa deve fazer a ata, um registro detalhado da assembleia. Como é algo que pode ser chato e entediante, esse posto pode ser rotativo.

Na primeira assembleia (quando se decide a ocupação) é conveniente que seja votada uma série de reivindicações e demandas. Com isso, se evitam confusões e se tornam claros os objetivos da ocupação.

ATIVIDADES - É recomendável que durante o dia sejam realizadas atividades na ocupação com a participação de alunos, professores, pais e todos os que apoiem a ocupação. Essas atividades podem ser decididas tanto por companheiros com experiência quanto por professores ou por pessoas que não sejam da escola (familiares, conhecidos, etc). Algo a ser levado em conta é que tendo mais gente na ocupação durante o dia se reduz muito a possibilidade de algum tipo de agressão à ocupação por parte das autoridades.

Essas atividades podem tanto ser recreativas quanto de formação: podem ser conversas sobre algum tema de interesse ou também pintar cartazes, murais, paredes, grafittis, oficinas de desenhos, o que se desejar. Finalmente, mas não menos importante, é durante esse período de atividades que os companheiros mais atarefados e presentes na ocupação possam relaxar e descansar, diminuindo o esgotamento e cansaço deles.

(Documento publicado pela *Frente de Estudantes Libertários - Argentina* em 2012. Traduzido e adaptado pelo coletivo *O Mal Educado*.)

E NO BRASIL?
estudantes ocupam escola no Mato Grosso do Sul e impedem seu fechamento

Pode parecer distante, mas não é só em outros países que os estudantes tomam as escolas para fazer suas lutas. Aqui no Brasil isso já aconteceu algumas vezes, como no Mato Grosso do Sul em 2012.

Para impedir que o Governo do Estado entregasse a escola ao município, os estudantes da E.E. Prof. Luiz Carlos Sampaio se uniram e decidiram ocupar o colégio como forma de protesto. Entraram no prédio, montaram acampamento, e ali ficaram por dias, até que o governador recuasse. A ocupação logo chamou atenção da mídia, pôs medo no Estado e conquistou o apoio dos demais trabalhadores da cidade, que passaram a se solidarizar com os estudantes. A pressão deu certo: no final, a escola se manteve.

exemplo para nossa luta de São Paulo

A vitória desse colégio no Mato Grosso do Sul é um exemplo para todos os estudantes que estão hoje lutando em São Paulo. Porque prova que com organização coletiva e ousadia é possível impedir o fechamento de escolas, e barrar a "reorganização" que o Governo Alckmin quer impor. **Se eles fizeram lá, podemos fazer também aqui.**

contra a "reorganização" da rede estadual!

SE FECHAR, VAMOS OCUPAR!

BOICOTE O SARESP

1. O QUE É O SARESP?
Uma prova aplicada pelo governo estadual para avaliar o desempenho de escolas e alunos. O governo alega que usa as notas e os índices do Saresp para orientar suas políticas para a educação pública. Mas a política de Alckmin nós já conhecemos: fechar salas, fechar escolas, cortar verbas, precarizar e privatizar a educação pública.

2. PARA QUE SERVE?
Para nada que o governo promete. O Saresp é usado para intimidar os professores e estudantes, retirando investimentos das escolas que vão mal na prova. É uma política de produção de índices, que hierarquiza e gera concorrência entre as escolas e os professores, através delas bonificações que podem receber para complementar seu salário miserável. Os estudantes são tratados como meros números e nunca são beneficiados por esse tipo de prova.

3. PARA QUE NÃO SERVE?
Definitivamente o Saresp NÃO é uma ferramenta para os estudantes e a população decidirem os caminhos de sua própria educação. Não serve nem sequer para avaliar as condições da educação atual, pois seus resultados são frequentemente falsificados pelas escolas para garantir o bônus.

4. POR QUE BOICOTAR?
Milhares de estudantes estão na luta contra a reorganização e o fechamento das escolas: nas últimas semanas fizeram centenas de manifestações e ocuparam mais de 80 escolas pelo estado. O Saresp é mais uma das ferramentas do governo Alckmin para justificar os fechamentos e a reorganização das escolas. Boicotar o Saresp é mais uma forma de lutar contra a reorganização e apoiar as escolas ocupadas.

5. COMO BOICOTAR O SARESP?

OCUPE SUA ESCOLA

ORGANIZE UM PIQUETE NA PORTA DA ESCOLA conversando com os alunos e bloqueando a entrada.

SUMA COM TODAS AS PROVAS – queime, rasgue, jogue fora...

ORGANIZE UMA PARALISAÇÃO NO DIA DA PROVA com assembleia dos estudantes para debater a reorganização e o Saresp.

Se nada disso der certo, **ESCREVA EM TODAS AS PÁGINAS: #NAOAREORGANIZACAO** com letras bem grandes e rasure o gabarito. Tire uma selfie com sua prova boicotada e mande pro Mal Educado!

SE SUA ESCOLA JÁ ESTÁ OCUPADA, AJUDE OS ESTUDANTES DE OUTRAS ESCOLAS A BOICOTAR O SARESP!

6. POSSO SER PUNIDO POR BOICOTAR O SARESP?
NÃO. Os diretores, coordenadores e professores vão tentar intimidar os estudantes para fazer a prova. Não aceite ameaças. Não fazer o Saresp não reprova ninguém. Se algo desse tipo acontecer, denuncie. Algumas escolas prometem até festas e prêmios para os alunos que não faltam ou vão bem na prova. Não aceite promessas e chantagens.

O MAL EDUCADO

ATENÇÃO
PAIS E ALUNOS

NÃO CAIAM EM MENTIRAS

Nos últimos dias, as Diretorias de Ensino tem ligado para os pais dos alunos das escolas ocupadas para tentar jogar as famílias contra os estudantes que estão lutando por uma educação melhor.

Na tentativa de manipular as pessoas, o governo está espalhando mentiras e invertendo as coisas: está dizendo que as ocupações estão "roubando a escola" dos outros estudantes, mas na verdade é o governo que quer fechar 100 escolas e acabar com o Fundamental ou o Ensino Médio em outras 700 escolas. As ocupações são uma forma justa que os estudantes encontraram para lutar para que o governo não roube as nossas escolas!

NINGUÉM PODE REPETIR DE ANO POR CAUSA DAS OCUPAÇÕES.

O próprio Secretário de Educação já disse que as escolas ocupadas estão em recesso. Portanto, nenhum aluno poderá ter nota prejudicada por atividades previstas para o período e não realizadas. Além disso, dificilmente as escolas poderão reter o diploma dos alunos do 3º ano do Ensino Médio, que já completaram praticamente todo o ano letivo.

OS ESTUDANTES ESTÃO MELHORANDO AS ESCOLAS OCUPADAS, NÃO DANIFICANDO

Dentro das escolas ocupadas não tem bagunça. Os alunos estão organizados para impedir qualquer dano à escola e tem até melhorado a infraestrutura do colégio: fizeram faxina em lugares que nunca eram limpos, colocaram assentos nos vasos sanitários, pintaram paredes e muros da escola, capinaram os jardins e muito mais! E não é porque as escolas estão ocupadas que não tem aula e muita coisa pra fazer, a programação de atividades culturais e aulas abertas é intensa em todas as ocupações!

ENTENDA A LUTA DOS ESTUDANTES

Em outubro o governo Alckmin anunciou a sua "reorganização" escolar. O objetivo é bem claro: ao invés de investir na educação pública, cortar gastos, fechando quase 100 escolas e acabando com o Fundamental ou o Ensino Médio em outras 700, piorando ainda mais o ensino.

Mas os estudantes não aceitarão esse ataque contra a educação pública e já são mais de 200 escolas ocupadas, que só vão sair se o governo cancelar a reorganização.

Ao invés de atender à reivindicação justa dos estudantes e cancelar a reorganização, o governo gastou 9 milhões dos cofres públicos em publicidade, começando uma campanha coordenada na mídia contra as ocupações.

Para mais informações, acesse: facebook.com/comando.escolas

DEFENDA A EDUCAÇÃO!
APOIE AS OCUPAÇÕES DO SEU BAIRRO

COMO FAZER UM GRÊMIO DE LUTA

ORGANIZAÇÃO ESTUDANTIL

O final de 2015 foi marcado por uma grande mobilização de secundaristas, que lutaram contra a reorganização do sistema público de ensino imposta pelo governo Alckmin. Nós, estudantes, mostramos que temos voz e exigimos participar das discussões que nos dizem respeito. Saímos das ocupações, mas não saímos da luta. Temos que nos organizar dentro das escolas para compor esse espaço que é nosso.

O grêmio estudantil é uma das ferramentas para permanecermos unidos e lutando. Ele nada mais é do que uma forma de organização dos estudantes dentro das escolas, uma forma de discutir e mobilizar ações de interesse dos estudantes. Essa organização é assegurada pela lei N° 7.398 como um direito do estudante, porém essa mesma lei limita o poder real da mobilização estudantil. Não é à toa que a maior mobilização secundarista dos últimos tempos ocorreu sem a participação dos grêmios regidos pelo Estado. Portanto, uma organização estudantil deve ser decidida pelo conjunto dos estudantes, para que atendam aos interesses destes e não do Estado e seus gestores.

COMO ORGANIZAR UM GRÊMIO DE LUTA:

O QUE FAZER: O ano letivo está começando e devemos nos organizar desde já. Para mobilizarmos todos os estudantes da escola e decidirmos democraticamente a formação do grêmio, deve ser feita uma assembléia geral com todos os estudantes da escola (pelo menos de um período). Essa assembléia deve ser feita para que todos os estudantes possam decidir como vai ser organizado o grêmio, não deixando que o Estado decida sobre a nossa luta. Assim, deverão ser discutidos os modelos de grêmio existentes e decidir, através de votação, qual se encaixa melhor em cada escola. Depois de todos votarem, deve ser decidida a data da próxima assembleia e como será organizado o grêmio.

Dentre muitos modelos de organização estudantil na escola, três se destacam:

1. CHAPAS: modelo clássico, constitucional. Grupos formados por afinidades políticas, que apresentam pautas distintas e são eleitos pelos demais estudantes através de eleições democráticas.

2. GRÊMIO LIVRE: modelo no qual qualquer estudante pode fazer parte, desde que compareça às reuniões que ocorrem em um espaço formal onde são realizadas discussões e encaminhamentos.

3. AUTO GESTÃO: modelo em que todos os estudantes da escola fazem parte do grêmio, e podem tomar decisões em nome deste, consultando e deliberando com os demais.

COMO ORGANIZAR UM GRÊMIO DE LUTA

COMO FAZER: Para que a assembleia ocorra, um grupo de estudantes interessados em criar o grêmio devem divulgar a ideia de realizá-la, mas para evitar repressão da diretoria, não devem divulgar datas. Esses alunos devem avaliar o melhor momento de puxar a assembleia, seja paralisando as aulas, no intervalo ou no término do período letivo. Devem pensar também como chamar o maior número de estudantes, cantando palavras de ordem, batucadas etc.

SEGUIR NA LUTA!

Os diretores e gestores vão usar inúmeras ferramentas para nos incriminar e desmobilizar. Falarão que o nosso grêmio é ilegítimo, que nossas ações são ilegais e que nós atrapalhamos a vida dos estudantes. Sabemos que, assim como um protesto na rua atrapalha a volta do trabalhador pra sua casa, sem esse movimento ele provavelmente estaria recebendo salários mais baixos, e estaria em condições de vida muito mais precárias. Assim, uma paralisação escolar prejudica um dia de estudo, mas possibilita que melhores dias venham!

SEGUIR NA LUTA!

Devemos nos organizar em grêmios para agregar e organizar todos os estudantes de nossas escolas, e como só uma escola não muda nada, devemos unir os estudantes em luta nas nossas regiões por fora da UBES e UMES, que nada fazem por nós. O **Comando das Escolas em Luta** é uma organização que se formou no processo das ocupações e deve ser construído por todos nós secundaristas! Procure o sub-comando de sua região e lute contra as injustiças que acontecem dentro e fora da sala de aula:

Comando das Escolas em Luta: www.facebook.com/comando.escolas

Sub-comando da Z.Sul: Bloco de Luta Contra a Reorganização das Escolas ZS
www.facebook.com/Bloco-de-Luta-Contra-a-Reorganização-das-Escolas-Zona-Sul
-1633699826900966

Sub-comando do Centro: Subcomando D.E. Centro
www.facebook.com/Subcomando-DE-Centro-188896038132866

Sub-comando da Zona Oeste: Estudantes em Luta da Zona Oeste
www.facebook.com/subcomandozo

Sub-comando da Zona Leste: Contato através da página do Comando

Sub-comando da Zona Norte: Contato através da página do Comando

AGORA A AULA É NA RUA!

MANUAL DE COMO TRAVAR UMA AVENIDA

Estamos entrando na 4ª semana de ocupação e já são mais de 200 escolas sob o domínio estudantil! Mas o governo decidiu fingir que nada está acontecendo. Temos que tirar o conforto do Seu Geraldo. Se não dermos um passo radical agora podemos perder o tempo e a luta, ou eles vencem ou nós. Com duzentas ocupações podemos fazer centenas de atos e trancamentos de ruas pela cidade. Se o governo não recuar, São Paulo vai parar!

① Convoque todos os alunos, pais, professores, apoiadores e comunidade para a frente da escola. Se houver poucas pessoas, combine um ato com outras ocupas, mas o **mais importante não é a quantidade, é a disposição** (10 pessoas já conseguem travar uma rua!).

② Leve mesas e carteiras para o ato. Além de ajudar a bloquear a passagem dos carros, elas são o símbolo da nossa luta. Hoje a aula será na rua!

③ **Não deixe a ocupação vazia**. Garanta que um grupo de alunos e apoiadores fiquem na escola. Lembre-se, a polícia só pode entrar na ocupação com mandado judicial ou se presenciar um crime em flagrante. Fechar a rua não é crime.

④ Pinte faixas e cartazes, ou use o material já feito para a ocupação.

⑤ Fotografe e divulgue a manifestação! Se a polícia tentar fazer algo registre suas ações.

⑥ Escolha uma avenida próxima a escola que seja bastante movimentada. De preferência, faça o ato pela manhã, entre as 6 e as 9. Se for um cruzamento de duas avenidas, melhor ainda!

⑦ Repita o ato ao longo do dia, o importante é fazer o máximo de pressão possível!

ESTE LIVRO FOI IMPRESSO
PELA GRÁFICA **CROMOSETE**
EM PAPEL **OFFSET 90**.